天津市重点出版扶持项目

同归

TONG GUI

潘安传

丽端 著

天津出版传媒集团
百花文艺出版社

图书在版编目（CIP）数据

潘安传．同归 / 丽端著．-- 天津：百花文艺出版社，2021.4
ISBN 978-7-5306-7937-1

Ⅰ．①潘… Ⅱ．①丽… Ⅲ．①潘岳(247-300)-传记 Ⅳ．①K825.6

中国版本图书馆 CIP 数据核字(2020)第 207624 号

潘安传·同归
PAN'AN ZHUAN TONGGUI
丽端 著

出 版 人：薛印胜　　**选题策划：**唐 嵩 刘 勇
出版统筹：安子宁　　**责任编辑：**唐 嵩
助理编辑：李 楠　　**装帧设计：**秋羽视觉
出版发行：百花文艺出版社
地址：天津市和平区西康路 35 号　**邮编：**300051
电话传真：+86-22-23332651（发行部）
+86-22-23332656（总编室）
+86-22-23332478（邮购部）
网址：http://www.baihuawenyi.com
印刷：天津新华印务有限公司
开本：880×1230 毫米 1/32
字数：280 千字
印张：11.125
版次：2021 年 4 月第 1 版
印次：2021 年 4 月第 1 次印刷
定价：52.00元

如有印装质量问题，请与天津新华印务有限公司联系调换
地址：天津东丽开发区五经路 23 号
电话：(022)58160306
邮编：300300

版权所有 侵权必究

谁毁谁誉 何去何从

目录

第一章

闲 居

灌园鬻蔬，以供朝夕之膳。牧羊酤酪，以俟伏腊之费。

——*潘岳*

元康六年五月的一个清晨，洛阳城的百姓忽然被一阵古怪的喧哗声惊醒了。自从五年前，杨骏、司马亮、卫瓘、司马玮等皇亲贵胄一夜之间覆灭之后，洛阳甚至整个天下一直平安无事，河清海晏，被朝野称为“元康之治”。因此这不同寻常的动静引起的并非是百姓们的担忧，而是好奇，他们纷纷走出家门，簇拥到了贯通洛阳城的铜驼大街旁。

此刻的铜驼大街已经驻满了清道的禁军士兵，用手中锋锐的枪矛将潮水般的百姓牢牢挡在路边。扶老携幼的百姓们踮着脚尖，透过禁军士兵树林般密集的刀枪望向北方，隐隐看见一片片白色的雪花从天边飞扬而来，越飘越近，渐渐席卷了整个天地。

眼尖的人已经分辨出来，那不是雪花，是纸钱。如此遮天蔽日撒播的纸钱，预示着天下一个极为重要的人物的死亡。可是天子皇后都正当盛年，东宫太子身体康健，太后又早早被废黜而死，那么还有谁能担当得起这样隆重的丧礼呢？

随着纸钱飞舞得越来越近，送葬队伍也渐渐露出了真容。只见走在最前方主持丧礼的祝宗乃是皇室宗师高密王司马泰，身边十二名陪祝也俱是司马家宗室。祝宗之后担任奉引的，乃是当今朝堂上最为位高权重的卿相大臣，包括司空张华、护军将军贾模、尚书左仆射裴頠，等等。数百名世家公卿之后，又是三千名白盔白甲的虎贲卫士，手持绑缚了白幡的矛戈，簇拥着一辆银装素裹的辒车，缓缓而行。那运送死者遗体的辒车以铜铸就，遍体涂金，车辕端的横木上还装饰着一对赤金打造的鸾凤，竟是只有天子与诸侯王才能乘坐的鸾辂！

看这样的阵仗，围观百姓不禁更是好奇于死者的身份——若非天子，也必定是某个德高望重的司马氏诸侯。他们抻长脖子，瞪圆眼睛，终于等来了身披重孝、手捧神主的奉嗣少年。那少年被众星捧月般簇拥在队伍正中，长身玉立，面容俊美，年纪虽轻却自有一股傲人气势，而他怀中所捧神主牌位上，则分明写着一行朱漆大字：故宜城宣君贾门郭夫人之灵。

“原来是贾皇后的母亲死了！”即使再孤陋寡闻，洛阳城天子脚下的百姓们还是对宫中传闻津津乐道。这位贾门郭夫人，正是皇后贾南风的母亲郭槐。她原本被封为广城君，因为病重时术士说广城不利于她的康复，孝顺的贾皇后便将母亲改封为宜城君，又亲自出宫十多日为母亲侍疾。郭槐死后，朝廷为她谥号为“宣”，而作为奉嗣嫡孙为郭槐手捧牌位的，正是郭槐的小女儿贾午与韩寿所生之子贾谧。

“那贾谧本名韩谧，乃是郭夫人的外孙，怎么能过继给贾家承袭爵位呢？这于礼法全然不合啊。”看着少年鲁国公贾谧傲然的身影，围观众人忍不住偷偷议论。

“是啊，贾充的鲁国公爵位，原本应该由贾氏宗族继承的。可郭夫人和皇后执意要让贾谧承嗣，贾家又有什么办法？”

“别说贾家了。你们看这郭夫人的丧仪规格，已经赶上太后出殡了，满朝公卿包括司马家的王爷们又有谁敢对皇后说个不字？”

“可是，这不就是……就是僭越吗……”

“嘘，快别说了，小心被贾皇后的耳目听到……”

人群中的议论仿佛大海中一朵小小的浪花，瞬间就隐没无踪。只有披挂缟素的送丧队伍，如同一道缓缓流淌的冰川，从洛阳城碾压而出，一直蔓延到了邙山之中。

冗长的出殡仪式结束时，已是到了黄昏时分。夕阳斜挂下的余晖中，一个年轻人抽打着座下的马匹，一路穿越洛阳城即将关闭的城门，熟稔地跑进了永年里狭窄的陌巷里。

“殿下来了。”一直守候在门口的仆从赶紧扶着年轻人下了马，“太妃一直在等着您呢。”

“好。”年轻人快步往里走了两步，忽然想起什么，伸手将身上所穿的孝服脱下掷在地上，这才匆匆往小院内走去。

小院并不大，收拾得纤尘不染。大概是因为久不住人的缘故，哪怕空气中还残留着白日的溽热，年轻人还是轻轻打了个冷战。他咬了咬嘴唇，又闭着眼睛稍稍调整了一下呼吸，这才提起衣摆迈上石阶，踏入了幽暗的正房。

空荡荡的正房中，早已撤去了一应家居用品，唯一醒目的便是放置在正中的一具楠木棺材，让这个宽敞的房间变成了一个名副其实的墓室。棺木正前方的簟席上，跪着一个身穿素衣的女子。虽然只能看见她的背影，那瘦而坚硬的身形却如同一柄利剑，轻易就可以刺痛观者的眼睛。

年轻人的目光也被这背影刺得一缩，却终究只能走进房去，跪在女子的身后：“母亲，儿子回来了。”

跪在棺木前的女子回过头来，露出一张瘦削而苍白的脸。虽然衣料上乘，她的脸上却不像其他贵族女子那样施以脂粉，便显得脸上唯一有色彩的便是那双夜一般漆黑的眼睛。那双眼睛在年轻人身上一扫，口中吐出几个字来：“山奴，你就是这样去邙山送葬的？”

那年轻人便是齐王司马冏，而素衣女子自然是齐国太妃贾荃。听母亲这么问，司马冏连忙道：“那是为郭夫人服的丧。儿子怕外祖母在天之灵不喜，方才已经脱掉了。”

“这便是了。要记得今日出殡的那位与你毫无瓜葛，你真正的外祖母，还躺在这里二十年不得安息！”贾荃的声音陡然尖锐，“凭什么贾南风的母亲可以风光大葬哀荣无限，而我的母亲却含恨而终无法入土为安？”

司马冏抿了抿嘴唇，垂下眼没有回答。他已经习惯了母亲这样暴风骤雨般的发泄，也知道自己最好的表现便是静静聆听，绝不冲撞。

“今日郭夫人是与我父亲合葬了？”贾荃的怒意稍歇，幽幽地问。

“是。”司马冏低头回答，不敢看贾荃的眼睛。他的外祖父贾充一直拒绝纳回外祖母李婉，与继室郭槐合葬乃是情理之中，他根本没有任何置喙的余地。

“有贾南风在，今日的丧事办得挺隆重的吧？”贾荃见司马冏再度点头称是，下垂的嘴角牵起一丝冷笑，“听说有人上书皇后，说现在的鲁国公府太小，用来供奉我父亲和郭夫人的灵位太过委屈，所以建议把空置出来的秦王府赐给贾谧居住，可有此事？”

“确有此事。上书之人乃是卫尉石崇。”司马冏见贾荃眉毛一挑便要发作，连忙道，“不过皇后立刻驳回了石崇的奏疏，说贾谧不过是外戚公爵，怎么有资格占据司马家诸侯王的宅邸，吩咐此事以后绝不可再提。”

“看你的样子，是对皇后的表现十分感激了？可是她可有说过将秦王府重新归还给我们？那座秦王府，原本是我们的齐王府！”贾荃一直竭力压制的怨愤终于冲破了堤坝，汩汩涌出，“这几年你刻意讨好皇后，指望着她看在你是她侄儿的分儿上提携于你，可是结果呢？她确实大力提携了娘家侄儿，只不过那个侄儿不是你，却是贾谧那个黄口小儿！如今朝堂之中逢迎贾谧之人趋之若鹜，却有谁将你这个齐王放在眼里？”

司马冏暗暗掐住了自己的掌心，知道每当母亲发作的时候，断没有自己插嘴的余地。何况贾荃说得没错，这几年皇后贾南风最钟爱的后辈，便是贾午之子、过继给贾家承嗣的贾谧。相比起贾谧这个年纪轻轻就跻身高位的表弟，齐王司马冏这几年一直表现暗淡，只能靠着当初诛灭杨骏的功绩在左军将军的职位上徘徊不前。

“贾谧今天是丧主，想必又出尽风头了吧？你是左军将军，他是后军将军，可你齐王的爵位还压过他鲁国公一头呢，你怎么就不能争点气?!”看着儿子颓唐的模样，贾荃恨恨地站起身，拉住司马冏的胳膊将他拽到母亲李婉的棺木前，随即“当啷”一声，将一把匕首抛在了司马冏身前。

“我现在要你当着外祖母的面，歃血盟誓！”见司马冏显然被那把匕首吓了一跳，贾荃一脚将匕首踢得离他更近了些，“快点。我说一句，你念一句！”

“是。”司马冏无法违抗母亲，只好抓起那把匕首，避开经脉，在自己左手腕上斜斜划了一刀。

血珠争先恐后地从伤口中涌出，司马冏僵直地抬着左手，耳听身边母亲的声音尖锐如刀，在他心中划下永不消失的刻痕：“齐王司马冏在外祖母李氏棺前立誓：终此一生，必掘出郭槐之棺，将外祖母与外祖父合葬一穴。若无法达成此誓，则母亲死不瞑目，父亲在天之灵不得安生！”

“娘！”司马冏大骇，一把抛开带血的匕首，眼睛直勾勾地盯住了贾荃枯槁的面容，“娘，我不能！”

“你能，你必须能！”贾荃一把扯出被司马冏无意抓住的裙摆，冷静得几乎残酷地道，“别忘了，潘岳现在就在洛阳。只要有他辅佐你，你还愁胜不过贾谧那个孺子？”

“我知道檀奴叔叔回到了洛阳，可是他已经辞官闲居不问世事，我几次拜访他都不想见我，我……”

“你何必管他想的是什么，你要想的是如何获得他的忠心！”司马冏还没说完，贾荃就决绝地打断了他，“昔日刘备三顾茅庐得到了诸葛亮，你的条件，可比刘备强多了吧！更何况你父亲的临终遗言，我不信潘岳他会忘记！”

“母亲说得是，儿子这就去求见檀奴叔叔。”司马冏右手掐住流血的左手腕，踉跄着就想站起身来。

“慢着！”贾荃喝止了司马冏的努力，“你把刚才我说的誓言发下了再走！”

“是。”司马冏垂下眼，避开了贾荃眼中疯狂的光芒，终于沉声道，“齐王司马冏在外祖母李氏棺前立誓：终此一生，必掘出郭槐之棺，将外祖母与外祖父合葬一穴。若无法达成此誓，则母亲死不瞑目，父亲在天之灵不得安生！”

沿着洛阳城内最繁华的铜驼大街一直往南，出宣阳门再走四里，便是烟波浩渺的洛水。自曹魏定都洛阳以来，中原地区日渐安定，洛阳城中人口也越来越多。由于洛阳城内地价昂贵，一些百姓便在南城墙外与洛水之间的土地上盖房居住，渐渐形成了衢巷相通的定居点，与城内一样以“里”规划命名。而德宫里，便位于洛水河畔，与城外的禁军大营遥遥相望。

四年的长安令任期届满后，潘岳与妻子杨容姬再度回到了洛阳。不过这次除了夫妇二人与老仆李伯，他们还带回了在长安出生的爱女金鹿。由于对仕宦生涯已经感到厌倦，加上母亲邢夫人年老多病，潘岳辞掉了朝廷将他任命为博士的诏命，打算从此再不过问世事，与爱妻幼女优游终老。

由于一向为官清廉，潘岳囊中并无多少积蓄，失去俸禄之后更是连在洛阳城内租房都负担不起。于是只好在潘家亲族的帮衬下，在洛阳城外的德宫里买了一块荒地，修筑房屋，开垦菜园，种植桃树，甚至还养了几只羊，以羊奶换取生活之资。

潘岳多年在外为官，母亲邢夫人一直由兄长潘释赡养。这次潘岳因母疾辞官后，便将邢夫人接来与自己同住。杨容姬更是日夜侍奉汤药，悉心照料，终于将邢夫人的身体调养过来，一切正如潘岳在新作《闲居赋》中所写的那样："体以行和，药以劳宣，常膳载加，旧疴有痊。席长筵，列孙子。柳垂阴，车结轨。陆摘紫房，水挂赪鲤。或宴于林，或禊于汜。昆弟斑白，儿童稚齿。"——潘岳期盼多年的天伦之乐，如今终于算是实现了。

这一日，杨容姬陪邢夫人携带老仆李伯到城内拜访亲友，潘岳则与女儿金鹿留在家中。他到菜园里锄去了杂草，又割了草料撒进羊圈喂了羊，女儿金鹿则挎了一个小篮子，小鹿一样欢快地跟在潘岳身后，采了半篮子各色各样的野花。

等到家中杂事忙完，潘岳便坐在桃树下的竹席上，微笑着看金鹿把采来的野花捧成一捧，一股脑儿撒在了潘岳的衣襟上。

"爹爹，爹爹，这些花都叫什么名字呀？"四岁的小女孩爬上潘岳膝头，眉眼弯弯，笑着露出一排洁白整齐的小乳牙。

潘岳好不容易有了这个女儿，自然是有求必应，一手将金鹿搂在怀中，一手拈起衣襟上一朵黄心白瓣的小花："这是蓬草。因为刮风的时候茎叶时常在半空飞旋，又称为'飞蓬'。《诗经·卫风》里说：'自伯之东，首如飞蓬。岂无膏沐，谁适为容？'就是说思念故人，以至于头发乱得如同飞蓬一样……"

"为什么思念故人就不梳洗呢？要是娘看见，肯定骂他是个大懒虫。"金鹿把一朵蓬草花插在潘岳的鬓边，嘻嘻地笑着。

潘岳宠溺地捏了捏女儿凝脂般的小脸，没有多加解释。"岂无膏沐，谁适为容？"这种美人独居、知音寥落、英雄无用武之地的苦楚，希望他的金鹿永远不要经历才好。

"这朵花最漂亮，它叫什么？"四岁的女孩没有追问下去，注意力很快转移到一朵粉红色的硕大花朵上。她双手捧着那朵花，凑到潘岳面前，笑容比花朵更加娇艳："爹爹，爹爹，告诉我嘛。"

“这是木槿花，上古时期又叫作‘舜’。”潘岳将花朵簪在了女儿的小圆髻上，粉红的花朵显得那张小脸越发晶莹如雪，灿然如画。

金鹿抬起小手小心翼翼地摸了摸头上的花，轻轻晃了晃脑袋：“爹爹，我戴着好看吗？”

“好看，爹爹的女儿，自然最好看。”潘岳满怀骄傲地在金鹿脸颊上轻轻亲了亲，又坐直了身子道，“《诗经》里也有关于这种花的句子：‘有女同行，颜如舜英。将翱将翔，佩玉将将。彼美孟姜，德音不忘。’就是说女子不仅要有花朵一样的美丽，还要有让人钦慕的德行……”

“爹爹好厉害，什么花都能说出诗来。”金鹿还小，没有心思听潘岳讲什么德行，自顾把那些花儿捧起，一股脑儿都抛在了潘岳头上，“咯咯”地笑了起来。

“又胡闹了。”潘岳无奈地嗔怪了一声，任由金鹿把掉落的花朵一次次抛回他头上。直到女儿闹够了，他才伸手拂下头上花瓣，却蓦地被溅上了一点冰凉。他抬头看了看天，发现乌云不知什么时候已聚拢起来，头顶黑压压的一片，连忙站起身收拾竹席，带着金鹿回屋内避雨。

夏日的雨积蓄良久，来势汹汹，不一会儿便从零星雨点变成了倾盆大雨。金鹿看着密集的雨丝十分有趣，便偷偷跑出去站在屋檐下，伸手去接成串滴落的水珠。

“小心淋湿了，快回来！”潘岳不放心地唤道。

“在屋里也会湿，我知道的！”金鹿转过头，调皮地朝潘岳嘟了嘟嘴。

仿佛为了回应女孩儿的话，“滴答”一声，一颗硕大的水珠从屋顶落下，将潘岳的棉布单衫洇出一片大大的水痕。他连忙退开一步仰头望去，果然发现房顶的茅草抵挡不住磅礴的雨势，已经开始漏雨了。

根据以往的经验，最初的水滴很快就会演变为淋漓的水帘，于是潘岳熟练地冲进厨房，搬出一堆锅碗瓢盆，一个个地安放在房间漏雨之处。

大门外忽然传来了一阵敲击声，原本笑嘻嘻跟在潘岳身后转来转去的金鹿一下子跳了起来:“肯定是阿婆和娘回来了,我去开门！”说着，一把抄起她那柄画着小花的油纸伞,蹬蹬地跑了出去。

潘岳轻轻地笑了笑,展开一卷防水的油布,将它严严实实地罩在屋角的书箱上。对于这清贫陋室而言,这些书就是最值钱的东西了。

耳听大门“吱呀”一声打开,金鹿的脚步声又欢快地靠近身后。潘岳一边掖着油布角,一边笑道:“金鹿你听,雨点打在陶碗和木盆里的声音是不是不一样？”

“爹爹,我来帮你接雨!”金鹿兴冲冲地跑到一个依然漏雨的角落,放下手中容器,“爹爹你听,这个声音是不是又不一样？”

“你阿婆和娘呢？”潘岳到现在都没有听见邢夫人和杨容姬的声音，疑惑地转头去看金鹿,才发现女儿手中捧着一只碗,正仰头接着房顶上漏下的雨水。

仿佛被黑暗中一缕幽光刺到,潘岳瞳孔微微一缩,立刻走到金鹿面前。他没有看错，此刻金鹿手中捧着的那只碗绝非自己家里的平凡器具,而是一只晶莹剔透、宝光流转的琉璃碗!

“这是哪里来的？”潘岳惊问。

“一个大哥哥送给我的。”金鹿以为潘岳要抢自己的宝贝,噘着嘴把琉璃碗往怀中藏了藏,“爹爹,这个碗好漂亮,我可以用它吃饭吗？”

“什么大哥哥？”潘岳警觉地朝着门外望去,这才发现屋檐下不知何时已站着一个人,头发都被雨水浇透了。那人见潘岳的目光落在自己身上,连忙抬起袖子擦了擦脸上滑落的水珠,拱手行了一个子侄辈的见面礼:“山奴见过檀奴叔叔。”

“草民不知齐王殿下光临,有失远迎,还乞恕罪。”潘岳的眼神凝了凝,索性走上几步,作势要跪下行礼。

司马冏哪里敢受潘岳跪拜,慌忙伸手扶住了他,口中急道:“檀奴叔叔如此见外，是要折煞山奴吗？”

潘岳没有理会司马冏，站直了身体走回金鹿身边，弯下腰哄道：“金鹿乖，那个琉璃碗不是我们的，你拿去还给齐王殿下好不好？”

“可是，可是他明明说了送给我的……”金鹿从潘岳身边歪过头偷偷看了一眼司马冏，手指虽然紧紧攥着琉璃碗，却依旧听话地将琉璃碗举到了潘岳面前。

“檀奴叔叔，那确实是我送给金鹿妹妹的，岂有送出去又收回的道理？”司马冏见自己此话一出，小女孩的脸上顿时露出欢喜的笑容来，连忙变戏法一般打开了一个匣子，笑着道，“这组琉璃碗是我出生时武皇帝赐下的，一共六个，颜色各异，都送给金鹿妹妹玩吧。”

“这么贵重的东西，草民一家可享用不起。”潘岳不顾金鹿满是委屈的眼神，伸手取过她手中的琉璃碗，却不慎将里面接的小半碗雨水泼了出来，全溅落在屋内所铺的簟席之上。

“叔叔这是何苦呢？”司马冏眼睁睁地看着潘岳将那只琉璃碗放在自己脚下，知道若是往常，他此番必定要对自己下逐客令了，顿时苦笑道，“这么大的雨，叔叔不会是想把我赶出门去吧？”

潘岳看了司马冏一眼，见年轻人的头发和衣衫都被雨打湿了，湿漉漉地贴在身上，越发显出单薄伶仃的意味，心下一软：“殿下若是不嫌寒舍简陋，就等到雨小了再走吧。”

司马冏等的就是这句话，心中再三感谢了这场及时雨，脱下鞋子走进了室内。见一个接雨的水碗已经快要满了，司马冏眼疾手快地取过一只琉璃碗换了上去，又招呼金鹿学着自己的样子，把那几只琉璃碗都搬了进来。

潘岳看了一眼他们的小把戏，却也懒得再说什么，只找了一块抹布，擦拭着室内被雨水打湿的地方。

“叔叔难道不觉得，你现在的境况就和这些琉璃碗一样吗？”司马冏试探着问了一句，见潘岳只是满怀慈爱地看着金鹿玩耍，便径直说下去，“叔叔有盖世之才，如今却闲居在这风雨不禁的陋室之中，上不能为国效力，下不能为己伸志，岂不就像价值连城的琉璃碗用来接雨水一样，让人扼腕痛惜？我就不信，叔叔真的甘愿无所作为，就此终老于林泉之下。”

“殿下不必多说，看看我写的《闲居赋》就明白了。”潘岳眼神只盯着金鹿，淡淡回答。

“我当然看过。不仅看过多次，我还能背诵下来！”司马冏委屈地涨红了脸，大声道，“‘寿觞举，慈颜和。浮杯乐饮，丝竹骈罗。顿足起舞，抗音高歌。人生安乐，孰知其他？’——可是我不信，不信叔叔你真的‘人生安乐，孰知其他’！我父亲临终时嘱咐你实现他未竟的理想，你不应该忘记，也不可能忘记！”

“看来殿下还是没有仔细看。”潘岳见金鹿玩水，将她垂下的衣袖挽了挽，沉声道，“‘退求己而自省，信用薄而才劣。奉周任之格言，敢陈力而就列。几陋身之不保，尚奚拟于明哲。仰众妙而绝思，终优游以养拙。’经历了杨骏之祸、牢狱之灾，我如今已知道自己德薄才劣，根本承担不起你父亲的宏图大志。如今殿下执掌三千禁军，自保绰绰有余，我也算是勉强尽到了对你父亲的承诺。所以就请殿下放过我，让我平平安安守着女儿长大吧。”

“你让我放过你，可是谁又放过我？”司马冏藏在袖子里的手狠狠掐了一下左手腕，夏日单薄的衣袖上顿时浸出一片濡湿。

“哎呀，大哥哥流血了！”金鹿原本一边玩着琉璃碗一边偷看潘岳和司马冏的动静，此刻乍见司马冏的衣袖上鲜红一片，吓得惊呼一声，一头扑进了潘岳怀中，“爹爹，爹爹，快叫娘回来，给大哥哥治伤！”

“我习惯了，没事，只是抱歉吓到金鹿妹妹了。”司马冏偷觑了一眼潘岳的表情，故意将手臂折到背后试图遮掩血迹，尴尬地笑了笑。

潘岳皱了皱眉。虽然看得出司马冏欲盖弥彰的做派，到底忍受不了他受伤流血的事实，便拍拍金鹿的小脑袋以示安慰，站起身取下了杨容姬惯用的药箱。

“烦请殿下伸手。”潘岳从箱子里拿出一瓶止血药粉，走到司马冏身前。见司马冏仍旧固执地摇头，潘岳隐隐怒道：“若非殿下身体乃齐献王所赐，殿下爱怎么作践，草民根本不敢阻拦。”

听潘岳提到了死去的父亲，司马冏眼中波光一动，顺从地伸出左臂，撩开了衣袖。

潘岳拔出瓶塞，将内中药粉细细倒在那道两寸多长的刀口上。忽然，他眼神一凝，伸手将司马冏的衣袖掀得更高了些，那白皙手臂上一道道交错的笞痕便一览无遗地暴露在眼前，有些痕迹已经浅淡，有些却依旧发红发紫，显然绝非一日造成。

见潘岳盯着那些伤痕发愣，司马冏慌忙掩下衣袖，后退了一步。

“是太妃打的？”潘岳看着年轻人躲闪的眼睛，一针见血地问。

“是……” 司马冏低下头，似乎竭力想掩饰自己的慌乱，“是山奴不肖，庸碌无为，折堕了齐王府的名声，所以母亲才施以教训……”

潘岳没有再说什么，只是用干净的绷带缠好司马冏的刀伤，脑海中却无法避免地浮现了齐国太妃贾荃的面容。潘岳忽然觉得，贾荃那偏执得闪闪发亮的目光，就算自己也承受不起，更遑论面前这个无法逃避的年轻人。

敏锐地觉察到潘岳骤然柔软下去的神情，司马冏知道机不可失，就在潘岳堪堪缠好绷带的那一刻，双膝一屈跪在了地上：“山奴不知该如何才能不辜负父亲的贤名和母亲的希望，还请檀奴叔叔教我！”说完，深深地俯下身去。

“爹爹，大哥哥好可怜，你帮帮他吧。”金鹿走过来倚在潘岳腿侧，轻轻扯着他的衣摆。

以司马冏齐王之尊，潘岳根本当不起他的跪拜，然而这一次他却出乎意料地没有回避。

一手揽着金鹿，潘岳伸出另一只手，轻轻抚过了司马冏匍匐的脊梁。年轻人的后背瘦削，坚硬的脊骨在潘岳手指下寸寸分明，就像是一节节锋锐的刀刃，硌得他的手微微发疼。

"檀奴叔叔，求你教教我该怎么做……"司马冏埋首于地，声音已经带了哽咽。大雨还在下，成串的水流从小屋的房顶渗漏进来，不知不觉已经注满了陶碗和木勺，开始沿着地板上铺的竹席蔓延开来。冰冷的雨水浸入了司马冏的双膝，却比不上潘岳的沉默更让他心惊胆寒。

潘岳后退一步避开水渍，将容器中满盈的雨水泼出屋外，又拿出一条干布巾擦着簟席上的水痕。他面无表情地做着这些事，见司马冏还是泥塑一般伏在地上，终于忍不住道："殿下请回去吧。你为皇后除去了楚王和秦王，又是她的亲侄，何必来问我以后该怎么做。"

"我是皇后的亲侄子不假，可我姓的是司马，皇后另一个亲侄子贾谧才姓贾呢。"司马冏脱口而出这句话，带着无法遏制的憋屈和愤懑，"所以不管我怎么做，皇后都不会真正信任我，一心只会重用贾谧！如今贾谧的风头已经盖过了太子。说不定什么时候，这司马家的天下就要改姓贾了！"

"殿下慎言！"潘岳蓦地喝止了司马冏，"我听说皇后之母郭夫人生前对贾谧管束甚严，特别教导他要礼敬太子，恪守人臣本分。而贾氏外戚贾模、裴颀虽然参与朝政，却也尽忠职守，并无任何僭越之事。如今四海升平、江山稳固，殿下怎能口出如此狂悖之语？"

"郭夫人深明大义，自然可以劝谏皇后约束贾谧善待太子。可是她如今却已经过世了！"司马冏跪直身子，目光炯炯地望着潘岳，"这天下的局势，又再度出现了分歧。所以我才想问问檀奴叔叔，如果现在你面前的人是我父亲，你会劝他如何行事？"

“如果现在我面前的人是你父亲，他根本不会问我该如何行事。”潘岳见司马冏迷茫着没有领悟自己的意思，轻轻叹了一口气，“我只问殿下一个问题——你要做到什么地步，才会觉得自己成功？”

“我……”司马冏张了张口，愣了一会儿才答道，“我自然是想继承父亲的遗志，做司马家的贤王，匡扶社稷，造福黎民。”

“既然是这样，殿下为何还耿耿于怀于无法得到皇后的宠信，却忽视了另一位名正言顺的社稷之主？”

“你是说天子吗？可是大家都知道天子他……”司马冏看着潘岳略显失望的表情，心头狂跳，脑子也飞速转动起来。忽然，他眼前一亮：“檀奴叔叔的意思是——东宫太子？”

“若是你父亲在，他自然知道该怎么做。”潘岳点了点头，走到房檐下拧着浸透雨水的湿布巾。金鹿则蹦蹦跳跳地跟出去，抬头看着雨势减小缓缓放晴的天空，叽叽喳喳地问能不能看到彩虹。

司马冏松懈下长跪的身子，毫无仪态地坐在了簟席上，仿佛一个在水中挣扎了许久的人终于上了岸，精疲力竭却又满怀希望。是啊，他以前怎么就没有想到呢？皇后贾南风虽然专权，却只囿于宫城一方之地，这九州大地上掌握兵权的，可切切实实都是司马家的诸侯王。而贾南风一直无子，太子司马遹作为当今天子司马衷唯一的儿子，将来继承皇位几乎毫无悬念。要实现母亲逼自己承诺将外祖父母贾充、李婉合葬的誓言，唯有彻底打败贾谧和贾南风，那唯一可以借助力量对抗贾家的人，自然只有太子司马遹了！虽然现在太子弱势，却始终占据着名正言顺的主君名分。只要自己能多维护太子一分，就能大大提高自己在司马家宗室里的人望，日后也可凭借太子和司马氏宗室的力量压制贾家，开辟出自己的天地。

潘岳说得没有错，若是父亲司马攸还活着，他此刻必定义无反顾地尽心辅佐太子，根本不会纠结于如何在贾南风面前与贾谧争宠。

仿佛在荆棘丛中跋涉了许久的人终于发现了另一条道路，司马冏的心顿时与天光一样透亮起来。他霍然起身，寻思着如何去找潘岳道谢，却听到外面传来了金鹿一声惊呼："哎呀！"

"怎么了？"司马冏知道潘岳极为疼爱这个女儿，连忙跑出门去，却见潘岳冲进雨里，从小院一侧的小屋内将金鹿抱了出来。

"都说了别急着去厨房，看这下子鞋子全湿了。"潘岳蹚着水将女儿抱回门廊上，脱下了她湿透的绣花小红鞋。

"我想去取蒸饼，却不知道厨房里都是水……呜呜……"金鹿把冰冷的小脚丫放在潘岳怀中，抽抽噎噎地看着潘岳把它们擦干。

"金鹿妹妹是饿了吗？我去给你拿蒸饼。"司马冏此刻已经看出来，方才不仅正房漏雨，厨房里漏得更厉害，一些木质炊具甚至已经在水流里漂浮起来。于是他脱下鞋袜，掖起衣衫下摆，打算蹚水进厨房里去。

"我没饿，我是想拿蒸饼给大哥哥吃……"金鹿手里还攥着一只光滑透亮的琉璃碗，腮边挂着的泪珠却比琉璃更加晶莹剔透，"大哥哥送我礼物，我也要送他礼物……"

"爹爹刚才不是说过，让你把这些琉璃碗都还给齐王殿下吗？"潘岳给金鹿换上干净鞋袜，口中哄道，"金鹿乖，爹爹明天给你削水果小鸭子，你是想要桃儿还是李子……"

"檀奴叔叔！"司马冏见金鹿满是不舍，忍不住道，"就让金鹿妹妹留着玩吧。她也是世家千金，喜欢这些金玉宝器本就寻常，何必委屈了她？我府上还有不少这些东西，改日都送来让金鹿妹妹挑选。"

"金鹿还是小孩子，就算喜欢金玉，也和喜欢一朵花、一把伞、一个水果小鸭子没有区别。"潘岳将琉璃碗从女儿手中取下，和着屋内另外五只琉璃碗摞在一起，双手捧还给司马冏，"请殿下收回。"

"不，我不会收回。"司马冏忽然正了正衣衫，鼓起勇气深深作了一个揖，"家父生前就与叔叔为儿女定下了婚姻之约，那么这套琉璃碗就算是我送给金鹿妹妹的定亲聘礼吧。”

“殿下天潢贵胄，草民一家高攀不起。”潘岳见司马冏背着手不肯接那琉璃碗，便径直走到小院大门口，将琉璃碗放在了门外，躬身道，“既然大雨已停，殿下请回吧。”

“我知道，诸侯王的婚姻都归宗师府掌管，现在我无法做主娶金鹿为正妃。”司马冏咬了咬嘴唇，终于走出了木板拼凑的院门，“可是等金鹿长大了，我就可以做这个主了。一定会的！”他看着站在潘岳身后头戴木槿花的小女孩，仿佛发誓一般留下这句话，弯下腰抱起那摞琉璃碗，僵硬地转身离开。

第 二 章

真 相

追想存仿佛，感道伤中情。

——潘岳

司马冏离开之后没几天，德宫里的潘家小院前，又来了一位客人。这位客人和逡巡徘徊的司马冏不同，一待潘家老仆李伯打开院门，也不等通禀主人，就径直迈开大步登堂入室——先给邢夫人拜倒请安，然后一把抱起金鹿转了两个圈，又大剌剌地朝着杨容姬道："阿容不必费心准备食水，我一会儿就走。"最后才朝着潘岳拱了拱手："安仁不必皱眉，我这次来可不是给鲁国公贾谧做说客，劝你出仕做官的。我只是请你们全家一起去蹭饭，别无他意！"

"你石大富翁富甲天下，哪里需要去别人家里蹭饭？"邢夫人笑道。自从潘岳回洛阳后，石崇常常不请自来，和潘家老小都是极熟稔的。加上他性情豪爽、言语讨喜，常常把邢夫人哄得喜笑颜开，简直把他当作子侄一般亲近。

石崇朝潘岳夫妇望了一眼，见潘岳冷眼相对，杨容姬也是一副怀疑表情，便只对着慈眉善目的邢夫人笑道："小侄不敢欺瞒伯母，说是蹭饭，其实是小侄做了一件善事，人家设宴来答谢救命之恩的。"

"是吗，你做了什么善事，快说来听听！"邢夫人招招手，让石崇坐在了自己下手。

"伯母可听说过王恺这个名字？"石崇卖了个关子。

"王恺？"邢夫人觉得这个名字有些耳熟，却一时想不起来，便朝潘岳望了过去。

“就是和石崇斗富的那个国舅王恺。”潘岳皱眉回道。

“应该说，就是和我斗富斗输了的那个国舅王恺。”石崇更正了一把，见杨容姬嫌弃地瞪了自己一眼，慌忙收了扬扬得意的嘴脸，老老实实讲下去，“那个王恺可不是个什么好东西，睚眦必报，心狠手辣。光禄大夫刘蕃有两个儿子，一个叫刘舆，一个叫刘琨，都是当今名士，因为得罪了王恺，王恺就把他兄弟俩骗到家里去准备杀掉。我恰好在王恺家布置了眼线，听到禀告后，连夜驾车冲进王恺家里——幸亏我去得及时，王恺在后院里把杀人埋尸的坑都挖好了！当时我一手驾车，一手持剑，在王恺府门上杀了个七进七出，终于把刘舆、刘琨兄弟救了出来。脱险之后，他们俩对我千恩万谢，我却只是淡淡说了一句‘年轻人以后不要随便在别人家里过夜’，就飘然离去……”

“扑哧”一声轻笑，打断了石崇口沫横飞的讲述。他嗔怪地盯了杨容姬一眼：“阿容，你笑什么？”

“我笑你不光有常山赵子龙七进七出的勇力，还有当今名士万事不萦于怀的装腔作势……”杨容姬说着，已捂住嘴笑得背过身去。

“唉，伯母评评理，我做了件天大的好事，装一装名士风度也不行吗？”石崇哼了一声，求救一般朝邢夫人抱怨。

“我明白了，就是因为你救了刘家兄弟，所以他们今天要设宴答谢你。”邢夫人笑着问，“人家是要谢你，你特地跑来扯上我们一家又是为什么？”

“是刘家太夫人听说我与安仁交好，非要我请上你们一家的。还说若请不到伯母和安仁夫妇，我这场饭也吃不成呢。”石崇说着故意摸了摸肚子，可怜巴巴地道，“伯母就当可怜可怜小侄，赏光去一趟刘府吧。刘舆、刘琨兄弟，也特别想结交一下安仁这位大才子呢。”

“我记起来了，光禄大夫刘蕃的夫人，是不是尚书郭弈的妹妹？说起来我们在闺中也是相识的。”邢夫人说到这里，抬头去看始终一言不发的潘岳，“檀奴，你怎么看？”

“方才故事里的刘琨，莫非就是那个‘闻鸡起舞’的刘琨？”潘岳忽然问。

“正是正是，就是那个每天鸡叫时就要起来练剑的刘琨！说起来，他就是个文武全才，将来必定是我大晋朝廷的栋梁，否则我费那么大力气救他做什么？”石崇见潘岳略略点头，立刻兴奋地跳起身来，朝着邢夫人笑道，“既然伯母和安仁有意，我们现在就去刘府吧。马车我都已经备好了！”他忽然想起了某件事，又朝杨容姬吩咐，“今夜刘府通宵饮宴，阿容你快收拾收拾伯母常用的东西，应该是要留在刘府过夜呢。”

“季伦，你究竟是打的什么主意？”潘岳见石崇欢快地指挥仆从搀扶邢夫人上车，伸手从背后敲了敲他的肩膀。洛阳世家之间聚会本属寻常，但石崇今日的反应，实在太过热情了些。

“没错，我是另外打得有主意。不过你放心，肯定都是好主意。”石崇见邢夫人、杨容姬连同金鹿都上了车，故作神秘地朝潘岳眨了眨眼睛，“安仁，我们这么多年的老朋友了，你信不信我就是自己死了也不会害你？”说着，手上使力，把潘岳也架上了马车。

潘岳虽不明白石崇在搞什么鬼，但知道他这个人是个热络的直肠子，索性随了他去。待马车驶到光禄大夫府门口，早有刘家的女眷迎着邢夫人和杨容姬等进了内堂，而石崇则陪着潘岳直接走进了宴客的前厅。

听闻石崇和潘岳到来，原本聚集在厅内之人全都迎了出来，将石崇和潘岳团团围在当中。石崇笑容满面，一一指引众人与潘岳见礼。

“这两位就是此间主人刘舆、刘琨。洛阳城中有民谚说‘洛中奕奕，庆孙越石’，说的就是他们这文武双全的两兄弟。”石崇指着两个英姿勃勃的年轻人，笑着对潘岳道，“名不虚传，对吧？”

待到潘岳与刘氏兄弟互相行完礼，石崇又指着一个风采秀逸的年轻人道："不知安仁是否听说过'渤海赫赫，欧阳坚石'的说法，这说的就是这位欧阳建了。"他骄傲地拍了拍欧阳建的肩膀，笑着向潘岳解释，"他是我大姐的儿子，是低我一辈的外甥。来，叫一声安仁世叔。"

"安仁世叔。"那欧阳建笑意盈盈，果然乖乖地躬身向潘岳施礼。

"不敢当。"潘岳连忙还礼，却听石崇在自己耳边小声笑道："你和我这外甥好好亲近亲近。他马上就要到关中去担任冯翊太守了。你那个死对头孙秀不就在关中吗？虽然有赵王荫蔽我们暂时奈何不了他，但等我外甥去了关中，就可以私下搜集孙秀不法的证据，咱们名正言顺地弄死他，给你报仇！"

"原来，这就是你这次一定要把我拉过来的原因？"潘岳悄声问。

"嘿嘿，不止于此，不止于此。"石崇得意地摸了摸头，见众人都行礼得差不多了，才收敛了一脸灿烂笑容，郑重地向众人道，"现在该轮到介绍这位贵客了。虽然大家都知道他是谁，但出于礼节还是要隆重介绍一下，他就是掷果盈车的檀郎、洛阳文笔第一的才子——潘岳潘安仁！"

"还有潘杨之好！"

"还有河阳一县花！"

石崇话音未落，就有人接二连三地报出潘岳其他有名的典故来，让石崇大大地没了面子。幸亏他脑子活络，立刻又挺胸叠肚地补充道："你们还忘了安仁最新也是最厉害的一个典故——辞官奉母！他为了奉养母亲辞去了朝廷的官职，宁可居于陋巷箪食瓢饮。这桩大大的孝行，如今世人可是与舜帝孝感动天、王祥卧冰求鲤相提并论的呢。"

"你就别打趣我了。"潘岳没料到自己一来竟变成了主角，颇有些尴尬。

"请各位贵客进屋上座，准备开席了。"刘琨见众人还在礼让不止，连忙以东道主的身份引着大家进入厅内。

本应空旷的大厅中此刻竟早已坐着一人，握着酒杯正自斟自饮。见众人进来，那人也不搭理，只一口抿掉了杯中酒水。

“太冲，我来给你介绍，这位是……”刘琨正要开口，那人却蓦地伸出胳膊张开五指，摆出一个大大的拒绝姿态：“不用介绍，你们刚才引用了那么多典故，我早已听到了！潘岳潘安仁，天下第一美男子，还有说天下第一才子的，不用再给我重复一遍。”

“太冲兄何必小气？要说这典故，天下还有谁比得上你这个‘洛阳纸贵’？”刘琨似是深谙这个人的脾气，有些抱歉地望向潘岳：“安仁兄，这位是——”

“写《三都赋》的左思，左太冲。”不等刘琨开口，潘岳已经说出了此人的名字。他也不以左思的倨傲为忤，走上前深深地朝左思施了一个礼：“在下对太冲兄仰慕已久，今日得见，实乃三生有幸。”

左思没有料到大名鼎鼎的潘岳对自己如此礼敬，有些诧异地回过头来。他虽然文才出众，相貌却颇为丑陋，与潘岳一比，更是有玉树蒹葭之感。

见左思神情颇不自然，潘岳便在他身边座位上坐下，低声道：“‘世胄蹑高位，英俊沉下僚。地势使之然，由来非一朝。’在下以前虽未曾与太冲兄谋面，但仅凭兄台这几句大作，心中便已将太冲兄引为知己，还望太冲兄不要嫌弃在下愚陋才好。”

“安仁兄出身世家，居然也会对我这几句牢骚之语心有戚戚？”左思出身寒微，在这个世家子弟把持了绝大部分官位的洛阳一直郁郁不得志，虽然妹妹左棻被晋封为晋武帝司马炎的贵嫔，也因为貌丑不得宠爱，在宫中寂寥度日。

听左思问出这句话，潘岳只涩然一笑，随即倒了一杯酒双手举起：“我敬太冲兄一杯。说起来，在下与内子还欠令妹左贵嫔一个人情呢。”

“哦，什么人情？”左思惊奇地问。

“内子在宫中为宫女之时，在下因不胜思念之情，托人给宫中寄去了一首离合诗。”潘岳想起旧事，心下感触，“据内子说，当时左贵嫔已经看穿了在下那点文字上的花招，却没有点破，终究成全了在下与内子的姻缘。因此这杯酒，就算是借太冲兄向贵嫔表达谢意吧。”说着，举起酒杯一饮而尽。

“居然还有这种事？能成人之美，幸何如之。”左思性格木讷，不善言谈，此刻却因为潘岳的坦诚，渐渐亲近起来。他被酒意冲得满脸通红，半晌才讷讷地道，“安仁兄不要怪我先前无礼，实际上是我心中有旧怨，没道理与安仁兄置气。”

“哦，难道在下以前无意中开罪过太冲兄？”潘岳惊奇地问。

“其实都是我的错，与你无关。”左思嗫嚅了一会儿，终于开口道，“我初到洛阳之时，听闻安仁兄掷果盈车的美谈，心中十分羡慕。偏偏有世家子弟故意戏弄于我，说洛阳风气爱才若渴，若有才子驾车自闹市招摇而过，百姓就会以花果相迎，安仁兄即是明证。我那时涉世不深信以为真，竟然真的学安仁兄驾车外出，而那些围观百姓，也真的朝我投掷了不少东西——”他的脸涨红得有些发黑，又灌下一杯酒，这才苦笑着道，“可惜他们投掷的不是花果，而是砖瓦砾石，打得我狼狈而逃。那个时候我才明白，这个世上哪有什么真心爱才之人，他们爱的不过是华美的皮囊和炫目的家世，而我注定什么都没有……”

“所以，我一直在嫉妒你。”左思说完，深深地朝潘岳作了一揖，“今日，向你赔罪了。”

“太冲兄多虑了。”潘岳连忙一把架住左思，苦笑着回应，“其实就算我家世比太冲兄好些，容貌比太冲兄强些，又有什么裨益呢？我如今一介布衣，不仅一事无成，还差点丢了性命。能苟活至今，已是万幸了。”

“是了。我读过安仁兄写的《西征赋》，杨骏之乱中安仁兄的遭遇，确实令人唏嘘不已……”左思愣了愣，醒悟过来潘岳的处境，不禁更起同病相怜之意。

“说到安仁的诗赋，太冲兄可知道他的新作是什么吗？”见潘岳和左思聊得热络，石崇举着一只酒杯，带着三分酒意笑嘻嘻地凑过来。

“安仁兄的新作，不就是最近的《闲居赋》吗？”左思老老实实地回答，“我读过那篇《闲居赋》，只觉得千古高情，无出其右。”

“错了错了。安仁新近又写了一篇《狭室赋》，你们不曾看过，我却侥幸在他家里偷看到了！”石崇见席上众人的目光都朝自己望过来，不由得意地站起身来，朗声诵读道，“当祝融之御节，炽朱明之隆暑。沸体惄其如铄，珠汗挥其如雨。若乃重阴晦冥，天威震曜。潢潦沸腾，丛溜奔激。臼灶为之沉溺，器用为之浮漂……”

“季伦！”潘岳听石崇念出了自己抱怨所居陋室闷热漏雨、器具漂浮的文字，不禁大是尴尬，站起身就想阻止。

“你学颜回居陋巷而不改其志，有什么好羞耻的？”石崇一闪身躲过潘岳，继续大声念道，“彼处贫而不怨，嗟生民之攸难。匪广厦之足荣，有切身之近患。青阳萌而畏暑，白藏兆而惧寒。独味道而不闷，喟然向其时叹。”见潘岳脸上被酒意带起的酡红渐渐转白，石崇忽然跳过去一把拉起他的手臂，向着席上众人一挥，“在座诸位都是洛阳顶尖儿的俊杰，安仁根本不必一个人嗟叹民生的艰难，也不用叹息英雄无用武之地。只要我们勠力同心共匡社稷，何愁壮志难酬报国无门？来来来，有此心意者共饮一杯！”说着，抄过一只巨觞，咕咚咕咚地灌了个涓滴不剩。

“季伦兄说得好！”随着厅内雷鸣般的喝彩声，众人纷纷饮酒明志。就连潘岳也被这热烈亲近的气氛所打动，情不自禁地多饮了几杯。或许是因为酒意上头，他的眼睛竟没来由地有些湿润，似乎自从司马攸和夏侯湛死后，自己就再也不曾融入过如此坦诚相见、惺惺相惜的气氛中了。

夜幕渐沉，灯烛缤纷，众人纷纷有了醉意，却又舍不得回去休息，便放松地或倚在食案上，或斜卧在簟席上，有一搭没一搭地闲话。

石崇兴致高昂，却是又提起了他夜闯王恺府，救出刘舆、刘琨兄弟的丰功伟绩，大着舌头道："你们知道若是我不赶去，王恺那老东西会怎么杀刘家兄弟吗？不用说，肯定是鸩酒，神不知鬼不觉就毒死了他们……什么，你问我为什么知道？因为我在担任荆州刺史兼南蛮校尉的时候，曾经得到过一只鸩鸟，禁不住王恺厮磨，就差人送给了他。"

"舅舅，今朝不是有律令，一律不许鸩鸟过长江吗？"石崇的外甥欧阳建不解地问。

"没错，所以朝廷知道以后，严令王恺把那只鸩鸟交出来，当众烧死了它。"石崇打了个酒嗝，自信地挥舞着衣袖，"不过王恺那老东西的秉性我还不知道？他必定偷偷藏下了鸩鸟的羽毛，就预备着以后神不知鬼不觉地杀人呢。"

"传说鸩鸟的羽毛只要在酒中一蘸，就能把一壶酒变成穿肠毒药。这可是真的吗？"刘琨也好奇地问。

"自然是真的！那鸩鸟专吃毒蛇，毒液浸染了全身的羽毛，所以鸩酒比当今朝廷专门用来赐死的金屑酒还厉害。除非有专门的解药，否则必死无疑！"石崇在南方做过几年地方官，得意地炫耀着关于鸩鸟的见闻。

"鸩毒居然也有解药？是什么样子呢？"众人忍不住追问。

"鸩鸟死后，坠落在地上化为枯骨，一身毒液也浸入泥土。而在这骸骨之中，便会生长出一种紫色小花，南蛮之人称为'独鲁'，就是鸩毒的解药。"石崇说着拍了拍自己的荷包，"不过这种解药十分难找，我可没有啊。"

"那幸亏我们早有提防，一直不肯在王恺家饮食，否则等不到季伦兄相救，我们两兄弟早已一命呜呼了。"刘舆、刘琨兄弟拍着胸口，想起前事依然心有余悸。

"鸩酒虽毒，但毕竟会着了行迹。王恺那老家伙就算真杀了你们，他自己迟早逃不掉罪责。"石崇惯于在各方面碾压王恺这个斗富的劲敌，鼻子里哼了一声,得意扬扬地道,“其实要真的杀人,有的是万无一失的方法,就算是给尧舜掌管刑律的皋陶再世,也查不出一点蛛丝马迹!”

“哦,当真有杀人于无形的方法?季伦兄快说来听听!”众人被石崇卖的这个关子提起了兴致,纷纷催促他说下去。

“这个方法,我还是从太医令程据那里听来的。我送了他一斛珍珠,他才肯透露给我这个秘密。”石崇享受地呷了一口酒,故意慢悠悠地道,“这个法子虽然费些时日,却胜在不留半点痕迹,就算是有经验的太医,也诊断不出来。”

石崇说到这里,慢吞吞地把在座诸人扫了一眼。等他确定把众人的好奇心都吊到了极致,才终于说出了答案:“其实这个方子简单得很,细辛配藜芦,足以生成置人于死地的剧毒。”

“细辛、藜芦?”左思低低地重复了一句,面露恍然之色,“这两味都是极常用的药材。若非今日听闻,怎么会知道它们药性相冲,竟会从济世良药变成穿肠剧毒?”

“这两味药材虽然常用,但平素用量极少。若要杀人,还必须每日服用,一段时间后才会见效。”石崇笑道,“不过中了此毒之人,就连太医也只会以为是病体虚弱所致,断断不会疑心有人下毒——这才是杀人于无形的高妙之处呢。”

“这个程据,不想着怎么救人,反而琢磨怎么害人,简直就是个奸佞!”左思愤愤道,“我记得武皇帝在位时,这个程据就因为呈献雉头裘这种奇装异服被武皇帝斥责,当殿焚烧了雉头裘,后来又因为误诊了齐献王的病情被流放外地。却不料如今他攀附上贾皇后,竟然做到太医令的高位了!这种奸佞小人成日赖在皇后身边,可不是什么好事。安仁兄,你说是不是?”此刻忽然意识到潘岳已经许久未见动静,左思寻思他大概是醉得狠了,连忙转过头去,不料一望之下,竟然大吃一惊!

只见此刻潘岳不仅没有醉倒,反倒直挺挺地坐得如同一桩枯木,而他酒后发红的眼睛也瞪得大大的，仿佛透过前方的烛火看进了很远很远的地方。左思伸手推了推他，触手却是一片冰凉，再细看潘岳的额头，竟是密密麻麻布满了冷汗，就仿佛他刚才喝下的不是暖意洋洋的酒，而是寒彻骨髓的冰。

“安仁兄，你怎么了？”左思唤了两声，见潘岳犹在出神根本不曾听见自己的声音，不禁焦急起来，“安仁兄，安仁兄？”

“安仁，你哪里不舒服？”此刻就连醉意醺醺的石崇也看出了潘岳的异样，慌忙从席上连滚带爬地凑过来，使劲摇了摇潘岳的肩膀。

“阿容呢，快叫她来！”潘岳被石崇大力一摇，终于回过神来。他匆匆忙忙地站起身，目光却依然有些涣散，差点绊倒在石崇身上，“我有点急事，现在必须回家！”

“深更半夜的，阿容她们早就睡了！”石崇没好气地拉住潘岳，“而且洛阳城夜里宵禁，你就算要回家也得等天亮了再说！”

“不行，我现在就必须回去！”潘岳似乎清醒了一些，朝着主人刘氏兄弟和其他宾客施了一礼，歉然道，“今日有万不得已的状况，改日再来向各位赔罪。”

“洛阳城夜里宵禁，你走不了！等天亮了我送你回去！”见潘岳固执己见，石崇也拗着脖子回应。

“季伦兄担任卫尉一职，有夜间通行的便利，就烦请你送安仁兄回去吧。”刘琨也看出潘岳脸色惨白得几无人色，在劝他留下就医无果后，便派人到内堂，将已经歇息的杨容姬请了出来。潘岳一见杨容姬，就仿佛溺水之人乍见浮木，一把抓住了她的胳膊，竟是不肯松开了。

“母亲和金鹿都休息了，需要去叫醒她们吗？”杨容姬感到潘岳握住自己的手指都在瑟瑟发抖，心知发生了了不得的大事，却只能镇静地询问。

“母亲既已歇下，就不要打扰了，明日再来接她们便是。”潘岳匆匆与众人告辞，拉着杨容姬走出了刘府大门。而石崇此刻的酒意也醒了三分，脚步蹒跚地跟在他们后面，一迭声地吩咐仆人去准备马车。

上车之后，潘岳抿紧嘴唇再不出声，只是身体还是忍不住地轻轻颤抖。杨容姬先是怀疑他得了寒症，伸手摸他额头却只觉一片冰凉，丝毫没有发烧症状。待她还想搭上他的脉搏时，潘岳却反手抓住了她的手腕轻轻一压，示意她不必再徒劳地探查病因。

“安仁，你是不是知道了什么？”石崇坐在车厢对面，苦着脸看着潘岳。见潘岳神色阴沉竟有些凌厉之势，石崇忍不住悄声嘀咕了一句，“不会吧。这么秘密的事情你都猜到了？”

“什么秘密?你们究竟在瞒着我什么?”杨容姬敏锐地扫了一眼石崇，见他有些心虚地缩下头去，又转头望向自己的丈夫，然而潘岳只冷冷地回答了一句：“跟他无关。”

“既然跟我无关，那一会儿你要是发火，可不许把气撒在我身上!”石崇仿佛抓住了一根救命稻草，梗着脖子嘟囔。

石崇自殴打徐州刺史高诞被罢去徐州监军一职后，仗着朝中人熟好办事，没过多久就被启用为卫尉，掌管宫门宿卫，因此也就有了夜间在洛阳城通行的便利。他们的马车从刘舆、刘琨兄弟家直走宣阳门，在宣阳门处等待了好一阵子，终于等到天色将明城门开放，便第一个冲出了洛阳城，直往南墙下的德宫里而去。

此时时辰尚早，德宫里依旧一片静谧，连炊烟都不过寥寥数行，伴随着时有时无的几声鸡叫。然而远处却似乎传来叮叮之声，仿佛有人在击打木石，又仿佛有人在锤钉铁钉。杨容姬见对面石崇越发笑得有些瑟缩，心中起疑，掀开车帘往外望去，却发现那怪异的嘈杂声正是从自己家的位置传来的!

“我们家里出什么事了?檀郎又是怎么回事?”杨容姬见这一路行来，潘岳惨白的脸色已经变作铁青，越发疑心与石崇有关。

“他发了什么疯我怎么知道？非要大清早巴巴赶回来，害得我都不能送给你们一个惊喜——”石崇见杨容姬一双秋水般澄净的眼睛直盯着自己，大感冤枉，一待马车停稳就委委屈屈地跳下了车，“我究竟做了什么，你们自己看好了！”

杨容姬拉住潘岳一起下车，发现哪怕自己这一路上都握紧着丈夫的手，潘岳的手依然冷硬得如同冰雪淬过的铁刃一般。这异乎寻常的现象让杨容姬心头一震，却明白此刻当着石崇的面，绝不是提问的时候。

此时潘家简陋的小院内人声鼎沸，院门更是大大地敞开着，台阶下堆积着各式青砖木料，几乎没有下脚之处。石崇跳着脚在前方引着路，不敢回头看潘岳夫妇的脸色，只好絮絮叨叨地解释着：“其实没什么。就是看你们原先的房子冬冷夏热，一刮风下雨就摇摇欲坠，盆碗飘摇。安仁自己不在意，可太夫人还有阿容、金鹿可怎么过？我早就想出资帮你们修座新居，却又知道安仁那个倔脾气打死也不会同意，所以只好趁刘家兄弟宴客，把你们全家支出去一夜……若是你们再晚些回来，这新屋子就已经建好了……”石崇话还未说完，潘岳已经一侧身从他身边冲进了院子里，急得石崇大叫，“你小心些，别被掉下来的砖石砸了头！”

“你一夜之间就可以给我们建一座新屋子？”杨容姬见石崇被潘岳晾在了门槛上，有些过意不去，缓和了声音问。

“那当然。只要肯出钱，别说建几间屋子，造皇宫都可以！”石崇见杨容姬满眼疑惑，有些委屈又有些得意地解释，“我前几次来做客，就暗中嘱咐仆人偷偷丈量了土地尺寸。回去之后重金聘请能工巧匠，将木柱、横梁、门楣、窗扇等一应构件全都事先准备妥当。这个晚上派遣人工，无非是用青砖砌好墙面，再将早已匹配得严丝合缝的构件拼凑在一起而已。”

“你这是何苦？”杨容姬大惊。石崇的做法，相当于将一套房屋建好之后再原封不动迁移过来，而且还必须赶工在一夜之间建好。这样费事费工的做法，估计也只有他这个石大富翁才想得出来。

“我不就是怕你们不肯吗？” 石崇顿足道，“他辞了官没了俸禄，要学颜回固穷我才不管，可我不能看着你和金鹿跟着他吃苦受罪！再说了，我知道你们也不肯要太富丽的屋子，就只给你们选了最普通的青砖黑瓦。只望着下次再下雨的时候，你们不用排出一地的锅碗瓢盆来接雨……”说到这里，见杨容姬神色缓和下来，石崇忍不住张肩拔背，又找回了天下第一富翁的自信，“你们不用不好意思，说起来安仁有两次救过我的命，我送你们一个礼物是应该的……”

“我旧屋子里面的东西呢？”忽然，一个声音冷冷地打断了石崇的话，却是潘岳不知什么时候又折了出来。

“你旧屋子里没什么值钱的东西，自然全都扔了！”石崇正说得兴高采烈，根本没有注意潘岳的脸色，“你们需要什么，尽管开出单子来，我叫人全部买上好的回来！”

“东西扔哪里了？”潘岳打断了石崇，冷冷地问。

“扔哪里了？”石崇何曾管过这些鸡毛蒜皮的小事，瞪着眼睛东张西望了一阵，随口道，“应该就和拆下来的土墙茅顶一起，抛进洛水里面去了吧……”

“你！”不等石崇说完，潘岳猛地一拳挥了过来。还好石崇早年间当过游侠，拳脚功夫不错，赶紧一蹲身躲过这一拳，又伸手过顶，架住了潘岳接下来的一拳，口中大嚷道：“君子动口不动手，潘岳你还是君子吗？”

“你不经我的同意擅自拆毁我家，这等强盗行径，还跟我谈什么君子？”潘岳趁着石崇不备，一脚踢出，顿时将石崇踹得后退几步，一跤跌倒在大门台阶下。

见石家仆人们赶紧把哎哟哎哟乱叫的石崇搀扶起来，杨容姬不解地抓住了潘岳的胳膊，担忧地问：“檀郎，你怎么了？”她与他相识相知二十多年，却从未见过潘岳如此暴怒失态。眼看着潘岳的眼睛充血发红，牙关紧咬呼吸急促，杨容姬心头忽然灵光一现，“旧屋子里，是不是有什么要紧的东西？”

“是，就是那本簿册，你亲自用蓝布缝制了封套的。”潘岳的声音细如游丝，就仿佛刚才给石崇的两拳一脚，已经将他的力气压榨干净。

“潘郎君家旧物，小人们未敢擅动，全都堆放在院角，用苫席遮盖着呢。”一个石家仆人耳尖，听清了潘岳夫妇的对话，连忙大声禀告。而石崇则一边揉着肚子，一边气哼哼地道：“听见了没，你家那些东西还在！孔夫子都说了要只问人不问马，潘岳你倒好，为个什么破册子就对我动手！我只是不想还手而已，否则凭我当年纵横淮南无敌手的本事，你再动我一下试试！”

“石崇，你安静一点！”杨容姬此刻已经明白潘岳如此失态的原因，心中大惊，忍无可忍地朝石崇斥责了一声，疾步随着石家仆人走到隐蔽的院角里。

“夫人家里的箱笼都在此处，小人们原封未动。”仆人掀开角落里遮蔽的竹席，露出一些箱笼来，果然是潘家旧物。杨容姬在一个箱子里翻找了一阵，从箱底取出一卷套着蓝布封套的簿册，交到了紧跟而来的潘岳手中。

潘岳双手颤抖，扯了好几次才打开封套，打开了那卷记录得密密麻麻的簿册。他似乎胸中已有成竹，翻阅簿册不过是为了验证心中所想，所以匆匆看到某几行便蓦地合上了簿册，踉跄后退一步，闭上了眼睛。

石崇无辜被打，还被杨容姬责备，心里那个冤屈真是比洛水还要深。他揉着肚子凑到潘岳身边，想看看他那么宝贝的簿册里究竟记载了什么东西。杨容姬却横过来挡在潘岳身前，朝着石崇摇了摇头。

“究竟是怎么回事？”石崇无辜地眨着眼睛，向杨容姬求救。

“如果有可能，以后会告诉你。”杨容姬心中也颇为焦灼，只能尽力安抚石崇，“多谢你给我们建的房子，改日我和檀郎会登门拜谢。不过现在既然房子已经建好,请你先带着这些工匠离开。”

“好好好,我不在这里碍你们的眼!”石崇顿足恨道,随即吩咐已经完工的众人将潘家旧物搬回新居,再收拾残余废料离开。走到大门口时回头看去,只见潘岳依然泥塑木雕般站在原地,而杨容姬静静地握着他的一只手,一副不离不弃的模样,石崇胸中不禁涌起一股酸涩——他们夫妇一体,自己无论如何也只是个外人。不过好在石大富翁向来心胸宽广,清了清嗓子留下一句“我去接太夫人和金鹿回来”,就摆出一副宽宏大量不计前嫌的模样离开了。

方才还熙熙攘攘的小院刹那间安静下来,只听得见早起的街坊们在墙外引车汲水之声。杨容姬依偎着潘岳站了一阵,察觉潘岳紧绷的身子自始至终没有放松过,终于忍不住劝道:“站了许久,到屋里去坐吧。”

“好。”潘岳如梦初醒般回答了一句,刚一迈步,双腿就仿佛踩在棉花上一般无法着力,若非杨容姬眼疾手快地扶住,只怕就要跌下地去。饶是如此,他的手里还紧紧攥着那卷簿册,宁可自己摔倒也绝不会撒手。

“趁母亲和金鹿还没有回来,我们到屋里去说。”杨容姬提醒了一句,携着潘岳疾步走进屋内。

也亏得石崇财大心细,这一夜之间建成的房屋坚固精巧,带着新鲜木材淡淡的香味。杨容姬待潘岳在新铺的簟席上坐好,见他铁青的脸色终于渐渐有了血色,这才开门见山地问:“檀郎,关于齐献王的死,你发现了什么?”

自从潘岳提到要寻找这卷蓝布封套的簿册起,杨容姬一路上的疑惑都有了答案。因此无论潘岳表现得再怎样乖戾和反常,杨容姬都不再感到奇怪。

数年前,他们在杨氏医馆里与齐国太妃贾荃有过一次秘密对话,其中就涉及齐献王司马攸真正的死因。由于司马攸死得不明不白,不仅凶手无法确定,就连为何会中毒而死也不得而知,因此杨容姬要求贾荃将司马攸生前所服所用的东西一律开出了清单和来源，并花费数年时间细细研究其中的成分。她性子认真严谨，不厌其烦，贾荃罗列出的物品事无巨细都细细钻研，而所有的收获，都条缕明晰地记录在了这本簿册里。只是哪怕杨容姬精通医术，也没能从中分析出司马攸真正的死因。等到后来潘岳带司马冏夜闯含章殿，亲耳听到武帝司马炎说出是杨骏、杨珧兄弟毒死司马攸，这本簿册就被杨容姬套上封套，放进了闲置的书箱中。

可是如今，在杨骏、杨珧兄弟已经身死族灭的五年后，潘岳却再度重视起了这卷早该被忘却的簿册，难道……

“我们以前弄错了。”潘岳悲哀地看着杨容姬，不过一夜过去，他已是憔悴不堪，“毒死桃符的，不是杨骏、杨珧，而是另有其人。”

“可武皇帝临终时，不是亲口说杨骏兄弟毒死了齐献王吗?”杨容姬惊奇地道，“就连诛杀杨骏的时候，街上的童谣唱的也是‘光光文长，大戟为墙。毒药虽行，戟还自伤’。说的就是他们毒杀齐献王，所以遭到了报应。”

“没错，那确实是武帝亲口所说。可我现在却怀疑，就连武帝自己也不知道桃符中毒的真相，只是按照常理，或者携带私愤推测是杨氏兄弟而已。”潘岳说到这里，深吸了一口气，只觉满心都是悔愧。其实那个时候，他自己也不是没有过疑惑的，因为杨氏兄弟当年是力主赶司马攸出洛阳就藩的急先锋，如果他们有阴谋下毒的话，根本没有必要顶风冒头成为众矢之的，甚至差点被义愤填膺的中护军羊琇刺死当场。而当自己对杨骏说出司马攸的鬼魂前来显灵报复，甚至在杨骏面前念出‘毒药虽行，戟还自伤’这样直白的指控时，杨骏的反应一直都是漠然和懵懂的——如果他是凶手，甚至只是与闻了杨家毒杀司马攸的密谋，就绝不会有这样事不关己的漠然和懵懂。

所以，在杨骏被急于复仇的司马冏一戟叉死之时，他才会苦笑感叹：“武帝陛下，你恨我擅改你的遗诏，所以布下这一招来杀我吧?既然如此，我死得……也不冤……”

回忆起一幕幕往事中的疑点，潘岳猛地将手捶在了身下的簟席上，一下、两下……带着深深的悔愧和自责，直到杨容姬伸手抱住他的拳头，搂进了自己的怀中。

“就算是冤枉了杨骏，就凭他擅改遗诏、跋扈专权的举动，也足以引发宫中与诸侯的震怒，身死族灭乃是咎由自取，你又何必如此自责呢？”杨容姬死死攥着潘岳的拳头，生怕他冲动之下做出什么伤害自己的行为。

“不，不是这样的！正因为当初冤枉了杨骏，才放任真凶坐到了今日的高位！此刻再得知真相，已是无力回天。桃符的冤屈，只怕永不得昭雪了！”潘岳说到这里，想起司马攸的冤魂在黄泉之中痛苦煎熬，一时间心痛如绞，连声音都嘶哑起来。

“不，不会的！天道昭彰，只要做了恶事，就一定会遭报应！”杨容姬心疼地搂着他，一遍遍地安慰着。直到潘岳渐渐恢复了平静，杨容姬才终于问道，“告诉我，你究竟发现了什么？”

潘岳看着世上最信任的人，定了定神，缓缓回答：“方才在宴席上，石崇说出了从太医令程据那里重金购来的秘方——细辛配藜芦，足以生成置人于死地的剧毒，而且连经验丰富的太医也无法诊出。”

“细辛？藜芦？”杨容姬皱着纤黑的长眉重复了一遍，忽然醒悟一般打开了那卷簿册，“齐献王生前服用的药方中，好像确实有一味细辛……”说着，她指尖迅速在自己数年前写下的笔迹中摩挲搜索，果然找到了当年司马炎所差遣的太医们给司马攸开的药方：

当归一钱，党参两钱，半夏一钱，细辛两钱，天冬两钱，白芷两钱，川芎一钱，茯苓两钱，枣仁两钱，麦冬两钱，防风一钱，白芍一钱，柴胡两钱，白术两钱，甘草两钱，知母两钱；加水二升，煎取一升，每日温服三次。

“这就是个寻常的调理方子，我当初看过去没有发现什么不妥。如今被你这么一说，确实觉得细辛的数量多了一些，一钱就已经足够，为何要足足多出一倍？”杨容姬的目光久久凝结在“细辛两钱”四个字上，半晌追问道，“那藜芦呢，是在哪里下的？”

潘岳接过簿册翻了翻，重新将它递回杨容姬眼前：“桃符有冬日畏寒喘咳的旧疾，因此常常服用虎骨药酒，这药酒之中便有一味藜芦。”

“藜芦虽有轻微毒性，但少量使用却可治疗痰涌，更何况，齐献王所服的药酒都是齐王府自己差人所配。”杨容姬看着簿册上记录的药酒配方和制作来源，顿时明白了为何贾荃母子尽力搜寻，也无法查明司马攸中毒的原因。细辛配藜芦，若非太医令程据所言，谁又会想到它们凑在一起是致命的毒药？难道司马攸的死，只不过是一场无意之中的悲剧？

不，不会是巧合！要想让两种药材融合出最佳的毒性，必定会严格控制二者的剂量。那药方中明显加了量的细辛，就是凶手无意中露出的马脚！想明白了这一点，杨容姬的眼睛再往虎骨药酒的记录下一看，赫然发现自己当年记录下的一行注释：“药酒原方，由韩夫人进献。”

韩夫人，现河南尹韩寿的夫人，鲁国公贾谧的母亲，皇后贾南风的亲妹妹——贾午。

看着潘岳了然而悲愤的眼睛，杨容姬只觉得一股寒意兜头而下，手指颤抖着去翻先前给司马攸开方的诸位太医名录，见他们中好几个都因为司马冏在父亲灵位前的控诉被武帝司马炎处斩，唯有太医司马程据名后的标记是“废为庶人，流交州”。可是事实证明，程据并没有因为这次事件而一蹶不振，皇后贾南风上台之后，他迅速被提拔为太医令，频繁出入宫禁，深得天子和皇后宠信。

“贾午，程据，是害死桃符的直接凶手。”潘岳的声音，冰冷森寒，“而他们背后的主谋，就是皇后贾南风。”

“他们为什么……”杨容姬只问出半句话，剩下的疑问便尽数吞咽回去。贾南风为什么要害死齐献王司马攸，其实答案早已不言而喻。如果齐王司马攸还活着，以他的名望和地位，势必会在武帝司马炎死后成为辅政大臣，无论宗室、外戚还是世家都绝无置喙的余地。原来他们深信杨骏、杨珧兄弟毒杀司马攸，就是为了抢夺辅佐太子司马衷的大权，然而所有人都忽略了，从司马攸之死中获得最大好处的，除了太后杨芷父女，还有皇后贾南风！而贾南风毒死司马攸、灭掉杨骏一门，进而除掉对她有所威胁的楚王、汝南王、卫瓘和秦王，一步步地走上了统御天下、至高无上的地位，这样的深谋和手段，实在让人不寒而栗！

“这件事，要告诉齐国太妃和山奴吗？”杨容姬平稳下紊乱的心绪，忐忑地问。无论怎么说，贾荃和司马冏是司马攸的家人，他们有权知道真相。

“暂时不要告诉。”潘岳想起贾荃偏执的眼睛，还有司马冏憋屈的神色，本能地摇了摇头。他无法想象，原本就因为李夫人之事与贾南风结下仇怨的贾荃得知了真相，会掀起怎样骇人听闻的风浪。可无论再大的风浪，撞击到礁石上都只会粉身碎骨。他们既然没有对抗贾南风的实力，就不如不知道的好。

“那你现在打算怎么办呢?像对付杨骏一样，舍身饲虎推翻贾家?”杨容姬见潘岳并不回答，只是垂着眼睛盯着膝下簟席的花纹，忽然伸开手臂一把抱住了他，哽咽道，“要不，我们就忘记这件事吧！虽然不是因为贾南风，我们的儿子也不会夭折，可我更不愿意你再度卷入这些王公贵戚你死我活的争斗中！上次因为杨骏一案你差点丢掉了性命，这一次，我再也不放你做那么危险的事情了！”

“就算是为了母亲，为了金鹿，为了我……你平平安安的，好吗?齐献王是通情达理之人，他体谅你的苦衷，必定不会怪你的！”她死死地搂着他，眼中的泪水一滴滴地落在了他的肩膀上。

“好。”过了良久，他似乎终于承受不住她眼泪的重量，身子轻轻晃了晃，松开了紧紧握在手中的簿册。

似乎真的印证了对杨容姬的承诺,潘岳此后绝口不提司马攸,日子就仿佛往常,平静、悠闲,和美得仿佛不似人间。

可是杨容姬却知道,一切都无法再回到当初。

她听得见他在无人处轻微的叹息,看得出他日益败坏的胃口,感受得到每天夜里他在床上的辗转反侧。当他连续多日从梦中惊醒时,她紧紧地闭着眼,一动也不敢动,生怕他知道自己觉察了他的心事。她知道他的心里烧着一团火,可她却自私地装作没有看见,满心祈祷着那团火终究会自己熄灭。

“爹爹最近都不爱和金鹿玩了呢。”金鹿爬上呆坐在窗下的潘岳膝头,学着杨容姬的样子去摸他的额头,“爹爹这些天是病了吗?爹爹现在吃的饭还没有金鹿多呢。”

“别打扰你爹爹,来,阿婆带你去玩。”邢夫人通透的眼眸看了一眼潘岳,轻轻撂下一句,“你从小就争强好胜的,有什么事想做就去做吧,别真的憋出病来。”说完,领着金鹿到院子里去了。

潘岳看着母亲和金鹿离开,想要站起身来,脚下却虚浮着几乎跌倒。他用手撑住簟席重新站稳,将屋角的独弦琴架好,轻轻抚弄起来。

潘岳自幼早慧,心思也比常人敏感多虑,因此少年时遇见隐士孙登,便被孙登察觉出忧思伤脾、脉象郁结,半劝半强地要他拜师学习独弦琴。这独弦琴乃是孙登的独门绝技,配以呼吸吐纳之法,可以纾解胸臆,通达身心。这些年来,虽然屡屡遭受身心重创,潘岳身体却始终能恢复过来,也多赖这独弦琴之功。

独弦琴乃隐者之琴,讲究凝神虚怀,澄澈宁静,万事不萦于心。潘岳勉力按照孙登所授吐纳之法运气,心中那片块垒却不仅不肯消散,反倒如泥浆般渐渐上涌,堵得他胸腔窒闷无法呼吸,终于手下错力,“铮”的一声,唯一的琴弦应声而断。

杨容姬听到弦断之声，慌忙从里间走出来，却见潘岳已一把推开了琴身，抓起案上的毛笔，文不加点地直书下去。

看着他水银泻地般势不可当的书写姿势，杨容姬不敢出声打扰，只默默地看着一个个龙蛇般恣肆蜿蜒的墨字在白纸上倾泻而出：

视不见兮听不闻，
逝日远兮忧弥殷。
终皓首兮何时忘，
情楚恻兮常苦辛。

等潘岳终于把毛笔投掷回桌案上，杨容姬伸出手，轻轻搭上了他颤抖的双肩："你昨晚，又做噩梦了？"虽然他怕她担心，克制着不再夜半起身徘徊，但清早他眼下的青黑却瞒不过她的眼睛。也正因为她的缘故，他心中的忧与苦集聚在心，只能通过梦境和诗文来发泄了。

"是。"潘岳反手按在杨容姬的手背上，深深呼出一口气，"梦见了我和桃符小时候，被管辂抓去的事情。"

杨容姬低低"嗯"了一声，没有动，也没有多说什么。但是她明白潘岳在说什么，自从司马攸死后，潘岳就将他曾经守口如瓶的秘密全部告诉了她。

"我在梦里又听见管辂预言，桃符身负六凶星相，将来必定'殒身、灭家、亡国、乱天下'，所以他要提前杀掉桃符，免除整个天下的劫难。"潘岳望着门外玩耍的金鹿的背影，语气中渐渐带上了疑惑，"我虽然是在梦中，却也记得桃符已经死了，就朝管辂大声质问：'你说桃符身负六凶星象，可他本人最是温良谦恭，就算到死也没有做出任何恶行，更不要说损害朝廷社稷之事。可见你说的这些，都是谎言！'"

"你说得没错。我实在不明白管辂为什么会做出那样可怕的预言。

难道是齐献王一生恪慎退让，所以改变了晋室的命运吗？”杨容姬附和道。

“我和你想得一样，可是梦中的管辂却只是呵呵冷笑道：‘你等凡夫俗子，哪里知道天道精妙。无论司马攸如何行事，他的存在都会牵动六凶星侵犯紫微。除非他孩童时便死了，否则大局已定，亡国乱天下指日可待！’”潘岳心有余悸地叙述着梦中的情形，“我听了之后，心中若有所悟：难道所谓桃符身负六凶星象，并不是指他自己有凶煞之气，而是他的存在会引发六凶星崛起，进而使得天子蒙尘，社稷危亡？我还想再问管辂详情，却从梦中惊醒过来。”潘岳说完轻轻抚了抚胸口，似乎那梦中的可怕感悟，直到此刻仍令他心有余悸。

“六凶星究竟是什么意思？”杨容姬追问了这句话，忽而宽慰一笑，“你一向自诩儒学传家，却不记得子不语怪力乱神的说法？这种虚无缥缈的事情，不用去深究。”

“我只知道六凶星又叫六煞星，分别是擎羊、陀罗、火星、铃星、地劫和地空，其余确实不曾深究。”潘岳放开杨容姬的手，转过身正对着她，“虽然六凶星的说法荒诞不经，但如今我却担心桃符之死带来的余波并不曾平息。毕竟，当年武皇帝若不是为了防范桃符，就不会给诸侯王特别是几个皇子分派大量兵权，也不会为了讨好世家大力压制寒门，更不会固执地立当今天子为太子。若非武皇帝为了自身正统坚持‘立长不立贤’，秦王作为嫡子更适合……”或是因为后面的话太过僭越不便出口，或是因为提到死于非命的秦王司马柬让杨容姬伤怀，潘岳适时住了口。反正就算他不说，杨容姬也尽能明白——若是当初舍弃痴愚的司马衷而立司马柬做了太子，至少晋朝天子的威严就会得以保全，而不会像一个木偶般被众人争来夺去。

“你说得没错。如果当初管辂杀了年幼的齐献王，或者后来武皇帝容得下齐献王，当今的朝局就不会是这样，很多人也不会死了。”杨容姬的眼神黯了黯，继而苦笑道，“我听说自从当今天子继位之后，连最基本的籍田典礼都无法履行。这次关中大饥，侍臣禀告天子说百姓因为没有饭吃而饿死，天子竟然问：‘他们为什么不吃肉糜呢？’真是让人哭笑不得……”

“天子暗弱，外戚临朝，诸侯环伺，寒门衔怨，而关中的胡人，最近又屡屡掀起反叛。”潘岳叹道，“所以我才日夜悬心，管辂所谓桃符引发的六凶星象，就是指的这些吗？现在贾皇后掌控中枢已经让很多司马家宗室不满。若是他们知道是贾皇后害死了桃符，一场大乱势必在所难免……”

“所以我们绝不能说出这个秘密！”杨容姬道，“如今最好的局面，就是外戚、宗室和世家达成平衡。贾家不敢轻举妄动，而太子终将继承大统……”

“爹爹，爹爹，睿哥哥来啦！”夫妻二人还没说完，金鹿已经蹦蹦跳跳地跑了进来。而她身后，则跟着一个眉清目秀的少年，一见潘岳夫妇便施礼笑道：“给老师和师母请安。”

这少年正是潘岳的学生琅琊王司马睿。他如今年岁渐长，再不像少时那样稚嫩，已经显露出少年挺拔俊朗的风貌。

“睿哥哥要跟着你爹爹读书，我们出去别打扰他们。”杨容姬知道潘岳一向喜爱司马睿，巴不得司马睿的到来能排遣一下潘岳的心绪，连忙拉着金鹿出去了。

“老师这几日可是身体不适？要不我下次再来请教吧。”司马睿明显地觉察到潘岳脸色憔悴，身形更是瘦了一圈，不由有些关切地问。

“无妨。”潘岳摇了摇头，招呼司马睿坐在书案前，“今日该讲哪一章了？”

“应该是《汉书·董仲舒传》。”司马睿说着，取出一卷书交给潘岳，“这一篇，我已经提前看过了。有一点问题，想向老师请教。”说完，他指着书中一处道，“董仲舒向汉武帝讲‘天人感应’之术，说：‘国家将有失道之败，而天乃先出灾害以谴告之，不知自省，又出怪异以警惧之，尚不知变，而伤败乃至。以此见天心之仁爱人君而欲止其乱也。'董仲舒说国家有失道之处，天上就会生出灾变的警告，好让君主醒悟以阻止变乱。这段话，老师以为如何？”

“孔夫子不语怪力乱神。董仲舒作为夫子衣钵传人，大谈天道灾变，看起来确实与孔夫子的理念不合。”潘岳察觉司马睿的神色有些古怪，不明其意，却依然说道，“不过我觉得董仲舒这种说法，实际上是为了弥补孔夫子‘君臣父子’纲纪的不足。君王既为天子，世上已无可以约束之物。若君王昏昧，又该如何制衡呢？特别是灾变起时，君王再不思悔改，势必酿成天下祸乱。因此当董仲舒的理论最盛时，也是君王最为警惕自省之时。汉宣帝下罪己诏八次，汉元帝十三次，汉成帝十二次，恰也保证汉朝社稷拨乱反正，不至于中道颓丧。所以我虽然不知道‘天人感应’究竟对不对，但这种说法的存在，从规谏天子匡扶社稷的角度看，却也不无裨益。”

“老师言之有理。”司马睿点点头，忽然身子朝潘岳凑近了一些，压低了声音道，“我最近听说了一些市井流言，不知真假，说出来让老师参详参详。”

“朝廷经常会派人搜集民谣勘察民风，市井流言哪怕荒诞不经，也有可采之处。”潘岳微笑道，“说吧。我看你今天不是专门来读书，倒是对这流言颇感兴趣。”

“这流言其实都传了好几年了，只是老师一直在长安，估计没有听过。”司马睿神秘地道，“我原本也不以为意，但如今的情势，倒越来越有应验之感，所以迫不及待想说给老师听。”

“哦，究竟是什么流言？”潘岳知道司马睿生性稳重，若非此事颇有奇异之处，绝不会擅传。

“嗯，就是关于前朝那个天下第一术士管辂的，传说他擅长预言，就连景皇帝和文皇帝生前，都十分看重。”司马睿没有注意到潘岳渐变的神色，继续说道，“据说管辂生前曾有预言，晋室当得天下，帝祚绵长，但中间却会发生一段波折，致使帝星蒙尘。那段波折就是——有六凶星会轮流侵犯紫微帝星，给天下带来灾殃。只有六凶星都被降服，帝星才会重新光耀，我大晋天下也会稳固如初。”

“六凶星？”如果说司马睿提到管辂的名字已经让潘岳心惊，这“六凶星”更是让他脸色刷白，他甚至害怕下一刻从司马睿口中吐出的，便是司马攸身负六凶星象，必定“殒身、灭家、亡国、乱天下”的可怕预言了。一旦这种骇人听闻的说法流传出去，司马攸好不容易留下的清白名声，必定会受到别有用心之人的玷污。

幸而司马睿并没有触及司马攸，只是半疑惑半好奇地道：“我特地去查过东汉年间的《南北斗经》，里面提到六凶星分别为擎羊、陀罗、火星、铃星、地劫和地空。而对应这些凶星之人的特征，白纸黑字清清楚楚，和当今颇有巧合之处。”

“你的意思，六凶星指的是六个危害帝室之人？”潘岳从未想到六凶星象可以如此解释，不由追问，“你且说说是什么巧合？”

“第一个先说火星。”司马睿显然研究了许久《南北斗经》，侃侃言道，“火星坐命之人，面色泛红或黄，大眼长圆脸，中等身材。其性情刚强急躁，爱出风头，偏又喜做投机取巧之事，自以为是，顽固不化，与最亲近之人都能结怨。”他说到这里顿了顿，紧盯着潘岳问道，“老师想想，有如此特征且又能进犯帝星者，除了某人还能是谁？”

听司马睿这么一形容，潘岳脑海里顿时冒出了一个熟悉的形象，无论外貌还是性格都是不二人选：“杨骏？”

“老师明见。”司马睿点了点头，继续道，“第二个是铃星。铃星坐命之人，面色青黄，形貌不佳，性情激烈嫉妒，胆大出众，心胸窄小，凡事不留情面，威势有声名。老师觉得，这又是谁？”

“形貌不佳，性情嫉妒……”潘岳听到这两句话时，心中已大致有了轮廓,等到司马睿说完,不由变了脸色,“睿儿,这样的话,你也是说得的?”一边说,一边朝北面的宫阙方向指了指。他虽然没有明说,但司马睿知道他早已猜出了答案——铃星对应的,正是宫中皇后贾南风。

“我只是跟老师随便聊聊,跟外人我可不会说。”司马睿顽皮地耸了耸肩膀,“再说这流言在洛阳也传播了几年了,该知道的人早已知道了。”

“散播流言者,无非是要用流言塑造民意,以为己用。却不知其他四凶星又是指谁?”潘岳追问着,心中暗暗揣摩这流言背后的始作俑者。

“其余四凶星虽有特征,我却还未猜出是谁。我现在说给老师猜一猜。”司马睿见潘岳没有反对,连忙说下去,“六凶星之首的擎羊星,乃是刑剋之星。坐命之人一意孤行,机谋狡诈,刚强残忍,故云‘命限遇入擎羊,谋为不遂’。对了,此人还有一个特征,身上必有刑伤。”

“六凶星次席的陀罗星,坐命之人身形雄壮甚至肥胖,脸圆颊宽,脸上有瑕疵。此人心术不正,东奔西走,言语浮夸,最好行奸弄巧,欺骗他人。”

“六凶星中排名最末的乃是地劫星和地空星。地劫星坐命之人脸形瘦长,下巴尖削,身材偏瘦。其人性格喜怒无常,任性非为,不肯服输,生活奢侈靡费,易得罪人而不自知。而地空星坐命之人命宫主孤,个性孤僻,劳神费力却行事诸多不顺,即使逢凶化吉依然心恻神伤,无法满足——老师觉得,这四人又会是谁呢?”

“我不知道。但这种星术流言似是而非,想要将人对号入座也非难事。”潘岳不以为然地摇了摇头,“就算火星与铃星勉强能配合某人的特征,也无非巧合而已。否则六凶星为首的擎羊和陀罗按理会比火星、铃星造成更大的灾祸才是,可当今世上,又有谁的权势能够比得上当初的杨骏和如今的皇后?所以这种玄虚的东西你好奇看看就是,不要耗费太多精力。”

“擎羊和陀罗照命之人肯定早已出现了，只是现在还没有得势而已，一旦上位，必定天下大乱……”司马睿嘟哝了一句，见潘岳脸色严肃，甚至有一种难得一见的阴郁，便不再多说，继续埋头读《董仲舒传》去了。

一卷《董仲舒传》还未读完，门外忽然又传来一阵脚步声，随即有人急切地问道：“檀奴叔叔在家吗？我有急事要找他！”

“是东莱王哥哥！”司马睿侧头一看已认出来人的身份，慌忙站起身来朝东莱王司马蕤见礼。

“檀奴叔叔救命，我——”司马蕤没料到琅琊王司马睿也在，愣了愣，却又迅速判断司马睿是信得过之人，便接下去叫道，“我大祸临头了！”说完便双腿一软，哭丧着脸跪坐在了簟席上。

“发生什么事了？”潘岳被司马蕤的惊慌失措吓了一跳，赶紧问道。

“我、我怕是活不成了！”司马蕤一把抓住潘岳的手臂，几乎快要哭了出来，“贾谧不会放过我的！”

“究竟怎么回事，慢慢说！”潘岳这边宽慰，司马睿那边已倒了一杯水递到司马蕤面前。司马蕤喝了两口水，激动的情绪终于渐渐平复了一些。

“我今日有事去东宫见太子，不巧鲁国公贾谧也在，便候在廊下，打算等贾谧走后再进去。”司马蕤喘了口气，终于说出了原委，“我虽然离得远，但四周太过安静，便听得见殿内传出争执之声，应该是贾谧和太子在吵架。”

“我听不清他们在吵什么，想要回避时，争执声却已经停止了。下一刻，贾谧便带着从人怒气冲冲地走出来，口中还冷笑着说出了一句话……”司马蕤说到这里哽了一下，眼中又满是惊恐神色，“我听到那句话后就知道不好，闪身躲到了木柱之后。可是贾谧的一个从人正好回头看了我这边一眼，想必是他已经认出我来了！若是他告诉贾谧我听到了那句话，我肯定就活不成了！”

“贾谧说了什么……”司马睿脱口问到这里，连忙一把捂住了嘴。既然司马蕤都认为知道了这句话会有杀身之祸，那自己最明智的做法就是不问也不听。

“你是堂堂宗室，贾谧不过是个鲁国公，怎么就能说自己活不成了？议亲议贵，论事论理，何况当今宗室和世家之中，也不是人人都去攀附贾谧。”潘岳对着司马蕤皱了皱眉。比起司马攸当年沉着从容的风度，冒冒失失的司马蕤实在太不肖像。

“叔叔久不在朝堂，大概不知道贾谧如今的权势已经超过天子了！最近成都王的事情就是明证。”司马蕤看了看潘岳和司马睿，见后者默默点头，便只对潘岳道，“成都王司马颖是先帝第十六子，自幼与太子交好。前些日子鲁国公贾谧去东宫与太子下棋，贾谧不仅与太子争道，言语间还颇为倨傲无礼。成都王那时候恰好在座，便斥责贾谧说：‘皇太子国之储君，贾谧何得无礼！’就因为这一句话，贾谧到皇后面前哭诉，皇后即刻下诏将成都王赶出洛阳，前往邺城驻守了！”

司马蕤顿了顿，见潘岳并未出声，渐渐激动起来：“成都王是先帝亲子，尚且因为一句话被贬出京，我是旁支宗藩，更是无法可想。贾谧仗着皇后宠爱，无法无天，任性胡为，就算不能明面上整治我，暗地里给我一杯毒酒也不是不可能的！睿儿弟弟，你觉得我说得对不对？”

见司马蕤求援一般看着自己，司马睿顿了顿，终于对潘岳道：“老师，关于贾谧，我现在只想到了两个字——地劫。”

“地劫”这两个字司马蕤没有听懂，潘岳却瞬间便明了了司马睿的意思。根据司马睿方才对六凶星的描述，地劫星坐命之人性格喜怒无常，任性非为，不肯服输，生活奢侈靡费，易得罪人而不自知。而如今的贾谧权势胜过天子，对待太子和宗室也毫无礼敬之心，年纪轻轻便已如此跋扈，日后权势日盛，还不知会酿出多大的祸端——说他是冲犯紫微的地劫星，实属贴切。

“以前贾谧的祖母郭夫人在世时，还能时常约束贾谧尊重太子。如今郭夫人去世，皇后对贾谧又极尽宠溺，周边连个敢于规劝他的人都没有，所以贾谧的气焰便越发嚣张了。”司马蕤见潘岳脸上变色，连忙道，“我听说贾谧对叔叔一向有招揽之意，所以想请叔叔伺机为我辩解几句，看在我爹爹分儿上保全我的性命！”

“睿儿，你今天念书也累了，先回府休息去吧。”潘岳没有回答司马蕤，只转头朝司马睿道。

“好，我改日再来向老师请教。”司马睿明白潘岳将自己支开的意思，便收拾了案上书籍，向潘岳和司马蕤行礼离开。

直到外面的院门打开后又重新紧闭，潘岳才走过去关上了房门，对着依然瘫坐在簟席上的司马蕤道：“海奴，你究竟听到贾谧说了一句什么话？”

“我……我听到他说……”司马蕤回想起贾谧怒气冲冲从太子殿中走出的情形，竭力模仿起贾谧的语气道，“哼，给我摆什么太子的威风，谁知道你这个太子究竟是不是天子所生！”

“贾谧当真是这样说的？”这句话恍如石破天惊，震得潘岳愣了愣才回过神来。

“千真万确。所以我才怕他知道我偷听到这句话，要杀我灭口！”司马蕤再度忧心忡忡。虽然众人皆知太子司马遹之母谢玖原本是武帝司马炎的才人，而司马遹也是在后宫长到四五岁才与司马衷父子相认，但敢于质疑太子司马遹不是司马衷亲子，实在是骇人听闻。那贾谧甚至皇后贾南风的内心深处，又埋藏着何等可怕的预谋？

“我明白了。虽然我不认识贾谧，但石崇与他颇为亲近，我会拜托他试探一下贾谧的口风。”潘岳安慰司马蕤道，“你也不必太担心，回府去谨慎行事，等我消息就好。”

等到司马蕤好不容易离开了，杨容姬才重新走进房中，却看见潘岳坐在书案前，默默对着早先写下的那首诗发呆。

视不见兮听不闻，
逝日远兮忧弥殷。
终皓首兮何时忘，
情楚恻兮常苦辛。

不用问，杨容姬也知道这首诗是悼念早逝的司马攸，而她从潘岳渐渐凝定的眼神中也能够确认，方才司马睿和司马蕤的来访，已经坚定了潘岳原本摇摆不定的内心。

“阿容，对不起。”潘岳察觉到杨容姬的到来，抬起头，朝她歉疚苦笑。

“我不信星象，但我要弄明白，是谁在暗中利用桃符的预言散播流言，蛊惑民心。”

“朝堂上的人需要规诫，而隐藏在暗处的枭雄，会比他们更可怕。”

“君子以思患而豫防之。国家变难在即，我若袖手旁观，就算平安老死，死后又有什么面目去见桃符，还有夏侯兄？”

“桃符能原谅我不给他报仇，但不会原谅我辜负他临终时的嘱托……”

“经过百年乱世，天下好不容易才统一安定，不能再乱了……”

“我明白的，你不用再解释。”听着潘岳一句句小心而沉重的辩解，杨容姬心痛如死，却最终只是抱住了丈夫的肩膀，“你是珍贵的檀木，是不应该弃置在荒野之中的。你心中所有的不甘，其实我从来都感同身受。”然而后面的念头，杨容姬万万不敢说出口：“可是你也知道檀木的结果，要么雕刻成重器供奉于庙堂，要么——在香炉中被焚化成灰。但是——”她暗暗下定了决心——

“只要有我在，最可怕的结果就不会发生。”

第三章

拜尘

无干欲于万物，岂顾恤于网罗。

——潘岳

离洛阳城不远，有一处山谷名叫金谷涧。数年前石崇从徐州监军任上罢官回到洛阳后，便将整个金谷涧给买了下来。随后他花费重金，耗费大量人力建筑亭台，开凿泉流，种植竹柏，侍弄药圃，又置备下水碓、鱼池、土窟等娱目欢心的景致，直把整个金谷涧变得如世外仙境一般。为了维持家人与宾客所需，石崇安置了数百户荫客童仆，在谷中开辟了十顷田地、数亩果园，又养了二百只羊，其余鸡猪鹅鸭更是不计其数。等到涧中主体建筑金谷园建好之后，石崇将家眷都搬到了园中常住，甚至常常对外人夸口道："不是我似神仙，而是神仙似我。"

此时此刻，潘岳正坐在一辆新雇来的马车上，向着金谷园的方向而去。给他驾车之人，却非家中的老仆李伯，而是一个身材魁梧英挺的中年大汉——恰正是当年潘岳所救的冰室管库马敦。

那马敦被冤杀人，蒙担任廷尉平的潘岳无罪开释，便诚心诚意要报答潘岳的救命之恩。他协助潘岳和齐王司马冏通过前汉密道进宫后，便遵从潘岳的指点，投身到匈奴左部帅刘渊府中，想要探查当年司马攸遇害的真相。如今潘岳既已确定了真凶，马敦又表明了建功立业之心，潘岳便借此次石崇在金谷园召开聚会之际，打算将马敦推荐给即将赴任的冯翊太守欧阳建，让他到关中军前效力。

"潘郎君，那金谷园主人石崇号称天下首富，究竟是怎么个富法？"

马敦一边赶车，一边好奇地问。以他的身份，就算是能进入金谷园，也无法登堂入室得览大观。

怎么个富法？潘岳想起石崇原先在洛阳城内的宅邸，白玉榻、珍珠帐、火浣衣，还有那富丽堂皇恍如宫殿的更衣处……刚想开口却又顿住。石崇的家资多半是靠劫掠东吴和荆楚富户所得，来路不正，只是因为他家世丰厚做事又缜密，才一直无人追究。而马敦乃是尘世中的豪杰，若起了效仿之心，将来到了关中混乱之地，对当地和对他自己，都未必是福气。

“听说洛阳富户里连喂马的食槽都是黄金打制的，可是真的吗？”见潘岳一时不答，马敦又自顾憧憬道，“一会儿我倒真可以去看看金谷园的马厩，万一有马尥蹶子踹下一块黄金来，那可该不该捡呢？”

“什么黄金食槽，自然是没有的。”潘岳被马敦的认真劲儿逗笑了，“你可知道石崇和国舅王恺斗富的事情吗？其实石崇当年只用了一招，就让王国舅甘拜下风了。”

“哦，用了哪一招？潘郎君快说说。”马敦兴奋地问。

“那还是泰始年间的一个冬天，石崇约了王国舅上门吃饭。”潘岳娓娓道，“席上所陈山珍海味就不用提了，王国舅家资巨富，又有先帝撑腰，自然不会放在眼中。但最后所上的一味吃食，却真正打败了王国舅，让他再也不提与石崇比富之事。”

“难道是——龙肝凤髓？”马敦绞尽脑汁地问。

“不是。是一碗韭菜粥。”潘岳微笑回答。

“韭菜粥?我们小老百姓也常常喝的韭菜粥?”马敦大惊，忍不住回头查看潘岳神色。不过他也是个聪明人，见潘岳神色笃定，静下心思一想，终于回过味来，“潘郎君的意思是——冬天里的韭菜粥？”

“石家究竟有什么本事，可以在冬天里种出韭菜来？”马敦想象着白米粥中青绿而细长的韭菜叶子，失神张开的嘴巴越来越大，“韭菜只有春季天暖才会发芽,难道一个人有了钱,就可以改变天道吗?”

“石崇再有钱,自然还是无法改变天道。所以他那碗韭菜粥,只是做出来骗王国舅的。”潘岳见马敦一迭声地追问真相,便坦白道,“冬天的韭菜只有根而没有叶,所以石崇便命人将韭菜根斩成碎末,混入白米粥中散发出浓浓的韭菜味。至于那些碧绿细长的韭菜叶,则是用冬天最常见的麦苗叶子冒充的。”

“所以说,王国舅其实输得很冤!”马敦哈哈大笑,“不过金谷园主人这份灵巧心思,也实在高明,怪不得他能当上首富了。”

潘岳笑了笑,没有回答。石崇一向聪明机变,又视律法道德如无物,所以不仅财运亨通,官运也青云直上,早已是九卿之一的卫尉了。和自己的不合时宜比起来,石崇在这个世上如鱼得水,游刃有余。所以自己今天也迫不得已要步他的后尘,再度走进那片暗藏荆棘的锦绣丛中去了。

还未到得金谷园,远远便看见亭台辉煌,高下错落,竟是依据山势修筑的大片园林,占地方圆竟有几十里之巨。园林间按照高低开凿了十数个泉池,引山溪穿流其间,还未靠近便已听得见流水潺湲,鸟鸣幽树,一扫暑热之气。

见潘岳马车到来,早有石崇的家仆们簇拥过来相迎,牵马的牵马,引路的引路,还有小婢捧上金盆、澡豆和毛巾,请客人盥手擦面,以洗涤路上风尘。马敦虽然被这番花团锦簇晃迷了眼,却也不失礼数,跟在潘岳身后走进了园中。

听说潘岳到来,园中早呼啦啦迎出一大拨人来。除了主人石崇,其中有潘岳早已认识的刘舆和刘琨兄弟、左思、欧阳建等,还有郭彰、杜斌、牵秀、邹捷等人,俱是洛阳城内有名的青年才俊。好不容易等众人热热闹闹地互相见礼寒暄完毕,潘岳才抓住机会将马敦介绍给了欧阳建:“马敦兄乃是当世豪杰,精通胡语,满腔忠义。若欧阳兄能带他前往关中赴任，报效国家，潘岳感激不尽。”

“潘世叔亲自推荐的人才，自然是我的福气，也是关中民众之福。”欧阳建见马敦英气勃勃，气度沉稳，心中喜不自胜，“说实话，这次去担任冯翊太守，我心中颇有些踌躇。赵王司马伦镇守关中多年，又宠幸嬖人孙秀，孙秀一言一行都可影响关中大局。我只恐自己年轻历浅，无法与之抗衡。如今有马敦兄助我，欧阳建誓必为国除奸，保我大晋边陲平安。”

“欧阳太守放心，小人没有别的本事，倒是自小便与胡人厮混熟了的。听说孙秀那厮在关中欺上瞒下作威作福，无论匈奴人还是氐人、羌人都对他怨声载道。因此想要抓住他的把柄，绝非难事。”马敦拱手回道。

“那就太好了！”欧阳建喜道，“抓住孙秀的罪证，于公是为国锄奸，于私是为潘世叔报仇。那就请马敦兄尽快收拾收拾，过几日便同我前往关中赴任。”

“是谁说要在关中锄奸什么的?”正说话间，忽然有人凑了过来，恰是刘琨。

猛然想起刘琨的姐姐正是嫁给了赵王司马伦的世子司马荂，两家乃是通家之好，潘岳的脸色顿时一变。不料一旁的欧阳建却对刘琨哈哈大笑起来：“你来得正好。我们正商量着要名正言顺除掉孙秀，你可有什么好办法吗？”

“孙秀是赵王的嬖宠，赵王又是我的长辈，我敢有什么办法?”刘琨为难地笑了笑，下一刻却促狭地一撇嘴角，“不过不光我和我大哥看不惯孙秀，就连赵王世子也深恨这个蛊惑他父王的佞幸。所以日后欧阳兄一定要给我们兄弟一个机会，让我们亲手狠狠揍孙秀一顿！”

“孙秀奸邪小人，居然敢害我们安仁，提起他来我就牙根痒痒！好外甥，我们都指望你为民除害了！”石崇见这边聊得欢，走过来拍了拍欧阳建的肩膀，招呼大家到厅内开席。而马敦，也自有石家童仆带下去招待休息了。

金谷园占地广大,连宴客的大厅也比寻常厅堂更加宽广。石崇此次借着为欧阳建践行大宴宾客,二十几个人一同在厅内落座,加上伺候的婢女童仆,竟还在大厅正中空出大片场地来。等到众人落座不久,就有石崇家中蓄养的俳优走入厅中,向众人行礼后开始了表演。

只见那几个男女俳优都穿着红绿相间的绸衣绸裤,衣裳宽大,脸上妆容也尽是喜庆滑稽之态。他们每个人手中都拿着一个平坦的白瓷碟子,上面各放着几个薄瓷酒杯和茶盅。当伴奏的丝竹声响起来时,几个俳优便将瓷碟上所托的易碎杯盏抛到半空，再迅速翻转手中瓷碟将它们接住。这几个俳优训练有素，不仅确保瓷碟每次都稳稳将杯盏接住，同时身体还灵活地做着各种扣人心弦的翻腾动作，让观众情不自禁地屏住了呼吸。

让人目眩神迷的表演中，那几个俳优还悠然自得地伴随乐曲唱起歌来,听到潘岳耳中是如下的句子:

“晋世宁,四海平,普天安乐永大宁。四海安,天下欢,乐治兴隆舞杯盘。舞杯盘,何翩翩,举坐翻覆寿万年。”

原来这套繁复的杂耍,还含着为当今朝廷歌功颂德之意。怪不得石崇我行我素却依然官运亨通，他所下的功夫，可不是一般人所能相比的。潘岳想到这里,侧身看向坐在主位上的石崇。因为众人尊奉潘岳无双才名,纷纷拥他坐了客人的首座,所以潘岳此刻很容易就对石崇低声问道:“季伦,上次我托你打听的事情,可有眉目了吗?”

“我打听过了,没事没事,你放心就好。”石崇知道潘岳所问何事,笑容满面地摇了摇头。

潘岳虽见石崇神色笃定，心中仍然有些不放心。他托石崇打听的，恰正是东莱王司马蕤担心之事——司马蕤听到了贾谧大逆不道的言论,而权倾朝野的贾谧究竟觉察了没有?若是觉察,贾谧又要如何处置司马蕤?司马蕤虽然只是个闲散藩王,无关大局,但他毕竟是司马攸之子,潘岳不可能不为他的前途忧心。

“我说了没事。你不信的话,待会儿你自己去问。”石崇察觉到潘岳的心事，乐呵呵地将眼睛从表演的俳优身上转了过来,“你这个人就是心思太重。我知道你此刻也没心情看什么歌舞,不过你好歹看完下一个节目,我保证放你去见正主儿,好不好？”

“好。”潘岳用力点了点头。此番他前来金谷园,不单单是为了参加宴会为欧阳建践行,还有一个更重要的使命,如同大石一样压得他难以释怀。

此刻,俳优们表演的翻覆歌舞已经结束,齐齐行礼退了下去。主人石崇端起酒杯,站起身对众人笑道:“大家都知道,我平素最器重的就是我这外甥欧阳建。如今他要到关中任职,我这做舅舅的别的帮不了,唯有给他举办一个绝代无双的饯别宴会,好让他到了关中苦寒之地,也能不忘诸多好友的扶持之谊。”

说到这里,石崇的眼睛将在座宾客都扫了一圈,方才笑道:“既然是绝代无双的宴会,自然少不了绝代无双之人助兴,大家说是不是？”他促狭地故意停了停,见众人的眼光都情不自禁往潘岳望去,而潘岳也有些不自在起来,方才恶作剧得逞一般笑道,“洛阳檀郎固然容止无双,但我所说的乃是一名绝代无双的美女。”

一说美女,纵然在座的都是洛阳名士,都忍不住好奇起来。刘琨当时便笑着打趣道:“主人家切莫夸下海口。洛阳美女以宫中胡贵嫔为最,在座诸位也有不少是见过贵嫔的。若是待会儿出来的美人比不过胡贵嫔,主人家可是要罚酒的。”

“若是我言不符实,自然认罚。”石崇笑嘻嘻地说到这里,忽然拍了拍手，周遭伺候的婢女童仆们便起身四散，将四周的紫丝帐幔都放了下来。一时间宴会大厅阴暗沉寂下来,唯有一线炫目的日光从大厅正门的门缝中直射进来,隐隐勾勒出一个渐行渐近的人影,而淡淡的香味和轻轻的环佩声，也随着漫开的光线缓缓萦绕到厅中每个人的身边。

“当年我担任南蛮校尉，兼任交趾采访使，听说白州境内的双角山下有一名绝色女子，便亲自登门造访，最终以十斛珍珠为代价得到了她，并给她取名为绿珠。”石崇的声音在一片屏息的静默中响起，带着按捺不住的得意，“这几年来，我不惜重金延请名师，像雕琢一块璞玉般栽培绿珠，如今终于小有所成，可以让美玉绽放光华了。”说完，他朝着炫光中的人影点了点头，“开始吧。”

众人听到这声“开始”，都以为美人必将入场，可以一睹真容，却不料那人影只停在原处，只是缓缓抬起了手臂，垂下两幅流云般舒长摇曳的广袖，恍如御风飞行的仙子一般。下一刻，一个幽咽的声音恍如初春的泉水叮咚响起，渐渐冲开笼罩其上的浮冰，终于在冰块清脆的撞击声中喷薄而出。那泉水沿着宽阔平坦的大地渐渐漫开，温柔却又坚决，水过之处，蛰伏在土地下的种子也纷纷萌芽，渲染开一片片沁人心脾的绿意。哪怕那笛声只能钻进听者的耳朵，却神奇地在他们眼前铺开了一片浩瀚无边的苍天绿野。

每个人都在这片天籁般的笛声中屏住了呼吸，不敢开口，甚至不敢轻微地挪动身体，生怕打破了这片天地相接的静谧。直到笛声一曲终了，四周伴奏的乐伎们轰然一声奏响了丝竹，众人的心才恍如被重锤敲击，轰然一震，正要击节叫好，却不料如同做了一个梦中梦，自以为醒来，却沉入了另一层梦境之中。

因为笛声并非终了，一波渐去，另一波涌来的却是深海鲛人般婉转幽远的歌声：

我本汉家子，将适单于庭。辞决未及终，前驱已抗旌。仆御涕流离，辕马悲且鸣。哀郁伤五内，泣泪沾珠缨。行行日已远，遂造匈奴城。延我于穹庐，加我阏氏名。殊类非所安，虽贵非所荣。父子见陵辱,对之惭且惊。杀身良不易,默默以苟生。苟生亦何聊,积思常愤盈。愿假飞鸿翼,弃之以遐征。飞鸿不我顾,伫立以屏营。昔为匣中玉,今为粪上英。朝华不足欢,甘与秋草屏。传语后世人,远嫁难为情。

伴随着这歌声,那始终伫立在光影之中的女子终于跨过屏障,缓缓步入了宴客的大厅正中。她身着一身绿衣,长袖翩然,裙裾飘摇,头上除了一颗指腹般硕大的珍珠,别无装饰。

女子手中仍然握着方才吹奏的玉笛,此刻却成了舞蹈的道具,她口中唱着歌,身体却不断旋转起舞。众人目眩神迷之中,只觉得那支玉笛虽然莹润,却比不过持笛之手灵活婉转;那颗珍珠虽然价值连城,也比不过珠下容颜生动鲜妍。而那绿衣包裹中舞动的曼妙身躯,更是如同一根拨弦的手指,带得观众的心一会儿飞上云端,一会儿落入渊薮,起起伏伏恍如沉醉之人,再也找不到归路。

等到歌舞止歇,丝竹俱罢,大厅内仍然是一片诡异的静谧。直到主人石崇心满意足地轻咳了一声,众人才大梦方醒般放松了脸上表情,轰然叫好。

“小女子绿珠,见过各位郎君。”绿珠将手中玉笛交给一个婢女,盈盈敛衽,向众位宾客见礼。

“绿珠不仅擅长吹笛,也雅爱诗文。方才她所自创的《明君》歌舞,用的便是她自己所填的歌词。”石崇说到这里,见绿珠已将誊写好的诗句捧了起来,方才笑着道,“在座诸位都是洛阳才俊。绿珠,你便挑选一人,请他为你指点诗文吧。”

绿珠清澈的妙目灵活一转,已将在座各位宾客尽收眼底,眼光便轻轻巧巧地落在了潘岳面上。就在潘岳下意识寻思如何推脱之际,下一刻,绿珠已走到刘琨面前,盈盈拜倒:“小女子诗词浅薄,还请刘公子多加指点。”

“刘公子文武双全，绿珠端的是有眼光。”石崇带头一赞，众人便纷纷起哄，一时之间好不热闹。潘岳正有些心神不宁，石崇转过头来朝他使了个眼色，立刻有童仆走上前来，对潘岳低声道：“潘郎君请随我来。”

潘岳朝石崇点了点头，起身跟着那童仆转到主座宽大的屏风之后，从一道隐蔽的侧门离开了饮宴大厅。

那童仆恭顺而安静地在前方引路，潘岳则默默地随着他穿过金谷园层层叠叠的院落和景致，一直走到了一座高楼前才停下脚步。

“这是崇绮楼，贵人正在楼内等候潘郎君。”那童仆朝潘岳深深地行了个礼，悄无声息地退下了。

潘岳站在崇绮楼前，仰头看了看这座金谷园内最高的建筑。只见崇绮楼高达百丈，因为占地广阔开间轩敞，并不会让人产生摇摇欲坠的“危楼”感，显得十分巍峨稳固，似乎永远也不会坍塌。

迈步走入崇绮楼内，安静得没有一点声响，似乎这座楼内此刻空无一人。潘岳提起衣摆踏上楼梯，没有刻意掩饰自己的脚步声，就那么不紧不慢地一路向上，发出有节奏的轻微的“嗒嗒”声，向对方昭示着自己的到来。

对方自恃身份，自然不会主动给予回应。潘岳独自踏着一层层的木质楼梯，虽然渐渐上行，心中却不知为何生出一股越走越低，甚至要堕入地底的感觉，就仿佛这座崇绮楼其实是一座华丽的坟墓，他大胆闯入，原本就抱着赌徒孤注一掷的勇气和决绝。

终于，潘岳走到木梯的尽头，来到崇绮楼的最高层。

和预想中的一样，这个金谷园内最高的所在四面开窗，宽敞透亮，由于已经远远高过了树梢，窗外只能看到一片天光，略微炫人眼目。

就在这片炫目的天光中，一个人背对着楼梯坐在窗前，听到潘岳的脚步声也不曾回头。他穿着一身素白的孝服,漆黑的发髻上插着一支羊脂白玉簪,同样镶嵌着无瑕白玉的衣带在腰间轻轻一束,勾勒出少年特有的清瘦柔韧的身躯。

潘岳轻轻吸了一口气,停在距离少年一丈有余的地方,躬身行礼:"在下潘岳,见过鲁国公。"

"你终于来了。"那少年转过身站起,朝潘岳拱手还礼,眼神却一瞬不瞬地盯住了潘岳仰起的脸,"久闻檀郎之名,今日才有幸得见,潘郎君当真是难请得很啊。"

"惭愧。"潘岳口中谦逊,眼睛却也细细地打量了一眼面前的少年——鲁国公贾谧,也是当今最炙手可热的朝堂权贵。这个少年继承了母亲贾午的精明美貌和父亲韩寿的风流蕴藉,加上这些年来用最高权力浸淫出的尊贵气度,乍见之下惊为天人。然而再仔细一看,他的额头和下巴都偏于尖削,天庭不满地阁不足,脸色白中带青,身材也过于瘦削,便于俊美尊贵中透出隐隐的单薄尖刻。潘岳心中一紧,无端地想起了司马睿对贾谧的那两个字评价——地劫。

六凶星中的地劫星,岂不正是贾谧这样的相貌?

"我还在为祖母宜城君守孝,所以不便进入饮宴之所,只能在此单独接见潘郎君,还望郎君不要见怪。"贾谧虽然年轻,却早已见过了诸多大阵仗,对待潘岳也十分自然。

"鲁国公年少才高,潘岳早有耳闻,今日能得一见,荣幸之至。"潘岳压下心中惊乱,不卑不亢地回答。

"潘郎君请坐。说起来,你当年与家父也是好友,算得上是我的长辈了。"贾谧伸手让潘岳坐在自己对面,和气地笑道,"此地只有你我二人,还请潘郎君不要拘礼,畅所欲言。"

听贾谧主动提到他的父亲韩寿,潘岳淡淡笑了笑,客气敷衍。当年他与韩寿同在司马攸府中担任伴读,算得上是总角之交。只可惜后来因韩寿出卖司马攸之事，二人碎玉绝交，自此再也不相往来。如今韩寿借着贾家乘龙快婿的身份官至河南尹，不仅夫人、儿子是皇后贾南风最亲近的心腹，就连韩家其余人等也仗着这层裙带关系飞黄腾达，潘岳就更不可能与他有什么往来了。

“昔日我托石卫尉多次邀请潘郎君，郎君都托词不就。此番不知潘郎君为何改变了主意？”被潘岳拒绝过多次，贾谧此刻的话语虽然客气，但年少气盛，到底掩饰不住几分不满，几分得意。

“《易经》有云：上下无常，刚柔相易。不可为典要，唯变所适。”似乎早已料到贾谧有此一问，潘岳不慌不忙地回答完，伸手从袖子里取出一份手稿，双手递给贾谧，“这是我为宜城宣君所写的诔文，就算是送给君侯的见面礼了。”

一听是为自己祖母郭槐所写的诔文，贾谧的神色顿时严肃起来。他双手接过潘岳的手稿，打开来细细一读，不禁暗自钦佩——怪不得世人都说潘岳文采非凡，撰写哀诔之文更是绝世无双，这篇《宜城宣君诔》气势宏大偏又悱恻入微，就算贾谧这个亲孙子自诩文采出众，也不得不甘拜下风。

贾谧明白，这篇“见面礼”，实际上就是潘岳展示的才华和诚意。

不过，贾谧想要的，还不止于此。

“久闻潘郎君不仅精擅文辞，还对朝野之势颇有见解，不知有什么可以教给我的？”贾谧将潘岳的那篇诔文郑重收好，终于不再绕弯子，直接提出了此次见面最重要的目的。

所有的文辞都是虚饰，是时候把彼此的底牌亮出来了。贾谧从来不缺奉迎溜须之人，他肯亲自潜入金谷园与潘岳会晤，看重的就是潘岳当初足以倾覆杨骏一门的智谋和手段。

“我有一句真话，不知君侯敢不敢听？”潘岳故意道。

“你敢说，我有什么不敢听？”贾谧一笑，下意识地抱起了双臂。说实话，他虽然年轻放任，却也有自知之明，知道世人常常讥讽自己借着姨母贾皇后作威作福，生活奢靡，对太子也不够尊重。只是知道归知道，他从心底里对这些议论嗤之以鼻。若是潘岳也提起这些老生常谈，那贾谧就会后悔亲自跑这一趟了。

“那在下就直言不讳了。”潘岳点了点头，一字一句地道，“贾氏危矣。”

“什么？”贾谧愣了愣，似乎过了一会儿才明白潘岳在说什么，随即，哈哈大笑了起来。

“好好好。麻烦说一下，我贾氏一门如何危险？是不是还有灭顶之灾？”贾谧笑着问潘岳。少年的眼睛亮晶晶的，充满了难以置信的戏谑，就仿佛潘岳方才说了一个天底下最好笑的笑话。

对于一出生就含璋弄玉的贾谧来说，他这辈子所见的就是贾氏一族如何步步高升，从一个巅峰迈向更高的巅峰，鲜花着锦，烈火烹油。因此在他看来，潘岳的话不过是故弄玄虚，以达到耸人听闻的目的。

见贾谧笑，潘岳也笑了。等贾谧笑完，潘岳这才笑着问了一句：“君侯可知道杨骏为什么会败亡？”

“他目中无人，大权独揽，排斥异己，欺压宗室……”对于杨骏的罪状，贾谧自然是倒背如流。不过他也是个聪明人，背着背着脸上的神色渐渐变了——杨骏的这条条罪状，若要硬扣在贾家头上，也不是完全不能成立。

贾谧脑子活络，又不愿在潘岳面前示弱，当即辩解道：“不过我贾氏与杨骏一门大不相同。皇后虽然辅佐朝政，但一心为公，贾氏作为外戚也一直谨言慎行。皇后最信任的族叔贾模不过是个乡侯，我也只是承袭了祖父的鲁国公爵位，从未获得增封。贾家子弟的官职全都在张华、裴頠、王戎等人之下，甚至连封邑都比不上从小校提拔起来的将军孟观。正是因为有了杨骏的前车之鉴，皇后约束我贾氏一门甚严，因此才有了这些年国泰民安的治世。贾氏已做到了这一步，难道还有什么令人不满的地方吗？”

“君侯所言有理。皇后这些年的贡献，天下人有目共睹。”潘岳点了点头，见贾谧的神色逐渐放松开来，终于说出一句话，“可是君侯不要忘了，这个天下，姓司马。”

“这个，我自然知道，用不着潘郎君提点。”贾谧面露不快，闷声回答，“天子对皇后，可是一直信赖有加。”

“天子对皇后信赖有加，可其他司马氏宗室却未必。”潘岳缓缓道，“昔日武帝分封诸王，天下兵权几乎都在司马家诸侯王手中。皇后所能调动的，基本上只是禁军而已吧？”

“禁军乃天下精锐，何况有天子坐镇，哪个诸侯王敢轻举妄动？”贾谧反驳。

潘岳淡淡一笑，只是接下去娓娓分析：“宗室之中，以宗师高密王司马泰和梁王司马肜为尊。他们辈分既高，又担任朝中尚书令与大将军，用不着附庸贾氏。而其他年轻的宗室藩王中，淮南王司马允镇守寿春，成都王司马颖镇守邺城，河间王司马颙镇守长安，加上还有一个镇守关中的赵王司马伦，洛阳之外的天下兵权，全都不在贾氏控制之中。好在他们虽然实力强大，却因为前番汝南王司马亮和楚王司马玮之死，对皇后心存忌惮，不敢肆意妄为。可若是朝中发生某些变故，他们就极有可能生出事端，令皇后首尾不得相顾。”

“哼，谁敢生事，就让皇后夺了他的兵权，削了他的爵位！”贾谧随口反击。

“君侯忘了杨骏是怎么败亡的吗？”潘岳淡淡道，“别说是杨骏，就算当年宗室元老汝南王司马亮，就因为得罪了年青一代的宗室，不也被楚王司马玮派人乱刀砍杀？皇后正是因为这些前车之鉴，才一直善待宗室，更不要说削爵夺权了。”

“朝中安定，能有什么变故？”贾谧知道潘岳所说句句在理。说到底，贾氏只能维持与司马氏的平衡，就算是贾南风也绝不敢轻易得罪外藩诸王。他强撑着说出这句话，却似乎碰触到某种隐秘的心事，眼神一变，气势陡然弱了下来，“我知道有些人确实对贾氏一族不满，不知潘郎君可有对付的良策？”

“宗室虽强，却终究是一盘散沙。只要朝中稳固，他们绝不敢轻举妄动。”潘岳旁敲侧击打压着贾谧的野心，见他神色有些怏怏，便宽慰笑道，“君侯如今被皇后委以重任，只要恪守臣道一心为公，宗室和世家大族自然没有诘责的理由。”

“皇后确实对我寄予厚望，可惜我太过年轻，历练不多，还得有人多多扶持提点才好。”贾谧毕竟是意气风发的少年，说到这里已经一扫方才的顾虑，满脸都是建功立业的渴望。他忽然站起身来，朝潘岳深深一揖：“久闻潘郎君大才，若是肯屈尊入我幕府，为我出谋划策，运筹帷幄，不仅是我的幸运，也是整个朝廷社稷的幸运。还望潘郎君不要推辞。”

潘岳知道仅凭自己三言两语，绝不可能打消贾谧的野心。这个少年的起点太高，心气太强，与太子针锋相对已不是一朝一夕，因此必须有人时常提点，才能避免贾氏与太子图穷匕见、天下大乱的那一天。因此潘岳没有推辞，也站起身对贾谧躬身一揖：“尺蠖知屈伸，体道识穷达。君侯但有所命，潘岳不敢不从。不过潘岳一人才识有限，只能充当君侯千金所买的马骨，从而招揽天下更多英才。”

“你说到天下英才，我忽然想起来两个人！”贾谧眼睛一亮，语气顿时兴奋起来，“潘郎君可听说过‘东吴二陆’？”

“君侯所说的，莫不是东吴陆逊之孙、陆抗之子的陆机、陆云两兄弟？”潘岳问。

“不错，正是他二人！”贾谧频频点头，“陆机、陆云两兄弟才名卓著，来到洛阳后极受司空张华器重。前两年陆机担任太子洗马，我也为东宫常侍,彼此有点头之交。我一直想要邀请他二人辅佐于我,他们却自恃才高,不肯应召。如今有潘郎君助我,一定要帮我将他二人也请进鲁国公府来!”

“我与陆机、陆云素不相识,君侯想要我如何说服他们?”潘岳奇怪地问。

“陆机、陆云来自江东,自恃文才天下无双,因此轻慢我中原才俊,这也是他们迟迟不肯归附我的原因。因此我想要潘郎君大展文采,好好震慑他们一下,让他们意识到我大晋人才济济,收敛收敛他们那狂傲的性子,好甘心为我所用。”贾谧有些赌气地道。

“在下明白了。”潘岳莞尔一笑,“张司空曾说:‘征伐东吴那一战,最大的收获是陆机、陆云两位俊才。’那我就好好写一首诗,将这两位俊才收归君侯麾下。”

肇自初创,二仪絪缊。粤有生民,伏羲始君。结绳阐化,八象成文。芒芒九有,区域以分。

神农更王,轩辕承纪。画野离疆,爰封众子。夏殷既袭,宗周继祀。绵绵瓜瓞,六国互峙。

强秦兼并,吞灭四隅。子婴面榇,汉祖膺图。灵献微弱,在涅则渝。三雄鼎足,孙启南吴。

…………

自我离群,二周于今。虽简其面,分著情深。子其超矣,实慰我心。发言为诗,俟望好音。

欲崇其高,必重其层。立德之柄,莫匪安恒。在南称柑,度北则橙。崇子锋颖,不颓不崩。

河南尹府后宅一间装饰精美的卧室之中,鎏金博山炉袅袅吐出龙脑香的香气，略略遮蔽了室内经久不散的药味。贾谧坐在床边，放下手中所持诗稿，对躺卧在床上之人恭敬道：“父亲，这就是潘岳代我所写的招揽陆机、陆云的诗。父亲以为如何？”

卧床之人面色晦暗，嘴唇苍白，双颊深深凹陷下去，几乎让人辨认不出这就是当年逾墙偷香的风流才子韩寿。他听儿子贾谧念完了潘岳的诗，不置可否，只是努力说了一声：“扶我起来。”

一旁伺候的童仆连忙上前，将卧病多日的韩寿搀扶着半坐在床上，又在他身后塞上了柔软的软垫。韩寿好不容易坐稳了身子，朝儿子招了招手：“拿来我看。”

贾谧反应过来韩寿是想看潘岳的诗稿，连忙递了过去，不无关切地道：“要不我再念一遍？父亲身子不好，不要费了目力。”

“无妨。”韩寿接过诗稿，细细地又看了几遍，忽然将诗稿撂下，轻轻叹息了一声，“我这一生，终究是比不过潘安仁了。”

贾谧撇了撇嘴，心中不服，却也知道韩寿指的是文字造诣，不便出言反驳。顿了顿，韩寿又道：“这首诗的精妙之处，你看得出来吗？”

“此诗先述说我大晋一统天下乃天道使然，然后描述陆机入晋之后的出仕经历，最后以我与他的同僚之情为引，表达我对他的殷殷期盼之心。”贾谧回答。

“你所说的，只是这首诗的表面意思。”韩寿枯瘦的指尖摸了摸那张诗稿，悠悠道，“这首诗舍弃了当下时兴的五言体，选用典雅雍容的四言诗，从述史到述德，再到述情，极为稳妥厚重。因为是代你所写，既要表达对陆机这个东吴旧臣的笼络之意，打消他作为亡国之臣的疑虑，又要不失我天朝上国威服四方的气概；既要表达亲近，又要体现主君的诫勉——这等遣词造句的苦心，用典与分寸的拿捏，一般文人绝难望其项背。”

“父亲说得极是。所以那陆机收到此诗之后，回诗说‘唯南有金，万邦作咏’，表示他自己会像南方的金子一样忠贞不变，同意到我麾下为我效力了！”贾谧提到此事，按捺不住内心得意，眉飞色舞地道，“如今我手下已经聚集了二十四名英才，在石崇的金谷园内结社，称为‘金谷二十四友’。一旦我守孝期满重入朝堂，他们便是辅佐我参与朝政的股肱幕僚——日后看谁还敢嘲笑我年轻识浅，没有理政的能力！”

“你所说的‘金谷二十四友’，潘岳包括在里面吗？”韩寿忽然问。

“潘岳自然在里面。不仅在里面，他还被公推为二十四友之首呢！”贾谧没有觉察到父亲阴沉的脸色，自顾神采飞扬地道，“我得潘岳潘安仁为幕僚，就仿佛刘备得了诸葛亮一般！”

“切莫高兴得太早了。”韩寿的声音忽然插了进来，虽然不大，却如同冷水一样泼在贾谧的热情上。少年蓦地住了口，奇怪地望着自己的父亲，“难道潘岳名不副实？”

“我自幼与潘岳相交，他的才干，自然毋庸置疑。”韩寿靠在软枕上，病中无神的眼睛望着虚空，似乎回忆起当年和潘岳为友时的情景，“然而他和齐献王的交情太过深厚，我很怀疑他到你身边，会不会有着其他目的……”

“齐献王司马攸，他不是早死了很多年了吗？”贾谧不以为然地看着韩寿，心想父亲是不是病得有些糊涂了，“潘岳潦倒了那么多年，按照如今朝堂之中的形势，他不来投靠我，还能投靠谁？父亲说他别有用心，还能是什么用心？”

“有些事情……”韩寿说到这里，又顿住了。有些事情贾谧还不知道，但是不知道更好吧。

“谧儿，你要相信父亲，我所做的一切，都是为了你好。”韩寿叹息了一声，语调忽然高亢起来，“就算潘岳怀有异心，我也有办法堵死他的退路，让他只能一心一意地辅佐你！”

“父亲打算怎么做？”贾谧好奇地问。

“找个机会，让我单独见见他。”韩寿说着，似乎耗费完所有的精神，眼皮渐渐沉了下去。恍惚之间，他心中掠过一个念头——他们这两个早已绝交的老朋友，是应该彼此做个交代了。

不久之后，尚在为祖母郭槐服丧的贾谧被重新启用，担任掌管国史的秘书监。这明显出自皇后贾南风的授意，令朝中的宗室和世家生出了隐秘的波澜，却又很快消失无踪。而这一次贾谧重回朝堂，还带来了他苦心延揽的庞大智囊团——“金谷二十四友”。

“金谷二十四友”以石崇的金谷园为名，包括潘岳、石崇、陆机、陆云、刘琨、欧阳建等一众英才。他们的名气无疑为年轻的贾谧增加了声势。而在这囊括了天下才俊的二十四友之中，潘岳被公推为首座，随即被朝廷下诏启用为著作郎，归贾谧所在的秘书监管辖。

在贾谧、石崇等人看来，潘岳位居二十四友首座无可争议，但东吴才子陆机却自视甚高，对此颇有微词。而潘岳虽然帮助贾谧招揽了陆机兄弟，见面之后却对他们态度冷淡，浑不像对待其他人那样温文和煦。

石崇一向与潘岳交好，无论潘岳做什么都大力赞同，因此看陆机也有些不顺眼起来：“陆机那个东吴佬，跑到我们洛阳来还不老实，居然想跟你争这首座的头衔，真是不自量力！下次，我想个办法帮你教训教训他！”

“自古文无第一，陆机之才连我也真心钦佩。若他不是东吴降臣，这‘二十四友’之首原本也应该是他的。”潘岳的回答，实实出乎石崇的意料。

“我知道你不看重这个，但还是好奇你对陆家兄弟为什么总是冷冰冰的？”石崇奇怪地追问，“莫非他们有什么得罪过你的地方，我怎么会不知道？”

“我与他们素昧平生，他们自然不曾得罪过我。不过——”潘岳轻轻吸了一口气,“你可还记得我岳父一家是怎么败落的?”

“你说阿容的父亲杨刺史?”石崇摸了摸头,竭力回忆泰始年间杨容姬的父亲杨肇获罪免官的往事,“我记得杨刺史那个时候是吃了东吴的败仗,还被人诬陷说接受了东吴的贿赂,后来多亏阿容聪明心细,保存了书信作为证据,才洗脱了杨刺史通敌的罪名……事情都过去了二十多年了,我怎么想不起来这事和陆机、陆云有什么关系呢?”

“你忘了,当年使诈打败我岳父的,正是陆机、陆云的父亲陆抗。”潘岳沉着脸回答。

“闹了半天,原来是这个茬儿!”石崇一拍脑门儿,恍然大悟,“陆抗是东吴名将,杨刺史败在他手下也不算冤。只是后来因此被废为庶人,还连累了阿容落难,这笔账确实要算!”

潘岳抿紧了嘴唇,没有说话,眼中冰寒之意却更深。胜败本是兵家常事,但杨肇被人陷害通敌,虽然未能查明流言的本源,但始作俑者多半就是陆抗。想起杨肇被押入囚车槛送京城时,自己与杨容姬在路途上九死一生的苦楚,潘岳心中不由自主涌上诸多愤懑委屈——若是杨肇未曾败于陆抗手下,自己与杨容姬早几年便会成亲,又何至于杨容姬被征选入宫,生死不知,苦如地狱。

“不过那是上一辈的事情,跟陆机、陆云没有什么关系……这件事,倒真不像安仁你素日为人……”石崇没有潘岳那么婉转迂回的心思,一心只想和和稀泥,“再说现在大家都同朝共事,关系弄僵了鲁国公面子上也不好看……”

“与阿容有关的事情,我都绝不会原谅,不过不会因私废公。”潘岳蓦地打断了石崇,“至于与陆家兄弟无法融洽相处,鲁国公要怪罪,我也只能领受,不会更改。”

“好好好,你要倔,就由着你,谁让你是鲁国公的头号智囊,他根本离不开你呢。”石崇面对潘岳的固执,只有败退的分儿,“不过我若是把这个理由说出去，旁人只怕都会笑你是个‘护妻狂魔’了。”

“夫妇原本就是天道伦常，我护她天经地义，哪里怕别人说什么？”潘岳瞪了一眼石崇。

“行，行，知道你爱妻如命，反正我才不敢欺负阿容。”石崇缩了缩脖子，心中掠过一个不能说出来的念头——万一有一天杨容姬不在了，那时候的潘岳会变成什么样子？

过了几天，贾谧邀请潘岳、石崇等人在自己府中宴饮。待到潘岳走进大厅时，原本在座的陆机忽然站起身来向外走去，令其他人目瞪口呆。

潘岳却不觉尴尬，只是朝着陆机的背影轻笑了一声：“清风至，尘飞扬。”竟是将自己比作清风，将陆机比作了被清风掀走的尘土。

陆机才思敏捷，自然也不甘示弱，当即回了一句：“众鸟集，凤凰翔。”意思是自己这只凤凰才不屑于与凡鸟为伍。

两人一来一往，唇枪舌剑，却又都如孩子般赌气，看得身为主人的贾谧无可奈何，只能派人将陆机硬留了下来。

酒过三巡，贾谧忽然朝潘岳使了个眼色，两人一起离席走到了僻静之处。

“潘郎大概有所不知，此刻我父亲正在后宅之中。”贾谧见四下无人，忽然开口道。

潘岳微微一惊，不明白为何突然提到了韩寿。他轻咳一声，敷衍着问：“令尊可安好？”

“不好。”贾谧摇了摇头，“父亲病了多日，药石罔效，只怕时日无多……”说着，眼圈儿都有些红了。

潘岳轻叹一声，宽慰了两句，心中却纳罕韩寿既然病重，为何舟车劳顿跑到贾谧府上来，而贾谧为何还要邀请这么多人上门饮宴？

“父亲他，想见见潘郎。”贾谧说着，又补充了一句，“单独见。”

“好。”潘岳点了点头。虽然早已与韩寿绝交，但韩寿既然病入膏肓，念及旧情，他还是愿意去见他最后一面。

贾谧叫来一个童仆，让他领着潘岳到内宅去。因为贾谧早已过继给贾家，韩寿与他一直分居两府，这次韩寿为了见潘岳一面，不顾病体挪动到贾府来，这其中的刻意不禁让潘岳生出深深的疑惑——那早已绝交的旧友，究竟要和自己说什么？

童仆将潘岳带到后宅内的正房前，躬身退了出去。潘岳见四下并没有任何伺候的下人，便自己掀开帘子走进了屋内。

虽然听贾谧提到韩寿已经时日无多，潘岳早已有了心理准备，但一眼看到那个斜倚在床头、枯瘦得仿佛随时就要折断的人形时，潘岳还是心中一紧，喉咙也哽咽了起来：“德真，你怎么病成这样了？”

听潘岳依旧下意识地唤出了自己的表字，就仿佛他们之间还存着昔日的友情一般，韩寿干瘪晦暗的脸上露出了一丝笑容：“齐献王、夏侯兄都走了，如今也该轮到我了。”

听他提到那两个名字，潘岳只觉得一股酸涩从喉咙直冲到了眼眶。当年他与司马攸、夏侯湛、韩寿四人年岁相仿，情深义重，满心只愿四人的金兰之谊能天长地久，却不料司马攸与夏侯湛死于非命，如今连早已碎玉绝交的韩寿也要去了。这天地之间，只剩下了他一个人，怎不让人黯然神伤，孤寂得从心底生出一股寒意。

“你好好养病，也未见得就到了那一步。”良久，潘岳吃力地从哽咽的喉咙中吐出这句宽慰之语。

“生死有命，何况这辈子我想要的都得到了，也没有什么遗憾。”韩寿勾起嘴角，带出几分他年少时的风流不羁。

见潘岳只是默然，韩寿忽然转换了话题：“安仁，你如今还在怀念齐献王吗？”

潘岳蓦地抬起眼睛，正望见韩寿探究的眼神，不由心中一动，表面却不露声色地回答:“齐献王对我有恩,我自然不会忘记。”

“他确实对你有恩,你怀念他是应该的。”韩寿轻笑了一下,眼神似乎望进了过去的一幕幕中,“你记不记得,当初司马伦纠缠你,邀你赴约,齐献王为了保护你,竟然让我冒充你去司马伦府上赴会。我不肯去,找了胡芳假扮你,惹得司马伦找文皇帝告状——就是因为这件事,齐献王对我大不如前,我这才另投门墙,去了贾司空的府上。”

“我自然记得,这件事确实对不住你。”潘岳点了点头,当初司马攸让韩寿去当自己的替罪羊,难怪韩寿心存怨愤。可是怨愤归怨愤,韩寿还是不该向贾充泄露关于司马攸的恶毒预言,否则潘岳不会狠心与韩寿绝交了十多年。

“你知道吗?其实就算司马伦没有认出胡芳女扮男装,齐献王事后也不曾怪罪于我,我都不会再安心辅佐齐献王的。我们之间,注定分道扬镳。”韩寿见潘岳沉寂的脸上终于露出了几分惊疑的神色,口气逐渐兴奋起来,“安仁你一向自诩聪明,可知道为什么吗?”

“为什么?”潘岳疑惑地问。司马攸一向对自己与众不同,夏侯湛与韩寿早已习惯,韩寿为何突然对司马攸失去了忠心?

“你记得我韩家祖上有一位特殊的著名人物吗?”韩寿反问。

这个问题难不倒潘岳。韩寿家族虽然近世中落,在汉代却是裂土封国的韩王信的后裔。韩家人一贯以美貌闻名,最著名的人物自然就是曾经做过汉武帝男宠,后来又被皇太后赐死的美男子韩嫣。

听潘岳说出了“韩嫣”的名字,韩寿点了点头,冷笑道:“这位先祖的事迹,你自然是知道的。正因为背负了这‘佞幸’的罪名,我韩氏家训特别忌讳龙阳之事。齐献王明知道司马伦对你的心思,却让我冒充你去顶缸,这样不动声色的阴狠,对齐献王来说真是信手拈来。遭遇这种莫大的侮辱,叫我怎么可能还留在他府中,对他尽忠?”

“所以你向贾司空告密的时候,心里是存着报复之心的?”潘岳虽然也知道司马攸当时的做法不妥，但多年来对司马攸习惯性的维护让他的歉疚立刻被愤怒湮没，“这些年来洛阳城中的乱象你也看见了吧？如果不是你将关于齐献王的荒谬预言泄露出去，齐献王就会名正言顺地辅佐朝政，那什么杨骏之乱、楚王之乱通通都可以避免，洛阳城里将会少死多少人，少流多少血？”

“哈哈，你真的相信齐献王上位之后，天下会大不相同？”韩寿看着潘岳激愤的表情，不由得哈哈大笑起来。他病体虚弱，就算大笑也如同喘咳一般，一边喘一边道，“齐献王深得祖父宣皇帝真传，最擅作伪，表面上敦厚恭敬，却深谙以退为进之道。你别看他在朝野声誉卓著，却只会做些博取虚名、收买人心的花招。减减赋税，抚恤孤弱，都不过是演戏罢了。若真论治理朝政，安定天下，你可瞧见他有什么实际的本事？他死得早，其实还是他的福气。若是真等武帝死后他辅佐朝政，那可就是自曝其短，让天下人失望了！”

“齐献王生前一直被武皇帝压制，就连提一点政见都会被斥责有不臣之心，你让他如何使出实际的本事？更何况他的主张，只能徐徐图之。积弊日久，怎么能够妄想一蹴而就？”潘岳听不得韩寿如此批评司马攸，后退了两步，“如果你这次请我来就是为了说这些，那请恕我告辞了！”

“慢着，我还没有说完！”韩寿蓦地大喝了一声，虽然音量不高，却带着一股濒死之人难得的气势，“你不听我说完，休想走出这间屋子！”

“你到底想说什么？”潘岳知道这是贾谧的府上，韩寿作为贾谧的亲生父亲，自然说一不二。他不愿引起太明显的冲突，只好停住脚步，望向韩寿，指望他赶紧把要说的话说完。

“我想告诉你，就算齐献王在世，他辅政下的朝廷也未必有现在的好。”韩寿喘了一阵，继续道，“你看看这些年各级郡县报上来的户口和钱粮，哪个地方不是河清海晏、蒸蒸日上？府库里的粮食堆到顶棚，有些甚至发了霉，百姓生活安稳，路不拾遗——请问这些是谁做到的？是那群只知道清谈、炫富和吃五石散的宗室与世家子弟吗？”

“天下人皆知，朝廷的中流砥柱，乃是司空张华、尚书仆射裴頠等一众贤臣。”潘岳回答。

“只有张华他们吗？你为什么不肯承认，这些年的元康之治，皇后和她背后的贾家居功至伟？若是没有皇后力排众议，以张华寒门庶族的出身，能够在世家云集的朝堂中独占鳌头？”韩寿冷笑，“就算齐献王复生，他能做到的也不过如此吧？”

“齐献王已逝世多年，说这些已经没有意义了。”潘岳不想再与韩寿纠缠下去，口气上退了一步，“正因为当今皇后辅政，贾氏于社稷江山举足轻重，所以我也投身于令郎幕府之中，以期为朝廷效力——那我们之间还有什么可争辩的呢？”

“你这个人太聪明，所以我也分不清你是在为我儿子效力、为朝廷效力，还是在为别的什么效力。”见潘岳正要分辩，韩寿摆摆手，自顾喘咳着笑道，“所以我只有个笨法子，让你当着天下人的面昭示对我儿子的忠心。哪怕你有别的心思，也架不住天下人的悠悠之口，不能再回头。”

“你要我做什么？”潘岳后心有些发冷。不愧是从小就厮混在一起的伙伴，韩寿对他的了解，确实大大超过了旁人。偏偏他必须咬死在原地，绝不能露出一点端倪。

“我要你从现在开始，每次看到我儿贾谧的车仗出行，都必须当众跪拜。”韩寿的声音虚弱，却一字一顿极为清晰。

见潘岳的脸色刷地褪去了血色，韩寿得意地笑了起来：“如果你真心投靠贾氏，此举只会赢得我儿对你的信赖。将来我儿若是掌控了实权，威震海内造福天下，无论你什么屈节谄媚之举都会变为君臣佳话。可如果你藏着别的什么心思，这当众跪地迎送之举也会消弭你的二心——毕竟天下人都会知道你卑躬屈膝，谄事贾氏。贾氏一旦失势，你这一辈子的污点就不可能洗白了。”

“所以安仁，别怪我狠心——我就是要堵死你所有的后路，将你的名声与贾氏的前途绑在一起。”

“毕竟对你这种人来说，名声可比生死要重要多了。”

“如果你不答应，我儿就绝不会用你。”韩寿笑了笑，露出唇边一颗尖尖的虎牙，在晦暗的房间内闪着白光，“那么你就准备好老死荒郊，这一辈子到此为止吧。”

“安仁，方才你到哪里去了？”等潘岳走回前厅席上，石崇连忙凑过来，关切地问。

“没什么，随便走了走。”潘岳神色疲惫，坐在席前端起面前的酒杯一饮而尽。

“我记得你以前不怎么喝酒的……”石崇看得目瞪口呆，隐隐觉得发生了什么大事。他顺着潘岳的眼光望出去，穿过正在歌舞的乐伎，正对上了一个倨傲冷淡的身影——那是被贾谧极力挽留下来的陆机。

“是不是那个陆机又得罪你了？”石崇愤愤地问。

“不。我只是看着他清高傲世的样子，想起了以前的自己。”潘岳抄起酒壶，给自己满满斟了一杯酒，再度一饮而尽，“我只希望他能保持初心，不要变成我现在的样子。”

“什么意思，你现在不是挺好的吗？”石崇不解，再追问下去，潘岳却不再多说什么。见他还是一杯接着一杯地喝酒，石崇忍不住伸手将他的酒杯夺了下来：“别喝了！要是喝醉了，平白让陆机那家伙笑话！”

“笑吧笑吧。事到如今，我还有什么可怕的……”潘岳含糊地说着，头渐渐沉下去，伏在了桌案上。

好不容易熬到散席，石崇担心潘岳醉酒，正打算去扶他，潘岳却蓦地坐直了身子。“鲁国公要出门了是吗？”他推开石崇，自己站起身来，那双形状优美的眼睛亮得异样，丝毫没有醉酒之人的迷蒙，看得石崇心中一颤。

“是。鲁国公要送他父亲韩寿回河南尹府,我们大家都要去送行。”石崇回答。

“我们现在既然都是鲁国公的幕僚,去送行是应尽之礼。”见席上诸人纷纷起身向外走去,潘岳也向前迈出了一步。见他脚步微微有些踉跄,石崇又想伸手扶他,却再度被潘岳推开。下一刻,潘岳已经稳稳地走到鲁国公府大门外去了。

此刻鲁国公府门口已经聚集了很多人,不仅有“金谷二十四友”中的陆机、刘琨、牵秀等人,远处还围拢了不少看热闹的闲散过客。毕竟贾谧位高权重,生活又极为奢靡,服饰车马等俱是一等一的豪华,因此贾府出行,向来都能吸引大量的路人围观。

潘岳走到门口,在人群后静静停下了脚步。石崇赶上来,站在他身边,不知怎么的总觉得有些心惊肉跳。然而还没等石崇再度追问,人群已突然静默下来,引得石崇不由自主地向着府内望去。

只见四个精壮的贾府家仆抬着一乘肩舆从内宅走了出来,肩舆上斜斜靠着一个人影,用锦被捂得严严实实,只露出一张晦暗枯瘦的脸。而年轻俊美的鲁国公贾谧,则孝顺地守候在肩舆旁,一边走一边切切叮嘱抬舆的家仆们脚步稳健,不要颠簸到了肩舆上的人。

不用说大家也知道,那个斜倚在肩舆上的病弱之人,就是贾谧的父亲、河南尹韩寿了。

“家父病重,不能与各位见礼,还请见谅。”见众人纷纷行礼,贾谧以儿子的身份代韩寿致谢。他护送着那乘肩舆走出鲁国公府,另有力壮的仆人将韩寿连人带被子一起稳稳地送进马车里去,而贾谧也登上了马车,向府前众人拱手作别:“我亲自护送父亲回府,多谢诸位相送。”说着,钻进车厢内放下了车帘。

贾谧拱手作别,其他人则按礼躬身一揖,唯有潘岳还直直地站在原地，仿佛一时间忘记了礼数。石崇在一旁扯了扯他的袖子，想要提醒。潘岳却没有察觉，眼前只是不停闪过韩寿上车前对着自己状若无意瞥来的那一眼。平常人根本不会注意到那濒死之人虚弱的目光，而潘岳却深深感觉到了那目光中的挑衅，就仿佛一柄匕首直扎入心底，逼着他在拔与不拔的两难中痛苦抉择。

就在潘岳稍一犹豫的当口儿，韩寿和贾谧所乘的华丽马车已经隆隆向远处驶去。近日天干无雨，地上早积了厚厚一层尘土，马蹄和车轮驶过，当即扬起一阵尘霾，让站得近些的人们躲避不迭。

然而透过这微黄的尘霾，潘岳却清楚地看见车后帘被轻轻掀开了一条缝隙，仿佛地狱张开了一条裂口，露出了深藏在里面猩红的眼光。眼看马车已经行驶出了几步，很快就要消失在街巷之中，潘岳知道自己再也不能犹豫，心一横走出人群，双膝一屈，重重地跪在了尘土飞扬的大街上。

“安仁，你这是干什么？”石崇冲到潘岳身边，惊讶地叫道。就算韩寿官职大过众人，就算贾谧是他们这群人的府主，这跪拜相送的礼节，也实在太重了。

然而潘岳没有理会石崇，反倒俯身下去，将额头触在了自己撑地的手背上，久久不曾抬头。弥漫的尘土呛进他的口鼻，街道上的污秽弄脏了他的衣袍，但他却毫不理会，依旧朝着渐渐驶远的马车行了一个标准的跪拜礼。

众人原本被潘岳的举动惊得呆了，好半天才有一声轻笑响了起来，带着东吴特有的软糯却又刻薄的口音：“我道是什么掷果盈车的锦绣才子，原来膝盖骨竟是这么软……”

“哥哥，你别说了。”另一个东吴口音的人低声劝阻。

“他拜得，我就说不得？说什么‘潘江陆海’，我陆机真是羞与这等人为伍……”

陆机、陆云兄弟的话传入潘岳的耳朵，让他禁不住羞愤得血液上涌，一时竟不敢抬起头来。虽然只是短短一瞬，时间却仿佛丝线一样被拉得无比漫长，让潘岳无地自容之余，还能够称赞一声韩寿的心机与刁钻——双膝上的尘土还可以洗净，但他这当众拜贾谧路尘的谄媚之名，却是一生一世、永生永世都清洗不去了！

忽然，只听“扑通”一声，有一个人重重地在潘岳身边跪了下来。潘岳惊讶地转头望去，正看见石崇跪在自己身边，也深深地朝着前方马车的扬尘拜伏下去。

“季伦，你这是干什么？”这一次，轮到潘岳惊问了。

“你在干什么，我就在干什么！”石崇拜完，直起身子理直气壮地道，“虽然我不知道安仁你用意为何，但我相信你的为人，这么做必定有你的道理。所以——”他的眼睛瞟了一眼围观众人，又狠狠瞪了一眼不远处的陆机，提高了声音，“如今我陪着你一起望尘跪拜。别人要嘲笑你，就连我一起嘲笑好了！”

“季伦，谢谢你……”潘岳动了动嘴唇，还是决定不将实情告诉石崇。当年他已经连累了夏侯湛的性命，如今绝不能再连累石崇了。让石崇快快乐乐做一个富家翁，是他作为朋友最好的报答。

第四章

断限

课众荣而比观，焕卓荦而独殊。

——潘岳

风不知从何处来，一路掠过层层叠叠的檐牙，绕过琉璃涂金的屏风，掀开白玉打磨穿成的琳琅珠帘，钻进了明光锦裁成的细密帷帐之中。然后，惊醒了床上孱弱的病人。

“啊！”病人发出一声虚弱却惊恐的惊叫，蓦地伸出手胡乱挥舞，仿佛要将某种萦绕过来的东西挡开。下一刻，有人用力揽住了病人苍白痉挛的手，将它们珍重地握在掌心，贴在唇边，仿佛安抚着受惊的小动物：“阿寿，我在这里。”

“阿午？”从噩梦中回过神来的韩寿定了定神，认出了守候在床边的妻子贾午。仿佛被困荒岛之人找到了同伴，韩寿涨红了脸想要说什么，却喘息得几乎无法成声。

“我在这里，别怕。”贾午心疼地看着病重的丈夫，红着眼圈勉强露出一丝笑意，“梦见什么了？看这一头的冷汗。”

韩寿抖了抖嘴唇，却没有开口，只用眼睛警惕地看了看帐外的侍女。贾午会意，将屋内伺候的下人全部挥退，又亲自关好了房门。

“这里再没有旁人，你想说什么就说吧。”坐回韩寿床边，贾午用手帕轻轻拭去丈夫脸上的冷汗，温柔地道。

“阿午，”韩寿终于开口，“我怕死。”

“谁说你要死了？”贾午做出惊怒的表情，欲盖弥彰，“皇后和谧儿都在为你寻访名医，你一定会好起来的！”

“我要死了，我知道。”韩寿轻轻摆了摆手，止住贾午的否认，“我这一生有了你，本可以死而无憾，可是方才我看见了齐献王……”

听韩寿吐出“齐献王”三个字，贾午背上忽地蹿出一阵寒意，口中却坚持道：“齐献王早死了，你方才只是做梦而已。”

“方才确实是做梦。可是一旦我死了，就会在黄泉之下遇见他了。”韩寿脸上最后一丝血色也褪得干干净净，“我真的，怕遇见他。”

“你不用怕，若是他要问起，你就说是我和皇后的主意！”贾午知道丈夫韩寿秉性柔弱，索性提高了声调坚决地说，“你跟他说，他挡了皇后的路，所以死在我们姐妹手里。他若是死得不甘，就让他的鬼魂找皇后和我算账！”

“阿午……”韩寿扯了扯贾午的袖子，吃力地劝阻，“别说了，别说了，小心被谧儿知道……”

“谧儿知道又怎么了？皇后无子，我们姐妹甘冒这么大的风险毒死司马攸，归根到底还不是为了他，为了整个贾氏家族？”贾午不甘地反驳。

“谧儿年轻，还是不要知道的好。”韩寿叹了一口气，“人生在世，固然有许多不得已之处，但还是坦坦荡荡活得更好些……这些年来，虽然贾家和韩家都蒸蒸日上，但我心底，始终提心吊胆，夜不安枕……”

“早知道，我就不该告诉你实情。”想起韩寿的病情大概就与害死司马攸的阴谋有关，贾午心中一酸，再不复方才的凌厉气势。

“你放心，我还不至于那么没用。真到了黄泉之下，我必定会阻拦齐献王的鬼魂，不放他来搅扰你们。”韩寿望着贾午，深情一笑，“这是我能为你做的最后一件事了，我一定会做到的。”

“阿寿！”贾午的眼泪瞬间盈满了眼眶。她俯下身去，紧紧抱住了韩寿枯瘦的身体，呜咽着呢喃：“你不要死，不要离开我……”

“我死之后，你们一切都要小心。”韩寿抚摸着贾午的头发，轻轻喟叹,“贾家现在如日中天,但司马氏宗亲都躲藏在阴影中,特别是还有一个名正言顺的太子……”

“呵,太子……”贾午不易觉察地撇了撇嘴,依旧安抚着韩寿,“你放心,太子那边,我们会想办法,绝不会让他碍了谧儿的路。”

“对了,还有潘岳。”韩寿似乎感觉生命流失得越来越快,来不及等贾谧到来,挣扎着说,“让谧儿一定要……小心他……”

“潘岳?”贾午奇怪地道,“他现在每次见到谧儿的车驾必定恭敬下拜,世人都说他死心塌地跟了谧儿,你为什么还是怀疑他?”

“我只是感觉……”韩寿用最后的力气喃喃着,“以前他就像是精美的瓷器,现在却是破碎的瓷片。想要把碎瓷片掌握在手心里,一不小心就会被划得鲜血淋漓……呵呵,我自己也是精美的瓷器,一辈子小心翼翼生怕摔碎。可是他摔碎之后,反倒变得更加锋利夺目……”

“阿寿,你在说什么,我听不清!”贾午见韩寿的声音越来越低弱,焦急地将耳朵凑到了他的唇边,却只听到了他喉咙里一阵阵模糊的哀叹。终于,贾午号啕大哭了起来。

是年冬月,鲁国公贾谧之父、河南尹韩寿病逝。

按照习俗,贾谧应该辞去官职,在家守孝三年。然而皇后贾南风却以贾谧原本就是在祖母郭槐孝中起复为由,以天子司马衷的名义下旨,让贾谧夺情继续在秘书监兼侍中的位置上留任,而他主持修订的晋朝国史也正式开始撰写。

要撰写晋朝国史,首先要确立晋朝开始的年份,也就是“断限”。原本根据历朝惯例,这个断限是个极容易的事,以魏帝曹奂将帝位禅让给晋武帝司马炎那年开始。但对于晋朝来说,情况却有些特殊,甚至可以说是棘手。

因为连晋朝君臣自己也默默认为,晋朝三位追封的先帝——宣帝司马懿、景帝司马师和文帝司马昭对曹魏皇室的欺凌实在有些过分了。

司马懿发动高平陵之变杀死大将军曹爽，司马师废掉魏帝曹芳，手上俱都沾满了魏国宗亲大臣的血。这倒也罢了，毕竟当年魏太祖曹操对汉室的手段也不遑多让。但千不该万不该，司马昭不该纵容手下人杀死了魏帝曹髦。这样的弑君大罪，无论怎么遮掩涂抹都无法消除。

既然无法彻底消除，就想办法减轻责任。因此晋武帝司马炎立国之后，朝臣们就开始想方设法为晋室遮羞。碍于铁证如山，他们只能另辟蹊径——在晋朝断限之事上做文章。

早在司马炎在世时，中书监荀勖就上书建议以魏帝齐王曹芳第一个年号“正始”作为晋朝开始的纪年，而著作郎王瓒则提议以曹芳的第二个年号“嘉平”开始作为晋朝历史。这两种说法虽然不同，却都将晋朝国史往前追溯到了司马懿在世的时期，想要从司马懿开始就将天下归为晋朝。那么不仅被杀的曹爽、夏侯玄、嵇康等人成了晋朝臣子，就连司马昭派人杀死魏帝曹髦的罪行，也可以解释为天子杀一诸侯，再无可诟病之处。司马氏代魏过程中的鲜血、阴谋和罪恶，都可以被粉饰为君王扫灭叛臣的合理之举，许多历史事件和人物都需要重新定义了。

荀勖和王瓒虽然煞费苦心要为晋室遮羞，奈何过于颠倒黑白，但凡有点良知的人都不会赞同。但是若是直接提出按照晋武帝受禅的泰始元年作为晋朝开国之年，则无异于是往晋朝三位先祖脸上抹黑，为崇尚孝道的晋朝皇室所不容。因此这件事就这样无限制地拖延下来，从晋武帝泰始年间一直拖到当今天子司马衷元康年间，二十多年来竟无定论。

如今贾谧年少气盛，依仗皇后贾南风的宠信，打算一举解决这个困扰晋朝多年的难题。他将此事交给幕僚们讨论，众人也是莫衷一是，唯有潘岳坚持应该尊重历史真相，以晋武帝受禅的泰始元年作为晋书断限之年。

“宣皇帝和景皇帝在曹魏时爵位仅为舞阳侯，直至文皇帝时才进位为晋王，仍属魏国天子之下的魏臣。”潘岳指着秘书监内贮纳历代典籍文牍的库房道，“晋室代魏距今不过三十年，不仅大量文献俱在，亲历两朝之人也多不胜数。若一意将晋朝断限至魏齐王曹芳时期，则诸多文献全都需要涂改伪造。这样的罪责，任何人都无法承担。”

“安仁所说，我自然知道在理。”贾谧苦笑道，“不过你也知道晋史关乎整个晋室颜面，整个司马氏宗亲都盯着我呢。他们原本就看我不顺眼，若是再因为修史得罪了他们，皇后那边也难做。”

“鲁国公既然接手了修著国史一事，就不再只是外戚和大臣，还是史家。”潘岳正色道，“史家一向独立于朝廷之外，秉笔直书，不避权贵，若晋之董狐，齐之南史，唯求‘真’之一字。若是鲁国公觉得此事两难，宁可向皇后辞去这件差事，也不能做歪曲史实之人，被后人诟病。”

“皇后将此重任交给我，若是我示弱请辞，岂不让人耻笑？”贾谧姓贾不姓司马，没有那么迫切地为司马氏粉饰的决心。更何况他心中颇有些隐秘的渴望，晋朝先帝们的恶行，对他未必没有好处……只是他不敢细想而已。

石崇一向与潘岳交好，此刻也坚定地站在潘岳一边。他见贾谧神色暧昧，以为他还有所顾虑，当即劝说道：“鲁国公，安仁言之有理。若是鲁国公一举定下晋书断限一事，世人必定称赞鲁国公年纪轻轻却具备史家正道直言的勇气和魄力，对于树立鲁国公在朝堂上的权威也大有助益呀。”

石崇不愧是混迹官场多年的老江湖，几句话正说到了贾谧的心坎上，让他再无犹疑。于是贾谧对潘岳点了点头，神色坚定道：“好，那我们就提请朝廷，以武帝泰始元年为晋朝开国之年。烦请安仁回去写一封‘晋书断限议’，三日之后你随我入朝，呈送朝廷！”

事关国史，兹事体大，潘岳郑重领命，回家闭门不出，专心构思书写《晋书断限议》。他废寝忘食，殚精竭虑，终于在第三日的前一晚完成了这份足以影响千秋万世的奏议。待到最后一个字写完，他长长舒了一口气，转脸看去，一旁陪坐的杨容姬早已歪在墙边沉沉睡去，手里还松松地握着未做完的针线。

唯恐她睡梦中无意识被银针扎手，潘岳轻手轻脚地凑到杨容姬身边，将针线和缝了一半的衣服从她手中拿下。杨容姬睡得极浅，立刻醒了过来，见潘岳凑在自己面前，伸手摸了摸他发青的眼眶："写完了吗？快去睡吧。"

"写完了，咱们一起去睡。"潘岳完成了重任，心中轻松，一伸手便将杨容姬横抱了起来。

"别闹，你留点精神，明天要去上朝呢。"杨容姬低呼了一声，生怕吵醒了隔壁睡熟的邢夫人和女儿金鹿。她伸手揽住潘岳的脖子，轻笑道："说起来，你还是第一次去太极殿上朝吧。听说当今天子上朝时如木雕泥塑，凡事皆由坐在帘幕后的贾皇后定夺，也不知道是不是真的。"

"好，我明天亲眼看了以后，再告诉你是不是真的。"潘岳心情愉悦，在杨容姬颊边偷亲了一口，又低声在她耳畔说了句什么，惹得杨容姬羞红了脸，伸手拧住了他的耳垂。

夫妻俩正低声调笑，外面却忽然传来了"咚咚咚"的敲门声，声音迫切，惊得潘岳和杨容姬一时停住了动作。

耳听老仆李伯出去开了门，过了一会儿便在门外回禀道："郎君，外面来了一辆马车，赶车人说他的主人有紧要之事，邀您立刻乘车一叙。"

"他的主人是谁？"潘岳警觉地问。

"他没有说，却只让小的交给您这个。"李伯刚说完，潘岳已打开了房门，从李伯手中接过了一样东西。

那是一块桃木牌，一面写着"神荼"两个字，一面画着一个威风凛凛的武将。正是新春之际，家家户户挂在门上祈福灭祸的桃符。

桃符——潘岳猛地握紧了那块桃符，穿上鞋子走出门去："我去看看。”

“檀郎……”杨容姬有些不放心地唤了一句，潘岳便回过头来安慰地笑道，“没事。若是我今晚回不来，你明早就把我的奏议和朝服一起送到宫门口去。”

走出家门，潘岳径自上了来人的马车。虽然没有询问马车的主人是谁，要带他去哪里，潘岳的心里却没有什么疑惧——那个作为信物的桃符已经证明了一切，这辆马车乃是齐王府所派。

自从指点小齐王司马冏暗中扶持太子司马遹之后，潘岳就再也没有见过司马冏。此番齐王府深夜派人带着信物相邀，可见是发生了某种紧急的情况。潘岳虽然对司马冏对付政敌的狠辣颇有微词，但看在故去的司马攸分儿上，也绝不可能对他的嫡子袖手旁观。

潘岳家所在的德宫里位于城南宣阳门外，此刻洛阳城门已经关闭，马车便绕着洛阳城转了半个圈子，一直往城北而去。潘岳透过夜色影影绰绰看见前方的邙山，终于忍不住问赶车的家仆：“要见我的，是太妃，还是齐王？”

“太妃。”赶车人回答了这两个字，手中马鞭挥下，拉车的马匹越发奋蹄奔跑，很快就到达了邙山中一处幽静的山麓边。

洛阳人有句俗谚：“生居洛阳，死葬北邙。”洛阳城北的邙山一线俱是帝王将相、达官贵人的墓葬。此刻马车停靠之地，也是一处修葺得十分雍容堂皇的墓园。墓园正中是一座十丈高的巨大土堆，以青石围砌，前方置放着巨大的石质供桌，香炉中几炷点燃的香头在黑夜中发出猩红的亮光。

不用看那高高竖立的墓碑上所刻字迹，潘岳也知道自己来到了哪里——齐献王司马攸之墓。

听见潘岳到来，一个单薄的人影从司马攸的墓碑前缓缓站起身来。她穿了一身纯白的素服，在夜色中依然扎人双目——正是齐王府太妃贾荃。

“潘岳见过太妃。”潘岳见是贾荃，心中暗暗绷紧，躬身向贾荃行了一个礼。

“罢了，我如今哪里受得起你的礼？”贾荃冷笑了一声，故意把身子一侧，“如今潘郎可是贾谧眼前的大红人，就算要行礼，也只会对着贾谧行吧。”

每次和贾荃见面，她都是这样的口吻，潘岳倒也习惯了。当下他只微微一笑，没有分辩什么。

“你肯定奇怪我为什么连夜把你请到这里来。”贾荃回转身，细长枯瘦的手指轻轻摩挲着墓碑上的字迹，“今天，我是来和你叙叙旧事的。”

“太妃请说。”潘岳平稳地回答。

“曹魏正元元年，文皇帝还是大将军的时候，想要将你推入水池溺死，是桃符亲自跳入水中，逼迫大将军命人将你们一起救出。为此桃符几乎重病丧命，这件事你可记得？”贾荃问。

“潘岳不敢忘。”潘岳面色肃穆地回答。

“曹魏景元四年，你因为执意要救嵇康，被文皇帝责罚。是桃符不顾自己伤病，亲自带你躲入邙山，避开九叔司马伦的骚扰。为此桃符失去文皇帝欢心，丢掉了原本属于他的晋王世子之位。这件事，你可记得？”贾荃又问。

“潘岳不敢忘。”潘岳一字一句地回答。

“本朝泰始二年，你父亲身患重病，从琅琊任上回到洛阳。桃符不仅违制为你父亲广请太医，还和我一起设计将司马伦赶出洛阳，从此给了你一个安安稳稳的生活。这件事，你可记得？”

“潘岳不敢忘。”

“本朝泰始八年，你岳父杨肇兵败荆州，被人诬陷收受东吴贿赂，槛送京师，罪当问斩。是桃符不避嫌，联络尚书台、廷尉等官员大力营救，才洗清你岳父通敌罪名，仅仅免官了事。为此桃符越发引起了武帝的忌惮和猜疑。这件事，你可记得？”

“潘岳不敢忘。”

“本朝咸宁四年，桃符被卷入逼宫之变，赖弘训宫羊太后拼死相救才得以免罪。他为了不牵扯你，故意将你遣出洛阳。后来他自己惨死在贬谪路上，而你却平平安安活到今天。这件事，你可记得？”

“潘岳不敢忘。”潘岳紧紧抿着嘴唇，竭力平复着声音中的颤抖，“我一生欠桃符良多，就算粉身碎骨也不会忘记！”

“算了吧。若非我今天旧事重提，只怕潘郎早已将桃符忘得干干净净了！”贾荃的声音，和白玉石墓碑一样，没有一丝温度。

“太妃究竟想说什么？”潘岳终于问。

贾荃没有开口，却伸出一只手来。下一刻，一个等候在墓园门口的齐王府侍卫走过来，将一份文卷恭恭敬敬地双手奉上。

潘岳的瞳孔蓦地一缩。他认出来了，那份文卷，正是自己这几天专心撰写的《晋书断限议》。自己临走前将这份奏议交给杨容姬保存，现在却怎么落在了齐王府人手里？他们到底是靠骗、靠偷还是靠抢得到的？

见贾荃展开了那份文卷，一旁的齐王府下人连忙端来了数盏明灯，方便贾荃阅读。贾荃随意浏览了一下，嘴角露出一丝冷笑，随即抬起手将那篇《晋书断限议》凑到烛火边，将它烧成了灰烬。

“太妃这是何意？”潘岳见自己三日的心血被贾荃一举摧毁，嘴唇轻颤。

贾荃没有回答，只是轻轻扬了扬下颏，立刻有仆从端来一方文案，摆好了笔墨纸砚，又将灯烛挑得通明。贾荃看东西齐备，这才对潘岳道：“我知道你文思敏捷，立刻重写一份《晋书断限议》也不算难。这样吧，我不管你要把我朝的开国之年定在正始还是嘉平年间，只要是在武帝泰始年之前就行。”

“泰始元年，武帝受禅称帝，本就是我朝开国之年。”潘岳站在原地，一动不动，“不知太妃强行要将开国之年前推，是何用意？”

“枉你方才口口声声不忘桃符的恩情，你就不会为他想想吗？”贾荃绕了半天圈子，终于说出了自己的意图，“若是将晋朝开国之年定在泰始元年，则武帝就是开国之君，与桃符的君臣关系铁板钉钉，再也无法更改。反之若是将开国之年定在正始或嘉平年间，那时候景皇帝还活着，是名正言顺的皇帝，那桃符作为他的嫡嗣就有了继承皇位的合法身份。这样重大的差别，难道你想不到吗？”贾荃义正词严地指责。

“桃符从来不在乎皇帝的名分，何况最多只是追封？”潘岳回答。

“胡说！你怎么知道他不在乎？更何况，还有山奴呢！”贾荃怒不可遏地道，“山奴说起来是景皇帝的嫡系嗣孙。若是这大晋天下是武帝开创，跟山奴就再没有半点干系了！”

原来，贾荃真正在意的，是儿子司马冏对皇位的继承权。潘岳恍然明白了贾荃的用意：武帝司马炎开创晋朝全赖祖父辈之功，一旦确立他为开国之君，皇位就只会落在武帝的直系子孙身上，齐王司马冏从法理纲常上就再也没有一点点继位的可能性。贾荃夤夜将潘岳唤到司马攸墓前，所争的就是这一点点合法性。

想明白了这一点，潘岳心里涌起了一阵悲哀。他看着眼前目光坚定雪亮的贾荃，轻轻摇了摇头：“若说当年桃符还有‘兄终弟及’继承皇位的可能，如今天下大统已定，山奴支系已远，再想扭转乾坤已是不可能了。还请太妃息了这份心思，社稷平安，人人有福。”

“你放心，我有什么心思，都不会牵累你。”贾荃咬牙笑道，“如今我只要你做一件事——重新写一份《晋书断限议》，不让武帝成为大晋开国之君！”说着，她拾起书案上的毛笔，就要将它塞在潘岳手中。

“史实俱在，岂能说改便改？”潘岳闪身躲开，衣袖上却被贾荃手中的笔画出两道墨痕。他低头看了看月白衣袖上再难洗去的黑印，重新凝视着贾荃略带疯狂的眼睛："太妃，请恕潘岳不能从命！"

"你这个忘恩负义的家伙，留着你还有什么用？"贾荃将毛笔"啪"地扔在书案上，忽然从身边侍从的腰间抽出一把佩刀，刀尖直直地抵在了潘岳胸口，"你若是不写，我就杀了你，然后把你埋在桃符墓中陪葬！"

"太妃就是杀了我，也改变不了武帝受禅开国的事实。"潘岳不想再刺激贾荃，尽量平稳地道，"害死桃符的凶手杨骏兄弟已经被山奴手刃，就连武帝死时也对桃符之事羞愧忏悔不已。如今桃符的大仇已报，山奴也前途大好，太妃就不要再纠结于一些虚无缥缈的事情了。"

"谁说桃符大仇已报？"贾荃见潘岳不动声色地后退了一步，便握着刀柄往前逼近了一步，"你既然说过武帝才是害死桃符的罪魁祸首，那么光要他临死羞愧忏悔有什么用？他害死桃符，扶持皇孙，妄想一举安排下晋室三代天子。那把他的计划彻底推翻，才是真正为桃符报仇！"

"太妃！"潘岳大惊，难道贾荃真的想要扰乱朝局，好让司马冏趁乱上位？他脑子里蓦地想起司马睿提过的六凶星预言，那流传数年的预言必定是贾荃故意篡改之后泄露出去的，不禁对这个女人的野心生出了一种恐惧之感，"太妃，如今天下安定四海升平，请太妃擅自珍重，不要给齐王府带来无妄之灾！"

"今夜在这里的都是我齐王府的忠仆，就算我真的杀了你，也没有人会泄露！"贾荃的刀往前送出一分，戳破了潘岳胸前的衣襟，"你若是再不肯写，那就试试看吧！"

见贾荃步步紧逼，潘岳只能步步后退，后背已抵在了司马攸的墓碑上。幸好贾荃倒未必真有杀人的心思和胆量，两人僵持了一阵，竟是谁也不肯妥协。

就在潘岳不知这场闹剧该如何收场的时候，忽听一阵急促的马蹄声从远处传来，在万籁俱寂的邙山中显得尤为清晰。过了一会儿，一个声音在墓园门口急切地叫道:“母妃,手下留情!”

潘岳侧头望去,正看见小齐王司马冏从马背上径直跳下,一路冲过来跪在贾荃脚下,伸手紧紧抱住了贾荃的腿:“母妃,求你放过檀奴叔叔!”

“你不是在宫中值夜吗?跑到这里来干什么?”贾荃低头看着司马冏气喘吁吁的模样,恨恨地问。

“儿子听到下人禀告,怕母妃和檀奴叔叔发生争执,赶紧过来看看。”司马冏依旧抱着贾荃,却侧头对潘岳道,“檀奴叔叔明早是要上朝吧,再不走就来不及了。”

潘岳得了司马冏这句话,慢慢侧退几步,随后拱手一礼,拔腿朝墓园外走去。耳听贾荃大喝一声“站住”他也不曾停留,反倒在司马冏的心腹董艾的帮助下上了一匹马,沿着山道直下邙山而去。

啪的一声,贾荃一个耳光扇在司马冏脸上,并不重,所以司马冏纹丝未动。他跪在地上仰头看着自己的母亲,低声道:“母妃不要性急,檀奴叔叔迟早会帮我们的。”

“迟早是什么时候?”贾荃抛下手中的刀,伸手把儿子拽了起来,“他让你去暗中扶持太子司马遹,自己却死心塌地跟着贾谧,这究竟是安的什么心?”

“太子和贾家,将来必定只会有一方胜出。檀奴叔叔的安排,其实算脚踩两条船。以后无论哪方得势,我们都可以有个照应。”司马冏回答。

“不管哪方胜出,都没有我们齐王府什么事。”贾荃恨声道,“我实在是不甘心啊。”

“鹬蚌相争,渔翁得利,我们姑且做个渔翁。”司马冏说到这里,忽然凑到贾荃耳边低声道,“今日夜里,中护军赵浚去往东宫,劝太子起兵废黜皇后!”

“什么?”贾荃一惊,“太子答应了吗?”

“太子虽然当场拒绝，但心中却有些不甘，因此叮嘱我找人商量商量。”司马冏见贾荃眉头紧锁，似乎也拿不定主意，便朝贾荃告辞道，“马上就要早朝了，儿子先赶回洛阳，回头再与母妃商议。”

“好。”贾荃目送司马冏翻身上马，迟疑一下，终于开口道，“你有机会的话，把赵浚这件事问问潘岳。”

“母妃还是相信檀奴叔叔的吗？”司马冏笑了。

“他未必会帮我们，但我知道他绝不会害你。”贾荃叹息。

“迟早有一天，我会让他像辅佐贾谧那样来辅佐我的！”司马冏仿佛发誓一样说出这句话，马鞭一挥，风驰电掣般朝着洛阳城疾驰而去。

司马冏此刻担任朝廷的左军将军，品秩四品，领军千人，掌管宫廷宿卫。他虽然不上朝堂议事，却可以领军在举行朝会的太极殿外驻守，因此太极殿中的情形，他知道得一清二楚。

以最快的速度回到宫城，司马冏刚下马，就看见心腹董艾迎了过来。他将马缰绳塞到亲卫手中，和董艾一边往宫城内走，一边问道：“檀奴叔叔怎么样了？”

“回殿下，属下已经顺利护送潘郎君到达。”董艾熟知司马冏的脾性，不待多问便事无巨细地禀报道，“潘夫人杨氏早早便在宫墙下等候，不仅送来了潘郎君的朝服，还带来了笔墨纸砚。潘郎君方才便在宫墙下重新写了一份奏议，现在已跟随贾谧进宫去了。”

“母妃昨夜的举动，幸亏潘家不会告诉贾谧，否则麻烦就大了。”司马冏点了点头，心中暗暗佩服杨容姬随机应变，又想到潘岳重新誊写的必然是那份被烧掉的《晋书断限议》，心中不由有些怅然——这辈子无论自己怎么努力，都与天子之位无缘了。

不过不做天子又如何？不做天子，照样可以站在权力之巅，将龙椅上的天子视为手中傀儡。自汉末到魏晋，这样的例子还少吗？一念至此，司马冏的精神头再度充盈，他整理了一下身上的戎装，带领手下禁军走向了太极殿。

此刻朝会正要召开，除了一些高阶品秩的官员得以进入太极殿，其余官员都在殿外等候。司马冏在殿外台阶下站稳，恰好可以看见潘岳穿着簇新的著作郎官服，头戴漆纱笼冠，宽袖束腰，虽然与身边的官员们装束类似，却鹤立鸡群般显眼，就连呆板庄重的官服都穿出了几分脱俗的仙气。

潘岳显然也看到了司马冏，但没有任何表示。司马冏也面色端肃，绝没有让人察觉他们之间有任何联系。过了一会儿，静鞭响过，朝会开始，太极殿外更是寂静非常，殿内奏事之声便清清楚楚传了出来。

今日朝会所议的第一大事自然便是晋书断限。先是秘书监贾谧呈上了由潘岳撰写的《晋书断限议》，由寺人监董猛诵读之后，诏会各大臣议论。对于贾谧和潘岳提出的晋朝以武帝司马炎泰始元年为开国之年的建议，司徒王戎、司空张华、领军将军王衍、侍中乐广、黄门侍郎嵇绍、国子博士谢衡等纷纷表示赞同，而骑都尉济北侯荀畯、侍中荀籓、黄门侍郎华混还是坚持以魏国正始开元，博士荀熙、刁协也坚持以魏国嘉平之后作为晋朝。几番争执之下，皇后贾南风听从贾谧的建议，宣秘书郎潘岳入太极殿，与诸位反对者辩论。

听到黄门官宣召潘岳，司马冏的眼光再度落在潘岳身上。只见他的檀奴叔叔略微整理了一下袍服，仪态从容地一步步迈上台阶，走入天下最高权力的中心——太极殿。司马冏侧头望着他的背影，忽然想起这是潘岳一生中第一次进入太极殿，不由心中慨叹——明珠投暗这么多年，檀奴叔叔终于到了大放异彩的时候。只可惜，自己只能站在台阶下目送他离开。那坐在尊贵皇位上的人，不是自己，也不是自己的父亲司马攸，而是痴愚的司马衷，还有他身后隐在珠帘中的贾南风。

这样的际遇，实在是让人不甘啊！司马冏握在腰侧佩剑上的手指倏地收紧，剑柄上凸起的花纹便深深地硌入了他的肌肤，仿佛刻在心底的誓言——司马冏,你真的甘心一辈子做个左军将军,为这对痴愚加歹毒的帝后看家护院吗?

不！他必须要做点什么了！否则他何年何月,才能等到潘岳甘心辅佐的那一天?

就在司马冏内心波澜起伏之际,潘岳已在朝堂上侃侃而谈。他以有力的证据和说理驳斥了侍中荀籓和博士荀熙、刁协等人的意见,说服满朝公卿一致同意以晋武帝泰始元年作为晋朝开国之始。这桩悬了二十多年的公案,终于在这一天尘埃落定。

当潘岳行礼退出太极殿后，坐在帘幕后的皇后贾南风有一瞬间的失神。她忽然冒出一个念头:擢升潘岳的官职,这样以后每次上朝,她都可以无所顾忌地在太极殿内看到他，就像当年他在父亲贾充的司空府中担任掾属,少女时的她则躲在帘后偷偷观望一样。然而贾南风终究用指甲狠狠掐住了藏在广袖中的手——来日方长,绝不可泄露痕迹。她现在看似身居高位,身边却依然有群狼环伺。这一点点念想,就是敌人窥伺的弱点。她绝不能给他们任何机会。

晋书断限一事,不仅让潘岳在朝堂上一鸣惊人,也让贾谧长足了面子,对潘岳越发信任。由于潘岳平素的言行中规劝贾谧遵循去世的祖母郭槐教导,礼敬太子,结善东宫,贾谧终于忍不住道:“安仁既然一直对太子心存期冀,那我便带你去一趟东宫,亲眼看看我们的储君是个什么样的人！”

潘岳从未见过太子司马遹,只是一直听说他从小聪明伶俐,甚得祖父武帝司马炎宠爱。司马遹五岁的时候,有一天夜里宫中失火,司马炎登楼远望,小小的司马遹却牵着祖父的衣摆将他拉进了阴影里。司马炎询问原因,司马遹回答说:“夜晚仓促之间,应当防备非常变故,不应该让火光照见陛下。”司马炎惊讶地发现孙儿是在提醒自己防备刺杀,又惊又喜，连呼司马遹是奇才。后来司马炎又屡屡夸奖司马遹会兴盛司马家,说他有曾祖父司马懿的风采,因此司马遹从小美誉便播于天下。司马炎之所以一意立痴愚的司马衷为太子,就是看准了司马遹为太孙,将来会成为晋朝的第三代帝王。

从晋书断限的朝会回来后,齐王司马冏便将中护军赵浚撺掇太子司马遹起兵、废掉皇后贾南风的事情告知了潘岳。听说太子当场拒绝了赵浚的提议,潘岳深深松了一口气:“太子的决策无误,果然不负聪颖之名。”

“其实我觉得赵浚的建议可以一试。”司马冏试探着问,“中护军所率禁军负责保卫宫城内诸多殿宇,无论天子、皇后还是诸位嫔妃的居所都在他的管辖之下。而太子的东宫守卫加起来也有万人,若是与赵浚里应外合,完全可以一举控制天子,废黜皇后。”

“那是理想情况。”潘岳摇了摇头,“且不说太子废黜皇后有违于天道民心,你们又如何判断赵浚此人可否信任?”

“赵浚乃是夫人赵粲的叔父，也是杨骏和杨太后的表亲。不过赵粲后来投靠了贾皇后，因此赵浚的心思确实难以判断。”司马冏沉吟道,“也正是如此,太子才拒绝了赵浚的提议。万一赵浚是奉贾皇后之命前来试探,太子一旦答应便是万劫不复。”

“你说得不错,所以太子目前只能韬光养晦,明哲保身。”潘岳看着司马冏,面色凝重,“我嘱咐你暗中辅弼太子,其实就是为了让你时时提醒他。”

“可是太子一味忍让,贾家那边却步步紧逼……”司马冏叹息,“不知什么时候,贾皇后就会对太子下手了。”

“太子是一国储君,皇后没有正当理由,绝不能也不敢动他。”潘岳安慰司马冏道,“隔日我会和贾谧前往东宫,待我亲眼见见太子,再做计议。”

“好。”司马冏点头,眼中闪过几分迟疑,似乎欲言又止。过了好一阵,司马冏才道:“有件事说给檀奴叔叔知道。现在东宫担任左卫率的刘卞曾经是我父亲门下主簿,是个值得信赖的人。叔叔要去东宫的话,我让他暗中看顾。”

“为何需要看顾?”潘岳不解,不过他很快就明白了。

由于贾谧自幼便有东宫侍读的身份，如今又奉贾南风之命时时监视太子,因此他轻而易举便带领潘岳进入了东宫。在东宫一一施礼相见的官员之中，潘岳特意留意了司马冏提到的刘卞——那个负责调动东宫万余士兵的左卫率出身寒门，后来多亏司马攸提携才一路做到了高官,因此司马冏通过他接近太子乃是顺理成章的事情。

“这位是著作郎潘岳潘安仁。他今日来东宫，是奉旨为太子和我讲习《汉书》。”贾谧大剌剌地对迎接的刘卞介绍了一下来意,带着潘岳就往东宫内走。

刘卞目光清明,对待贾谧既不过分客气也无丝毫怠慢,当即命人服侍贾谧和潘岳进入殿中等候。然而过了许久,依旧不见太子司马遹的人影。

“他不喜欢见我,每次我来他都躲在后花园不肯出来。”贾谧似乎对这种待遇早已习惯了,冷笑了一声,一个个毫不客气的“他”字显示着对太子的不屑。

贾谧站起来舒展了一下坐累了的手足,对依旧端坐的潘岳道:“我们也不必等了,我带你直接进去吧。”

“这……恐怕不妥吧?”擅闯东宫乃是大罪,潘岳自然有所顾忌。

“我自小便是东宫侍读,这里都是来惯了的,没事。”贾谧满不在乎地笑了,伸手将潘岳从座位上拉起来,径直往殿后走去。

潘岳知道贾谧仗着皇后贾南风的气势,早肆无忌惮惯了,只好跟着他一路走去。路上虽然见到一些东宫侍从，但贾谧做了个噤声的手势，他们便不敢声张，只默默退到路边看着贾谧和潘岳走入东宫深处。

贾谧似乎早已料到太子身在何处，一路穿廊越殿，径直走进了宽大的后花园中。

还未在花园里走出两步，潘岳便听见远处传来了阵阵吆喝叫卖之声，倒仿佛这里并非东宫花园，而是洛阳东市。见他面露惊异之色，贾谧轻笑道："有些事情我说出来安仁也不会相信，不如你亲自过去看看。"

潘岳点点头，拂开面前开得正盛的木香花枝条，朝喧哗声传来的地方望去。只见花园空地上凭空修建了一个肉铺，铺面上挂着两只鲜血淋漓的羊头，似乎是刚宰杀不久，地上还丢弃着剥下的羊皮。一个衣着华贵的年轻男子头戴标志身份的金冠，宽大的衣袖高高挽起，手里握着一把宰羊用的尖刀，高声吆喝道："新鲜的羊肉，五十文钱一斤，快过来买啦！"

"我要买我要买！"肉铺附近早围拢了一批宦官和宫女，当即嘻嘻哈哈地拥到铺子前，一迭声地叫着"我要一斤""我要两斤半"，欢声笑语，好不热闹。

"一个个来，每人都有！"那年轻男子大声吆喝着，开始用手中尖刀切割案板上的羊肉。只见他下手如庖丁解牛般纯熟，刀尖轻轻一划，已割下一块羊肉扔进秤盘中，高声宣布："正好一斤！"

"太子殿下每次割肉都斤两不差，真乃神手啊！"人群中爆出一阵欢呼声，听得那年轻人脸上更是容光焕发。他将那块肉穿上绳子递给一个宫女"买家"，收了她递过来的铜钱"哐啷"扔进钱匣子里，动作娴熟无比。然后他再接再厉，又用尖刀割下一块稍大的羊肉，抛入秤盘一看："正好两斤半！"

在宦官宫女们再次爆发的吹捧声中，贾谧转脸看着面如土色的潘岳，冷笑一声："太子的生母淑媛谢玖出身于屠户之家，太子这个本事也是得到外祖家的真传了。"

潘岳正不知如何回答，肉铺那边却突然传出一阵喧哗，却是某个内侍前来提醒太子到了读书的时辰。太子听得不耐烦，就着切肉的油手将那内侍一把推在地上，又扑过去骑在他身上，举起拳头狠狠揍了下去，一边揍一边骂道："作死的奴婢，我不是说过这种时候不许打扰吗？让贾谧多等一会儿怎么了？天天读那些狗屁书有什么用！"

见那内侍被打得不住哀号讨饶，连贾谧都看不下去，从木香花丛后走出来劝道："太子要惩罚奴婢，东宫自然有执掌刑罚之人，何必劳烦太子亲自动手？"

太子骑坐在内侍身上，偏头看了看贾谧，又看了看贾谧身后的潘岳，终于站起身来。他接过一旁宫女送上的丝帕擦了擦手上的油渍，故意看着潘岳问："这是谁？"

"臣著作郎潘岳奉旨前来东宫讲授《汉书》，见过太子殿下。"太子虽然明知故问，潘岳却依旧恭谨答话。他和司马冏的私下往来无人知晓，因此在太子眼中，潘岳无非是个趋炎附势的贾谧死党，自然不可能有好脸色。

谁知太子一听潘岳自报身份，方才的一副冷脸顿时露出了笑容。他上下打量了一下潘岳，笑呵呵地道："原来是名满天下的檀郎，果然名不虚传。初次见面，本太子就送你一份见面礼吧。"说着，他转身吩咐："去将那匹新得的胭脂马牵来！"

没过一会儿，内侍便牵来了一匹毛色赤红的骏马，连辔头鞍鞯都一并配齐。太子看了看马，又看了看潘岳，笑嘻嘻地道："这匹马与潘郎君十分相配，就送给你代步吧。"

"太子如此重礼，臣愧不敢当！"潘岳总觉得太子的笑容里有些奇怪的成分，来不及细细分辨，只是本能地推辞，"何况在花园内骑马，于礼……"

"潘郎君莫要推辞，你先骑上去试试，试完了我们好去上课。"太子打断了潘岳的话，笑着吩咐从人将潘岳硬扶上了马背。

潘岳平素出门都是乘车，于骑术并不精湛。他小心地握着缰绳，控制着马儿在花园内缓步而行，生怕损毁了东宫中精心种植的花木。

太子司马遹笑吟吟地看着马背上的潘岳，眼中忽然闪过一丝凌厉。他微微抬了抬手，一个心腹内侍便拿起马鞭，在胭脂马的后臀上重重抽了一鞭："潘郎君不必这么害怕，这马儿跑得可稳呢……"一语未毕，那胭脂马吃痛之下已撒开四蹄快速跑了起来。

见座下马儿骤然加快了速度，潘岳下意识地越发抓牢了缰绳。然而就在他想要将越跑越远的胭脂马调头返回时，"啪"的一声，手中的缰绳竟突然断裂，潘岳身形一晃，控制不住地一头从马背上栽了下来！

从奔腾的马上摔下来，就算不死也要重伤。潘岳手中抓着那断裂的半条马缰，心知是着了太子的道，却根本无法自救，只能闭上眼睛，听天由命。

然而，就在潘岳将要重重摔在地上时，一个人影蓦地冲了过来，一把抱住潘岳滚了出去。两人在地上滚了四五圈终于卸去了下坠之力，虽然都摔得身体青紫，好歹没有伤到筋骨。

待到被东宫的侍从们扶起，潘岳才认出救了自己的人正是东宫左卫率刘卞。刘卞见潘岳没有大碍，默默站起身拱了拱手，便退回他当值的东宫角落里去了。

"安仁，你怎么样？"贾谧匆匆赶了过来，语气中含着真诚的惶急。而太子也假作惊慌，厉声斥责备马的内侍，装模作样地叫人将他拖出去痛打。

"臣无碍。"潘岳忍着身上的痛，朝贾谧笑着摇了摇头。然后他又朝太子司马遹行礼道："是臣自己骑术不精，大意坠马，与旁人无关。还请太子赦免了这位中贵人吧。"

"看在潘郎君的分儿上，这次就饶了你这个狗奴才！"太子一脚将那个内侍踹倒在地，"还不快给潘郎君磕头赔罪！"

"潘郎君奉旨前来为殿下和我讲授《汉书》，这时间也不早了，还请太子入席。"贾谧等那个内侍给潘岳磕了头，知道这场戏也做完了，便出言催促。

“还请太子入席。”潘岳也附和道。

太子推辞不得，只好满脸不情愿地走进了读书用的配殿，坐在了首席上。贾谧落了次座，见潘岳双膝一屈也要坐在厚厚的毡垫上，忽然抬手阻住了他，亲自用手使劲按了按那个垫子，这才道：“可以了。”

“看鲁国公的做派，是疑心本太子在垫子里做了什么手脚？”太子冷笑着问。

“在下自然不敢疑心太子。”贾谧不温不火地回答，“只是上次看见太子舍人杜锡被太子藏在毡垫里的钢针扎得鲜血淋漓，所以好奇看看而已。”

“杜锡那老东西成天絮叨本太子‘亲贤臣，远小人’，把本太子比作亡国的蜀国后主，不扎他扎谁？”太子哼了一声，又看了看潘岳，“不过潘郎君不用担心，你是鲁国公的座上嘉宾，哪里会像杜锡那样不识时务？杜锡已经被我贬出了东宫，你在鲁国公那里却前途无量。你们二人怎么可能相提并论？”

潘岳默然，心道太子果然是个聪明人，连一番奚落也说得绵里藏针，叫人抓不住把柄。他在毡垫上坐好，将早已准备好的《汉书》取出，清清嗓子开口道：“臣斗胆，奉旨向殿下和鲁国公开讲《汉书·霍光传》。”

刚说了两句，忽然一个小内侍在殿门口探头探脑，逡巡不去。太子司马遹看得不耐，呵斥了一声：“有什么事情，滚进来说！”

小内侍连忙跑进来，原本想要附耳说几句悄悄话，却被太子一瞪眼，只能跪在地上开口道：“天师说了，现在就是挖墙动土的吉时，请太子移步去蒋美人那里。”

“没见我这里要听先生讲课吗？”太子眉毛一挑，“叫天师等着，我上完课过去。”

“天师说这上上大吉的时辰难得，若是错过了得等好几个月。”那小内侍愁眉苦脸地道，“蒋美人那边一应祭器祭品都已备好了。太子若是不去，若是小皇孙有个动静，奴婢们就是死了也担待不起啊。”

“潘郎君，鲁国公……”太子面有难色，朝潘岳和贾谧看了看，“今日这书，大概是讲不成了。”

“哦，敢问太子，是要挖什么墙动什么土？”贾谧直言不讳地问。

“我宫中蒋美人怀了元皇孙，因此我命人从她的住处到本太子的寝殿间开出一条捷径，方便探视。”太子说着，已经迫不及待地站起身来，一迭声地吩咐，“让天师等一下，本太子亲自祭祀之后，才准他们动土！”说着，匆匆向贾谧和潘岳点了点头，便一溜烟不见了。

“他就是这样，天天迷信鬼神，但凡东宫里换个瓦片植棵新树，都要请术士来设坛祭祀，弄得乌烟瘴气，连皇后训斥也不管。”见太子走了，贾谧带潘岳来东宫的目的也已达到，当下不再多加停留，径直离开。

一口气走出东宫，贾谧伸开双臂深深呼出一口气，转向潘岳笑道：“我们这位储君是个什么样的人，不用我说，安仁现在也看清楚了吧？”

“唉。”潘岳轻叹了一声，“确实想不到。”

“不过那有什么办法？他是当今天子唯一的儿子，这太子之位只能落到他头上。”贾谧一边说，一边偷眼打量潘岳的反应，“所以就算太子不孝，连向父母请安都时常偷懒，天子也无可奈何。”

“皇后还年轻，说不定以后还会生出太子。”潘岳压低声音道。

这句话让贾谧精神一振：“说得是。皇后虽然目前生了四位公主，难保以后不会生出儿子来。到时候皇后的儿子就是真正的嫡皇子，立长还是立嫡又是一番争论了。”

“真到了那个时候……”贾谧意味深长地看了潘岳一眼，“就是安仁大显身手的时候了。”

第 五 章

遭 祸

嗟秋日之可哀兮，良无愁而不尽。

——潘岳

七月流火，暑热渐退。转眼间，便是元康七年的七夕节了。

“山奴哥哥，我就知道是你！”当小院的木门打开的一刹那，一个脆生生的声音扑面而来。下一刻，蝴蝶一般轻盈的小女孩欢快地牵住了司马冏的袖子。

“金鹿真聪明，怎么就知道是我？”司马冏笑吟吟地跟着金鹿进了院子，老远看见杨容姬从厨房里迎了出来。他叫了声“杨婶婶”，刚要行礼，手中的礼盒顿时被金鹿接了过去，欢呼道：“我就知道山奴哥哥会给我带巧果子！”

“她呀，一直在等殿下，知道殿下一来就会给她带礼物。”杨容姬嗔怪地看了女儿金鹿一眼，笑向司马冏道，“殿下来得正好，一会儿在这里吃汤饼。”

说话间，潘岳也从屋内走了出来。金鹿一见父亲，连忙献宝一样捧着礼盒迎上去，嘴里喊着：“爹爹，爹爹，你看山奴哥哥送了我这么多巧果子，里面还有果食将军呢！”

七夕节吃汤饼和巧果子是当时风俗。制作巧果子的主要材料是油面糖蜜，包括用面捏成的门神一般身披战甲的人偶，称为“果食将军”。潘岳虽然不愿意收司马冏的礼物，但巧果子应节，价格也不贵，便只好摸摸金鹿的头道：“谢过齐王殿下没有？”

“几个巧果子而已，又不值钱，有什么好谢的？”司马冏见潘岳手中抱了一捆书，知道他是按照七夕风俗要将书放在院中晾晒，连忙接了过来，“我来帮檀奴叔叔。”

“殿下这次过来，没人知道吧？”潘岳放手任司马冏接过书，忽然问。

“没有，我每次来都很小心。”司马冏停了停，委屈地抬起眼，“为什么我大哥和睿儿他们就可以光明正大地上门，我却必须偷偷摸摸？”

“海奴和睿儿都是闲散诸侯，来读读书不打紧。”潘岳取过一本司马冏捧着的书，翻开晾在石板上，“至于我，全天下都知道我谄事贾谧，无可更改。可若是太子对你起了疑心，就影响你的前程了。”

“听刘卞说叔叔上次在东宫和太子相处……呃，不太愉快。当今也颇多流传太子的种种不堪。难道叔叔还对太子抱有希望吗？”司马冏惊异地问。

“假痴不癫，韬光养晦；不鸣则已，一鸣惊人，不正是司马家的遗风吗？”潘岳笑了笑，“太子自幼贤名太盛，如今遭遇贾氏专政，只能自污以求存身，所以给了我一个下马威。你看他小错虽不断，却从未犯过大错，其实分寸都是拿捏好了的。”

“叔叔的意思是，太子针扎杜锡、西园卖肉、迷信鬼神什么的，都是做给皇后和贾谧看的？”司马冏如释重负，脸上露出笑容来，“那就好。我还一直害怕自己跟错了人呢。”

潘岳笑了笑，没有搭话，将司马冏手中捧的书都晒好了，继续回屋内去搬书。

司马冏亦步亦趋地跟过去，脑子里飞快转过了许多念头，又不甘地追问：“不过太子还有一条最遭人诟病——按礼制，太子应每五日去西宫朝见父皇母后，请安问好。可太子已经很久没有去过了。哪怕天子最近身体不适，太子也没有前往朝觐。当今天下最重孝道，太子如此不孝，就不怕落人口实吗？”

“太子不是不想去西宫，是不敢去。”潘岳叹息，“托当年太子外祖父杨骏的照拂，东宫制下兵力有一万人，保护太子绰绰有余。可太子一旦进入西宫，就是进了贾皇后的地盘，生杀予夺都不由自己。所以他宁可蒙上不孝之名，也不敢给贾皇后机会。”

“太子顾虑没错，贾皇后还真不知什么时候就会对太子下手。上次她派中护军赵浚去引诱太子谋反，幸亏太子没有上当。”司马冏的神色忽然变得有些微妙，压低了声音道，“听说贾谧常常在皇后耳边说太子的坏话，还说太子放言一旦将来继承大统，必定按照杨骏的先例荼毒贾氏。这些话不知真假，但必定让皇后对太子越发厌恶惧怕。”

“贾谧与太子自幼不睦，积怨已久，我只能想法慢慢化解。”潘岳见司马冏眼神闪烁，奇怪地问，“山奴，你是不是有什么事要告诉我？”

“没……没什么。”司马冏将涌到喉咙口的话用力咽了下去，胡乱扯开话题，“我只是觉得太子这招扮猪吃老虎十分厉害，一般人真还做不到。”

潘岳淡淡笑了笑，没有回答。扮猪吃老虎固然是妙招，可若一招不慎，就真的会被老虎当猪吃掉。如今世家只顾自保，诸侯拥兵自重，太子除了东宫将士，朝堂中竟找不出一点支持。而潘岳所能做的，就是使贾氏有所顾忌，不敢将非分之念付诸行动，最终让太子平安继位罢了。

潘岳的想法不是没有道理。只要皇后贾南风没有生出皇子，这么维持现状拖下去，等天子司马衷一死，太子依然可以顺理成章地继承皇位。因为除了袖手旁观的世家、拥兵观望的诸侯，还有一个人可以维持朝廷的平衡。甚至可以说，这些年四海升平的元康之治，很大程度上都要归功于这根中流砥柱。

这个人，就是司空张华。

张华出身寒微，却极有才华。早在晋武帝司马炎咸宁年间，张华就已位居中书令这样的高官。然而张华仰慕齐王司马攸，向司马炎建议死后由司马攸来管理国家，引发了武帝司马炎的愤怒，将张华贬谪到了幽州苦寒之地对付鲜卑、乌桓。后来司马炎老了，将张华召回洛阳，却又因为一点小事将他免为庶人。直到贾南风把持了朝政，才真正大力任用张华，封他为司空，让他拥有了左右朝局的能力。

张华勤勉国事，不党不群，无论贾氏还是太子，都对他十分敬重。他的存在，对于此刻的朝廷而言就如同一块压舱石，老成持重，不偏不倚，确保朝廷这艘船能够一路破风斩浪，避免倾覆之虞。

然而张华却没有想到，七夕节刚过不久，他的府上就秘密来了一个故人。

东宫左卫率刘卞。

刘卞和张华一样出身寒门，两人也算是老相识。因此刘卞和张华没有寒暄几句，就直接转入了正题："皇后想要陷害太子，司空知道吗？"

"没有听说。"张华摇了摇头，面无表情。

见张华装傻，刘卞有些急了："我出身寒微，仰赖您的提拔才有今日。我把您当作知己，什么话都对您说，难道您还要怀疑我吗？"

"就算真有这样的事，你们想要做什么？"张华问。

刘卞一心要拉张华入伙，当下也不隐瞒："东宫俊乂如林，可以调动的士兵多达万人。您在朝堂上一言九鼎，若是有您协助，皇太子就可以掌控朝局。至于把贾皇后废掉关入金墉城，只需要两个宦官的力量就足够了！"

见刘卞说得轻松，张华只能轻轻叹了一口气："如今天子还在，太子只是他的儿子。我虽然官居司空，却毕竟不是宰相，要是帮助你们做这件事，就是无父无君，整个天下都会骂我们不忠不孝。就算侥幸能成事，依然免不了犯上作乱的罪过。更何况如今世家大族与司马氏诸侯都各擅威权，到时候他们若是发难，政局又怎么可能安宁呢？天下好不容易安定了这些年，实在是不能再乱了！”

“那您的意思，就任由贾皇后迫害太子了？”刘卞怒道。

“只要太子谨慎行事，贾皇后也没有害他的理由。”张华苦笑，“到了我这个位子，想的就不是保住哪个人，而是要保住整个社稷平安。”

“既然这样，我就只有告辞了。”刘卞知道无法说服张华，只好放弃地站了起来。

“治大国如烹小鲜，任何轻举妄动都会招来巨大的灾祸。”张华挥了挥手，“你去吧，记住我今日的话。”

张华并没有将刘卞与自己的密谈泄露出去，然而精明的皇后贾南风却早已在张家布下眼线，很快就将刘卞的行踪告知了贾南风。贾南风确实忌惮东宫的兵力，更忌惮带兵的将领成为太子亲信，因此虽然不知刘卞和张华密谈的内容，还是将刘卞的东宫左卫率一职免去，迁为雍州刺史，诏令他立刻出京。

贾南风这一招原本想打草惊蛇，好好震慑一下东宫内的太子司马遹，却不料除了太子，她还惊动了另一个人——齐王司马冏。

刘卞之事，司马冏其实便是同谋。两人一率东宫卫士，一率左军禁卫，若是里应外合，猝然发难，要成就一场宫变也并非不可能之事。只是事情还未谋定刘卞便被调离洛阳，皇后贾南风背后隐藏的深意，直让司马冏不寒而栗。

以司马冏对自己这位皇后姨母的了解，刘卞被贬只是一个开始。只要刘卞失去了东宫兵权，就只能任由贾氏一党搓扁揉圆。到时候三木之下，何求不得？刘卞第一个要供出的，必定就是他齐王司马冏了！

司马冏心怀大志，原本想着联络东宫做出一番大事，一举成名，却不料大旗还没能竖起，就被贾南风伸出手指轻轻一戳，栽了个人仰马翻。自刘卞被贬之后，司马冏日日夜夜坐立不安，只觉脖子上悬着一柄利剑，随时随地都会迎风斩下。

这种精神折磨让司马冏觉得自己快要疯了，偏偏又不敢对任何人诉说。终于,他叫人偷偷买了一包砒霜,全部倒进了一只市面上最常见的黄陶鸡头酒壶中。

刘卞被迁为雍州刺史,少不得离京那日在长亭与亲朋好友告别。他出身寒门，为官又一向清廉，因此离京赴任之时只带了一个驾车的老仆,与众人话别之后便登上西行之路。

走了好半天,四周已没有人烟,唯有一条黄土官道直通西方,似乎就要融化进那片璀璨的晚霞之中。刘卞原本已被颠簸得昏昏欲睡,忽觉马车骤然停下,不由心中一惊,向外问道:“发生什么事了？”

“我家殿下前来为刘刺史送行。”搭话的并非刘家老仆,而是另一个陌生的声音。下一刻,车帘已被大大掀开,一个逆光的人影被众侍卫簇拥着,缓步登上了马车。

马车向西,阳光便从那人身后射进来,刺得刘卞眼睛发疼。然而他依然努力睁着眼睛，看清了来人颀长的身影和冷玉般的面容:“齐王殿下？”

“你们退开,让本王与刘刺史单独说几句话。”司马冏摈开齐王府的侍卫,放下车帘坐到刘卞面前,取出一壶酒和一只酒杯放在小几上,“本王是专程来为刘刺史送行的。”

刘卞看着那唯一的一只酒杯,心中恍然明白了司马冏的来意。他想起司马冏带来的那些齐王府侍卫，苦笑了一下:“殿下这杀伐决断之力，可比令尊强得多了。”

“本王也是迫不得已。”司马冏不敢看刘卞的眼睛,只盯着那壶酒沉声道,“皇后已经怀疑你了，说不定你在赴任半途就会被抓回洛阳审问。我不是不相信刘刺史,只是皇后心狠手辣,一旦刘刺史受刑不过招出太子,大晋就要真的落入贾氏手中了。”

“你怕我招出太子之前,先招出你。”刘卞一针见血,让司马冏的脸蓦地红了红。然而司马冏终究端起酒壶,满满地斟了一杯酒,双手递给刘卞:“刘刺史放心,你去之后,本王必定不改初心,尽力保护太子。日后太子继位,也一定会奉赠刘刺史高官美谥,让你留名青史。”

“说起来,我还要多承殿下的恩惠了。”刘卞接过酒杯,端详着司马冏的脸,忽然笑了,“人人都说小齐王酷肖其父,其实是在皮不在骨。只望你达成心愿,也算是我报答当年齐献王的提携之恩了。”说着,端起酒杯一饮而尽。

司马冏坐在座位上,安静地看着刘卞渐渐弯下腰去,挣扎抽搐了一阵,终于不再动弹。他伸手试了试刘卞的鼻息,小心地没有碰到他口鼻中涌出的血液,然后提起衣袍掀开车帘,走出了马车。

“殿下,这个人怎么办?”见司马冏出来,心腹董艾连忙问。

司马冏随意瞟了一眼,见是给刘卞赶车的那个老仆,正被侍卫们制服在一边。他随口说了句:“不必留了。”便跨坐上马,径直往洛阳疾驶而去。

司马冏自认为行事万无一失,却不料没过两天,他就接到了宗师高密王司马泰的手书,让他第二天一早到宗师府接受问询。

所谓宗师,是武帝司马炎设立的官职,由司马氏宗室中德高望重者担任,专为管辖和惩处犯罪的宗室子弟。因此司马冏一听到这个命令,当即冷汗便沿着脊背一路滑了下去,面上却恍若无事地问使者:“不知宗师要问询小王什么,还请尊使能透露一二。”说着他使了个眼色,董艾连忙向使者捧出十匹绢帛和一万铜钱。

“好说,好说。”那使者高兴得眉眼弯弯,语气便松快起来,“下官也不是很清楚,好像是有人发现了路边一个垂死的老头儿,送到河南尹府里去,老头儿就说他是被齐王府的人害的……哈哈也是好笑,堂堂齐王府害他一个奴婢做什么?可见就是诬告了。”

“居然有这等事?那小王确实要在府上查一查了。”司马冏赔着笑将宗师府使者送出门去，待他走远，蓦地转身狠狠一脚朝董艾踢去，“叫你处理那个老仆，你是怎么办事的？”

董艾早知有罪，不敢躲闪，被司马冏生生踹倒在地上。他爬起身跪好，努力回忆着当时的情形：“臣确实给了他当胸一刀，还试了他的鼻息，确实气绝，才将他抛进路边灌木丛的。”见司马冏脸色惨白，董艾又道，“殿下不必担心，我们已经布置好了现场，旁人只会以为刘卞是畏罪自杀。”

“现场布置得再好有什么用？只要那个老仆指证我逼死刘卞，齐王府就完了！”司马冏在原地踱了几步，感觉自己就像只无头苍蝇，半点头绪也抓不住。烦躁之下，他随手抓起一旁的花瓶，狠狠地砸在了地上。

“殿下，要不要告诉太妃？”董艾连花瓶飞溅的碎片也不敢躲，顶着脸上被碎瓷划出的血丝提议。

“不能告诉太妃！”司马冏厉声喝止，因为惊惶和恐惧声音都有些变了调。太妃贾荃作为皇后贾南风同父异母的姐姐，虽然姐妹俩感情不睦，但要是为自己这个唯一的儿子讲个情，皇后估计不能不卖个面子。但是司马冏一想到母亲对自己挥舞的藤条，还有逼着自己在祖母和父亲灵位前发下的誓言，只觉得自己宁可死了也不愿承受母亲失望而鄙夷的眼神。

他既然一心要带给母亲惊喜和荣耀，就要独自承受失败带来的惩罚与痛苦。

“那……殿下赶紧去找潘郎君，说不定他会有办法！”董艾急中生智，高声叫道。

这句话提醒了昏头涨脑的司马冏，他也来不及叫董艾准备马车，径直到府中马厩里牵了一匹马，飞快地往潘岳家冲了过去。

到达潘家所在的德宫里时，已是炊烟袅袅，暮色四合。司马冏扔下马匹，胡乱敲了敲潘家的院门，门开后赫然见到的是粉妆玉琢的小姑娘金鹿。

“呀,山奴哥哥来啦!”金鹿一看见司马冏,顶着两个小丫髻欢喜地跳了起来。她一把拉住司马冏的手,将他领进门来,笑嘻嘻地说:“山奴哥哥来得好巧,娘刚做了好吃的,一起来吃吧。”

司马冏见小女孩一双清澈美丽的大眼睛骨碌碌在自己身上转,知道她在找什么,只能歉然地摸了摸她的头:“对不起,这次哥哥没有给你带礼物,下次一定补上。”

走进房内,司马冏见潘岳一家果然正要吃饭,便向邢夫人和杨容姬告了罪,直截了当地对潘岳道:“我有要紧事,想和檀奴叔叔单独谈谈。”

潘岳见司马冏容色惨淡,虽然还在竭力保持镇定,身体和嘴唇却都微微发抖。他立刻离开了食案,和司马冏走到了安静的偏房之中。

等潘岳关上房门,司马冏已扑通一声跪在了地上,哀声泣道:“山奴有杀身之祸,请叔叔救我!”

“发生什么事了?”就算当年行刺杨珧被杨家抓入暗牢,潘岳也没有见过司马冏如此惊慌失措。他连忙把司马冏扶起来,催问他事情的原委。

事到如今,司马冏无法隐瞒,只好一五一十地将自己如何与刘卞合谋想要拥护太子逼宫,刘卞如何游说张华不成反被贬谪出京,他如何担忧刘卞被贾氏治罪供出自己和太子,如何在半道劝说刘卞服毒并杀死老仆,老仆如何命大将事情闹到河南尹府和宗师府之事说了出来,末了又道:“虽然现在宗师府使者并未提及我毒杀刘卞之事,但只是想稳住我,待到明日只怕要我和那老仆当庭对质。此事牵涉到太子,皇后和贾谧必定不会善罢甘休。只怕到时候不仅我难逃一死,就是太子也要被牵涉其中了!”

潘岳万料不到司马冏暗地里做了如此胆大包天的事,一时也有些怔住了。他心知此事关系重大,一旦处理不慎,太子和贾氏之间那根紧绷的弦就会应声而断,原本勉强维持平衡的朝局也立刻有倾覆之虞。因此他虽然惋惜刘卞之死,却来不及责备司马冏的冒失和狠毒,只能苦苦思索对策——毕竟他要救的不仅是司马冏,还有岌岌可危的晋朝社稷。

见潘岳愁眉紧锁,不自觉地来回踱步,司马冏自知理亏,站在原地大气不敢出。过了半晌,潘岳终于开口:“你和刘卞有公开的往来吗?”

“刘卞是我父王的旧属,因此我们互相来往过几次,并没有特别遮掩。”司马冏想了想补充道,“在外人眼里,我们应该是既不十分熟稔,也不刻意生疏。”

“那你们平素可有过私怨?”潘岳见司马冏摇头,又提醒道,“哪怕为一件小事争执过?”

“没有。”司马冏明白潘岳是想为自己寻一个毒杀刘卞的借口,痛苦地道,“我和刘卞平素相处得十分平淡,若说为了私怨杀他,只怕皇后和贾谧不会相信。”

“既然找不到冠冕堂皇的理由,没奈何只能寻些不入流的阴私了。”潘岳叹道,“殿下想一想,你对刘卞的姬妾有没有什么印象?”

“我就在刘卞家赴过一次宴,除了记得他有一个叫作玉娘的侍姬出来为客人酶酒,别的都没见过。”司马冏绞尽脑汁地回答。

“那玉娘的模样,你可还记得?”潘岳问。

“依稀记得面目清秀。”司马冏回答。

“若是站在你面前,殿下可还能认得出她吗?”潘岳追问。

“她颌下有一粒黑痣,甚是显眼,应该能够认出来。”司马冏终于点了点头。

“那只能这样了。”潘岳无奈道,“若是贾家真要追究殿下杀刘卞的动机,殿下就一口咬定是看上了那个玉娘,想要索取刘卞却坚决不肯。待到刘卞被贬,殿下为了强夺玉娘,就暗中毒死了刘卞。”

“明白了,檀奴叔叔是想要我承认色令智昏,从而免除贾家的怀疑。”

司马冏虽然知道这是大事化小的法子，却到底心有不甘，“这些年来我一直仿效父王遗风，好不容易挣得了个‘贤孝’的好名声，这样认罪的话，就变成色欲熏心、草菅人命的凶恶之徒了。”

潘岳抿紧了嘴唇，没有接话。事情既然已经做下，司马冏想要全身而退已是不可能的了。

“不，我不能这样……否则不仅父王的令名会被我玷污，母妃也不会饶过我的！”司马冏似乎想到了引发的可怕后果，胡乱地摇着头，央求道，“檀奴叔叔，还有没有别的办法？”

潘岳心道你做的事能如此化解已是轻的，却看着司马冏那双泪盈盈的酷似司马攸的双眸，到底没有忍心说出来。他拉过司马冏，轻声叹道：“殿下还没吃饭吧，先吃了再商量。”

在司马冏心目中，潘岳一直智计无双，只要给他充分的时间，他一定能够想出为自己解决问题的办法。因此司马冏定了定心神，察觉自己确实饿得狠了，便点点头和潘岳一起走了出去。

两个人都默契地没有提方才所谈的事情，邢夫人和杨容姬也不问，只招呼司马冏吃饭。司马冏食不知味地草草吃完，只眼巴巴地看着潘岳，指望他灵光一现就能想出一个瞒天过海的妙计。

然而令司马冏失望的是，吃完饭后，潘岳并没有露出扭转乾坤的手段，只是劝慰他说：“城门即将关闭，殿下先回府去安歇，明日就按照我说的那样向宗师府回话吧。”

“不。还有整整一夜，我相信叔叔还会想出更好的办法的。”司马冏有些耍赖地坐着不动，“干脆我今夜就在叔叔家里歇息，叔叔万一有了什么主意，可以及时告诉我。”

看着司马冏全心信赖的模样，潘岳忽然狠不下心将他赶走。而金鹿听说司马冏想留宿在此，更是欢喜：“太好了！山奴哥哥今晚住我们家，我要和山奴哥哥一起睡！”

“金鹿乖，齐王殿下和你爹爹有正经事要做，娘带你去睡。”杨容姬听到金鹿的无心之言，脸色微变，连忙连哄带骗地将五岁的小女孩抱走了。

“如果殿下执意在此过夜，那就住在正房吧。”潘岳说到这里，母亲邢夫人也点头道：“齐王殿下身份尊贵，自然是要睡正房的。我这就去把被褥通通换成新的。”说着，颤巍巍就要起身。

司马冏这才想起小院中条件最好的正房平素都是邢夫人居住，自己这一来就是把老太太赶走了，连忙摆手道：“不用劳动太夫人。反正我今晚也睡不着，就在这里挑灯夜读好了。”

“那怎么成？你是堂堂齐王殿下，和我们有君臣之分，怎么能让你在冷冰冰的厅里枯坐一夜？”邢夫人秉承潘家儒学家风，为人最重礼仪，当下坚决不同意。

司马冏见自己一提出留宿，便将潘家搅得不得清净，心中也有些愧疚。于是他站起身道：“既然如此，我就还是先回齐王府了。檀奴叔叔若是有了什么好主意，明早再告诉我吧。”说着，便告辞离开。

夜深人静，邢夫人和杨容姬她们都去安睡了，潘岳却只是呆呆坐在灯下，绞尽脑汁为司马冏寻思脱罪的办法。然而任他想得头痛欲裂，也没能在这场破绽百出的败局里找到曙光。

屋外忽然划过一道电光，将累得伏案假寐的潘岳惊得坐了起来。下一刻，轰隆隆之声从头顶滚过，豆大的雨点噼里啪啦从天而降，砸在窗纸上沙沙作响。

潘岳心中一跳，下意识地从墙角找出一把伞，穿上鞋子走了出去。他冒着越来越密集的雨点穿过小院，猛地拉开了院门。

院门外一片漆黑，只有雨点打在泥地上的沉闷声响。潘岳在空荡荡的院墙下搜寻了一会儿，忽然拔腿朝前方的里巷走去。

果然没走多久，潘岳就在一户人家的屋檐下发现了蜷缩成一团的司马冏。他小心地不将伞沿上的雨水滴到司马冏身上，伸出一只手搭上了少年的肩膀："殿下，跟我回去吧。"

司马冏原本缩在墙角抱膝而坐，将脸深深地埋在膝头，此刻被潘岳吓了一跳，蓦地一抖，这才缓缓抬起头来："檀奴叔叔？"

潘岳知道他今天是真的吓着了，不敢再刺激他，只和声道："下雨了，殿下和我回屋里避雨吧。"

司马冏又湿又冷，浑浑噩噩地站起身，就着潘岳的伞往潘家而去，好半天才醒悟过来："叔叔怎么知道我在这里？"

"方才，我梦见了你父亲。"潘岳轻叹了一声，护送司马冏回到家中，又找来一套干净衣服让他换上，"殿下先将就躺一晚上吧。"

"好。"司马冏拥着一层薄被，有些怯生生地看着潘岳，"那明天早上，我还是得去宗师府吗？"

"去吧。若是不去，又多了一份罪名。何况殿下也得探探底，看他们究竟知道了多少。"潘岳见司马冏面露恐惧之色，柔声安慰道，"宗师高密王是殿下的长辈，总要维护司马家子孙。只要一切事情能在宗师府内解决，就好办很多。"

"怕只怕贾谧插进来……"司马冏嘟哝了一句，却无可奈何，只能心事重重地睁眼躺下，熬过这个不眠之夜。

天亮的时候，潘岳从书案上直起身，洗漱更衣之后准备到秘书监官署办公。而司马冏大半夜辗转反侧，天亮时才蒙眬睡去，此刻还在客厅角落里酣睡未醒。

潘岳即刻就要出门，没奈何蹲到司马冏身边，轻轻推了推他："殿下，山奴？"

"嗯？"司马冏勉强睁开眼睛，懵懂得像个孩子。

"我要去官署了。殿下一会儿起来之后，记得去宗师府。"潘岳叮嘱，"就先按照我昨日教你的说。"

“好。”司马冏也不知听清了没有，拉过被子遮住被日光晃到的双眼，翻过身继续睡了。

他这副柔弱无辜的模样让潘岳想起了司马冏小时候，心中无端泛出一种怜惜来。他向杨容姬叮嘱了几句，便乘车赶往洛阳城内的秘书监官署去了。

自从晋书断限之后，修著国史的进度越发加快了。由于所有的成稿都要交给潘岳过目和审度，他到达官署后就一直忙碌。不过忙归忙，潘岳心中依旧惦记着司马冏的事，寻思散衙之后到齐王府去打听动静。

然而还没等到散衙，秘书监官署内突然来了一群不速之客，指名要见潘岳。潘岳走出门去，便见三四个来人衣着华贵，为首一人更是盛气凌人。他眼眸一动，认出了来人中唯一认识的一个——琅琊王司马睿。

不同于为首之人满脸戾气，琅琊王司马睿年轻的脸上满是惶恐不安。他看见潘岳出来，连忙迎上来介绍道：“老师，这位是我二叔东武公，在宗师高密王之下办事。”

对于司马睿的叔父东武公司马澹，潘岳虽然不认识，却早有耳闻。这个司马澹为人阴狠嫉妒，因为三弟东安王司马繇得父母钟爱，司马澹一直对弟弟恨若仇敌。汝南王司马亮掌权时，司马澹便向司马亮告发弟弟对司马亮不满，以致司马亮将东安王司马繇废去王位，流放到了偏僻苦寒的带方郡。贾南风、贾谧掌权之后，司马澹又处处讨好贾氏，唯贾氏马首是瞻，因此东安王司马繇时至今日也不曾放归。

虽然心中厌恶司马澹的为人，潘岳还是礼貌地向司马澹行礼：“下官著作郎潘岳，不知东武公驾临，有何吩咐？”

“哦，你就是大名鼎鼎的檀郎潘岳啊。”司马澹上下打量了一番潘岳，想要摆出宗室的架子，奈何潘岳身量比他高出半头，只能仰着脸开口，“本公奉宗师高密王之命，想问潘郎君一个问题——齐王何在？”

潘岳一凛，下意识地反问：“齐王何在，为何要问下官？”

“潘郎君还想装傻吗?那好,本公就一一说给你听。”司马澹见一旁的司马睿想要插嘴,挥挥手止住了侄儿,继续仰着脸朝潘岳道,“宗师高密王早就通报齐王让他今日一早到宗师府回话，但齐王直至此刻也未露面。本公奉宗师之命前去齐王府传唤,却发现连齐王太妃都不知齐王去向。太妃盛怒之下拷问齐王侍从，才知道齐王昨晚出城去找潘郎君,一夜未归。本来本公应该直接带人去潘郎君府上搜寻齐王,不过为了照顾潘郎君的颜面,还是先来问问比较好。奉劝潘郎君直言相告,免得引起不必要的麻烦。”

“是谁来找我们安仁啊？”司马澹刚说完,不远处忽然传来一声懒洋洋的询问,随即只听一阵踢踢踏踏的声音,却是有人靸着木屐从室内走了出来。

听到这个声音,司马澹方才的趾高气扬顿时一敛,脸上露出讨好的笑容来。能在秘书监官署内如此随意之人,自然就是秘书监本人贾谧无疑了。

“原来是东武公。”贾谧朝司马澹随意拱了拱手,“不知来我这里找安仁有何贵干啊？”

“鲁国公请借一步说话。”虽然二人爵位相当,司马澹还身为宗室,但他对贾谧的逢迎却是一眼而知。他殷勤地凑到贾谧身边，和他走开几步,随即小声地向贾谧嘀咕起来。

虽然听不清司马澹的话，但潘岳还是可以从贾谧越发阴鸷的眼神中猜出端倪。他心中暗叫不好,看来司马澹那边已经掌握了司马冏毒杀刘卞的情况。贾氏对刘卞早已心存怀疑，司马冏此举落在他们眼中,无异于杀人灭口,欲盖弥彰了!

正心乱如麻,贾谧已靸着木屐踢踢踏踏地走了过来:“安仁,昨夜齐王果然是到你家中去了？”

“是。”潘岳知道隐瞒不住,索性点了点头。

“他去你家里做什么？”贾谧本就白中泛青的脸色越发阴郁下来。

“齐王殿下说他做了错事，怕太妃责备，所以想在下官家里避一避。”潘岳避重就轻地回答。

“哼，齐王堂堂宗室，犯了事居然要跑到潘郎君家里躲避，潘郎君真是好大的能耐！”东武公司马澹在一旁冷哼道。

“二叔，齐献王与老师有通家之好，齐王更是视老师如师如父，他犯错之后找老师求教也是人之常情，与老师无关。”琅琊王司马睿听司马澹的语气不善，生怕他会将潘岳牵扯到司马冏的案子中，连忙为潘岳辩解。

“安仁，我知道你当年与齐献王交好，所以对他的儿子自然有照拂之情。”贾谧冷冷地对潘岳道，“不过齐王这次的事情不小。你若是一意维护他，恐怕我也帮不了你了。”

“下官明白。多谢鲁国公提点。”潘岳被贾谧说中心事，脸色发白，垂头不语。

“如果安仁与齐王并无干系，那你现在就亲自带东武公他们去你家吧，高密王在宗师府怕是等急了。”贾谧说着，意味深长地看了潘岳一眼，转身踢踢踏踏地靸着木屐走了。

哪怕贾谧没有明说，潘岳也明白贾谧的用意。如果要洗刷和司马冏勾结的嫌疑，就必须亲自带人上门搜捕他。说到底，齐王府和贾氏，旧主与新主，贾谧逼他只能选一个。

“好，我带你们去。”潘岳深吸一口气，对东武公司马澹点了点头，随即迈步向外走去。当迈过秘书监官署高高的门槛时，潘岳踉跄了一下，幸亏司马睿眼疾手快将他扶住了。

“老师……”司马睿担忧地张了张口，“齐王那边……”

潘岳摆了摆手，示意司马睿不必再说。接下来的一路，他只是端坐在马车中，不言不动，恍如一尊没有生气的雕塑。司马睿知道他此刻的痛苦，不敢说什么，只能静静地陪在老师身边。

很快，一行人便驶入德宫里，来到潘岳家的院门前。东武公司马澹一向借着贾氏的权势横行惯了，不等潘岳开口，便派人上去哐哐砸门，惊得左邻右舍纷纷探头观望，又惶恐地缩了回去。

“来了来了！”潘家老仆李伯听到惊天动地的砸门声，忙不迭地丢下手中活计赶过来。他刚一把拉开院门，东武公司马澹手下侍从便一把将李伯推到一旁，大剌剌地高声叫道：“齐王殿下何在？”

“你们是什么人，为何擅闯民宅？”杨容姬揽着瑟缩在她怀中的金鹿，站在廊下怒斥道。

“这位是东武公，前来请齐王殿下去宗师府。”潘岳走进院中，对杨容姬问道，“齐王殿下还在吗？”

“还在。”杨容姬惊讶地看了看潘岳，又担忧地望了望里屋，“齐王殿下昨夜着了凉，今日一直高烧不退，现在屋内躺着休息。”

“真是巧，宗师哪天请他过府，齐王哪天就病倒了。”司马澹出身宗室疏族，汲汲营营却连个王爵都没捞上，对齐王府两代的名声颇为嫉妒。他冷笑一声越过潘岳夫妇，径直走上台阶，一把推开了木门：“齐王殿下，我们来请你了。”

他虽然口称“殿下”，但阴阳怪气，毫无尊重，听得一旁的侄儿司马睿汗颜不已。潘岳担忧司马冏病况，心中着急，便跟着司马澹走进了屋内。

只见司马冏还躺在厅内一角，仿佛自潘岳走后就没有挪动过地方，哪怕裹着厚厚的棉被，依然不停颤抖。听到有人呼唤，司马冏勉强睁开眼睛，却仿佛根本没有看清眼前是何人。

潘岳见司马冏双颊通红，嘴唇干裂，额头上还敷着一条冷水浸过的毛巾，可见是真的病了，不禁向司马澹求情道：“东武公，齐王殿下病得不轻，可否请东武公禀明高密王，改日病好后再去宗师府回话？”

“这话可笑。宗师府也有大夫，难道还会亏待齐王殿下不成？再说本公只是奉命行事，今日费了许多周章，若是再带不回齐王殿下，叫我如何向宗师交代？”司马澹冷冷说完，朝着身后从人一扬下巴，“来人，‘请’齐王殿下起身！”

“是！”司马澹的两个侍从得了命令，也知道这个齐王犯了大事无须顾忌，当下走入房中。他们掀开司马冏身上的被子，拂去他额头上的布巾，架着司马冏的胳膊硬将他扶了起来。

司马冏虽然病得昏沉，此刻也大抵明白发生了什么。他烧得蒙眬的眼睛扫过架住自己的胳膊，扫过司马澹冷漠的表情，最终落在了站在门口的潘岳身上。

司马冏用力挣了挣，见潘岳只是垂下眼一言不发，心中生出一股寒意，颤声问：“檀奴叔叔，是你带他们来的？”

“不是他还能是谁？”司马澹不想浪费时间，当下吩咐侍从架着司马冏往外走去。

“山奴哥哥还病着呢，你们要带他去哪里?”忽然，一个稚嫩的声音响了起来，小小的女孩跑到院子正中，拦住了司马澹一行人的去路。

“金鹿!”杨容姬大惊，连忙奔过去一把将女儿抱开。金鹿却不依不饶地大哭起来：“山奴哥哥在生病，你们不要抓走他！”

“金鹿，山奴哥哥没事的，以后再带礼物来看你。”司马冏勉强朝小女孩露出一个笑容，随即身不由己地被一路带出潘家。他不死心地扭过头，期望从潘岳口中听到一点辩解。然而潘岳却如同泥塑般站在房门口，始终没有开口说一个字。

司马冏被高热点亮的眼睛渐渐暗淡下去，口中喃喃：“母妃说过，你不会害我的……可是，你为什么要出卖我?!”他后一句话声调蓦地拔高，仿佛控诉，眼中也滚出两行泪来。说完，司马冏似乎耗尽了所有力气，身子顿时瘫软，任由司马澹的手下将他塞进了马车之中。

“老师这怎么能算是出卖，只是公事公办罢了!”司马睿心中不平，朝着司马冏的背影喊了一声。他见潘岳脸色惨白，嘴唇也抿得几无血色，知道潘岳担心司马冏的安危，连忙道："老师放心，我这就去宗师府，有什么情况我会及时告诉你的。"说完作了一揖，跟着司马澹他们去了。

"檀郎……"杨容姬好不容易安抚好女儿，走到潘岳身边，满怀担忧，"山奴这一去，是不是凶多吉少……"

"他是堂堂齐王，议亲议贵，就算亲手杀了刘卞，这个罪名还担得起。"潘岳强笑了一下，"少年人年少冲动，确实也该受一点教训了。"

第 六 章

偷　生

匪择木以栖集，鲜林焚而鸟存。

——潘岳

就像司马冏所担忧的那样，刘卞家老仆果然亲口说出了齐王半路毒杀主人的事实。不过让司马冏庆幸的是，那老仆受伤太重，全靠为主人申冤的一口气才撑了两天，还没有等到和司马冏当场对质就咽了气。

司马冏虽然夜里淋雨发了烧，脑子却还清醒。见宗师高密王司马泰已经寻到了目睹自己出入城的城守，甚至连购买砒霜的药铺伙计都被抓来做证，司马冏便知道自己这次想要抵赖是不可能了。于是他摆出一副怯懦悔愧的模样，一口咬定自己是因为索要刘卞爱姬玉娘不成，才恼羞成怒毒杀了刘卞，想要霸占玉娘。至于刘卞针对皇后贾南风所做的密谋，自己是一概不知。

司马冏身为齐王，身份高贵，就连宗师高密王司马泰对他问话都十分客气，因此司马冏在宗师府中并没有受到什么苛待。待他病愈之后，司马泰便嘱咐司马冏亲自写一封向朝廷请罪的奏表，好代他呈送上去。

有贾南风公开将楚王司马玮斩首示众的先例，司马冏知道此刻生死攸关，哪怕说错一个字都有性命之忧。毕竟司马泰作为自己的叔公，对自己有亲眷之情，而贾南风和贾谧却对自己狐疑猜忌，宁可错杀一百也不肯放过一个。因此他在奏表中用词极为谦卑惶恐，再三忏悔自己色欲熏心、谋害朝廷命官之罪，只望朝廷能看在他故去的父亲齐献王司马攸分儿上，饶恕自己的罪过。

这封避重就轻的请罪奏表呈送上去之后，引发了从宗室到百官的大讨论。由于刘卞出身寒门疏族，朝中人数众多的世家子弟轻视他的出身，觉得死了也没什么大不了的。而司马冏父子两代一向操行高洁，在司马氏宗室中有很高威望，因此除了东武公司马澹这种死心塌地附庸贾氏的，其余宗室包括宗师高密王司马泰都为司马冏求情。更有以风流任诞为荣的所谓“名士”，认为司马冏血气方刚，为美人一怒杀人，实在是率真自然，狂放不羁，真真大合胃口，更应该从轻发落。

终于，数日之后，被软禁在宗师府中的司马冏得到了司马泰透露的公议结果——齐王司马冏擅杀大臣，以宗室亲贵之故从轻发落，削减封邑五千户，降齐王为齐国公。

“等明日诏旨正式发下，你就可以回府了。”高密王司马泰宽慰地看着司马冏这个族孙，“年轻人来日方长，被降爵也没关系。今后两年勤俭守德，叔公一定会想法将你的王爵恢复过来。”

“多谢叔公！”司马冏见自己这桩大案得了这么个轻巧结果，心中松了好大一口气。他知道即使贾南风和贾谧对自己猜忌深刻，但贾氏明面上还得拉拢司马氏宗室，不能为了自己和他们翻脸。

心头一块大石落了地，司马冏在宗师府的最后一夜却依然辗转难眠。杀身之祸既去，他脑子里翻来覆去都是那日潘岳带领司马澹前来捉拿自己的场景。一想到面对自己的质问时潘岳沉默不语，分明就是做贼心虚，司马冏就痛苦得浑身发抖——那个曾经对父亲发誓要粉身碎骨保护自己的人，在关键时刻却将他亲手送给了敌人。

“檀奴叔叔，我像爱父亲一样爱你，你却为什么待我如此无情？”司马冏躺在床上，紧紧咬着被角，生怕旁人听见自己无助的呜咽。

连续多日不曾睡好，半夜时分，司马冏终于疲惫地沉入梦乡。然而还没睡多久，有人开始用力摇动他的身体，让司马冏惊得一坐而起：“谁？”

“我。”一个冷冰冰的声音响起,近在咫尺。

这个太过熟悉的声音让司马冏心头狂跳，下意识地从床上滑跪在地上,颤巍巍地喊了一声:“母妃。”

室内的灯光被人点亮,映照出一个直挺挺站立的女子身影,正是齐国太妃贾荃。

点灯的侍从一言不发地退了出去,只留下母子二人,一站一跪,被灯光勾勒出鲜明的轮廓。

“母妃。”见贾荃一言不发,司马冏心中发虚,只好又叫了一声。此刻这一幕是他内心深处最恐惧的场景,然而他连一点逃避的余地都没有。

“别叫我母妃,我担不起。”贾荃阴冷地回答,“齐王殿下如今能耐大了,翅膀硬了,早看不上我这个老太婆了。对了,明天开始你就不是齐王殿下了,而是齐国公。”

“母妃这么说,儿子只能一头碰死在这里了。”司马冏眼眶一红,憋屈地落下泪来,“儿子不敢告诉母妃,是怕母妃担惊受怕……”他声音哽咽,将涌到喉口的另一句辩解咽了回去——他之所以将刘下之事从头到尾瞒着贾荃,就是想静悄悄做出一件大事,再静悄悄消除一个麻烦。他宁可面对艰辛危险,也不想面对母亲刺耳扎心的激励,更确切说是逼迫。那从至亲之人口中吐出的无情言语,才是世上最难以忍受的痛苦。

可惜这句话,他至死也不敢对贾荃说出来。

“怕我担惊受怕?哼,我如今还有什么可怕的?”贾荃冷哼一声,两步走到点着灯的书案旁,回头见司马冏还跪在原地,不耐烦地呵斥道,“还不过来?”

“是。”司马冏连忙站起身,走到贾荃身边,却看见贾荃铺开了一张纸,又将一支毛笔蘸好了墨,朝他递了过来。

“接着!”见司马冏有些愣怔,贾荃不耐烦地催促了一声。

“母妃要儿子写什么？”司马冏接过笔，忐忑地问。

“明天你就会收到朝廷将你降爵削邑的诏书，该怎么回一封奏表，难道还要我教你吗？”贾荃冷冷道。

司马冏自幼惧怕贾荃。母亲越是这样说，司马冏心中就越是没底。他紧张地看着贾荃，小声嗫嚅：“是写谢恩的奏表吗？儿子愚昧，还请母妃明示。”

“若只是寻常谢恩奏表，我有必要深更半夜跑来看着你写吗？”贾荃皱眉盯着司马冏，一派恨铁不成钢的怒意，“你的齐王爵位和两万户封邑都是你父亲传给你的，你难道就任凭它们在你手中减损？”

“儿子也知道此为大不孝，可如何说服朝廷收回诏命呢？”司马冏为难道。

“你擅自毒杀朝廷雍州刺史，幸赖是宗室子弟，从轻发落。我作为你的母妃，自然也会因为管教不当上表请罪。”贾荃说着，从袖子里取出一张纸来递给司马冏，“这是我的奏表。你就按照这里面的意思，自己再写一份吧。”

司马冏放下笔，打开那张纸，凑到灯下细细观看，渐渐地脸上血色褪尽：“母妃的意思，是要我以宗师府刑杖领罪，从而免去降爵削邑的处罚？”

“不这样，怎么能让你的好姨母和好表弟同意?”提到贾南风和贾谧，贾荃的声音中满是嘲讽恨意，“当然，只要你有别的办法保住你父亲留下的爵位和封邑，也可以试试。”

司马冏自然没有别的办法，可是贾荃的提议太过触目惊心，让他满心惶恐：“自我大晋建立以来，从无讯拷宗室的先例，更何况自求刑杖？儿子若是伏地受刑，以后哪里有颜面见人？”

“什么从无先例？那被斩首东市的楚王，被乱刃分尸的汝南王，被流放北疆苦寒之地的东安王又算什么？”贾荃怒叱道，“何况我朝最重‘孝’

字，你若为了保全父王爵位封邑而自甘受杖，无论宗室还是士族都只会对你生出同情，甚至因此对贾南风他们生出怨恚。你不过皮肉受苦，却不仅保全爵位，还赢得人心。这样的交换，难道不值得吗？若是你以后真的被贬为齐国公，无论朝会还是祭祀都要远远排在宗室队伍后面。这样的耻辱，岂不是比受杖更无颜见人？”

“母妃……”面对贾荃咄咄逼人的理由，司马冏无言以对，却只觉得一阵悲凉涌上心头，冷得他轻轻发抖。

“而且，我还有最后一个理由。”贾荃警惕地朝门口望了一眼，发现那里被齐王府心腹侍从把守森严，便凑近司马冏耳边低低地说，“你父亲是景皇帝嗣子，你是景皇帝嗣孙，你和皇位的距离，与武帝的儿子们并无区别。可若是你从齐王变成了齐国公，你前面就会多出乌压压一大片诸侯王，你以后就再也不可能坐上天子之位了！”

“母妃！”司马冏大惊失色，只觉得贾荃那几句话语调虽轻，却如同泰山压顶般压得他筋骨俱碎。他的脸色惨白，哆嗦着嘴唇连话也说不出来了。

“看你那点出息！”贾荃几乎想一个耳光将司马冏打醒，“若是这么不中用，一顿板子打死你也就罢了，省得我还要为你操心！”

“记住，你这种身份，若是不能站到权力的巅峰，就是死路一条！”

“我这种身份，若是不能站到权力的巅峰，就是死路一条。”司马冏轻轻重复贾荃的话，仿佛醍醐灌顶，迷惘的神色渐渐消融，眼中重新凝聚出光芒。

“现在，我来念，你写！”贾荃一拉呆若木鸡的司马冏，将案上的毛笔重新塞进他手中。

“是。”司马冏咬了咬牙，傀儡般被贾荃拉到书案前，按照贾荃的口述，一个字一个字地写下了自己的奏表。

贾荃与司马冏同时呈上的两份奏表如同两块石头，在一向对宗室和世家秉持“网漏吞舟”宽纵策略的朝廷中引发了轩然大波。所有人都无法理解，为什么在朝廷对司马冏做出宽大处理后，他会为了保住王爵而甘受捶楚之苦。一时间，关于齐王司马冏孝勇无双的言论便流传开来。人们提到这位勇于承担过错的宗室时，慨叹之余，都忍不住击节赞叹。

当贾谧将司马冏母子的奏表当作奇谈告知母亲贾午时，他看见母亲保养精致的脸上露出了复杂的表情。

“齐王当真自愿受杖？”贾午的眼神聚焦在虚空中的某一点，下意识地想要确认，“那皇后同意没有？”

“为什么不同意？”贾谧轻哼了一声，剥了一颗葡萄放入口中，“司马冏和刘卞不清不楚，皇后原本是碍于司马家宗室的势力，才不好追查他二人勾结太子谋逆之事。现在他自己送上门来，正好不打白不打。”

“那就打吧。”贾午用指甲轻轻掐着指尖，流转的眸光蓦地化为决绝，“而且，干脆直接打死，永绝后患！”

“唔？”贾谧吓了一跳，口中的葡萄还没来得及吐籽，就直接吞下肚去，“娘，你说什么？”

“这件事你不用管，交给我好了。”贾午说着，高声吩咐侍从，“备车，我要进宫！”

眼看母亲连妆容都来不及修整就匆匆进宫去见姨母贾南风，贾谧疑惑地眯起了眼睛。说起来司马冏也是自己的表哥，大姨贾荃就算与皇后和自己母亲不睦，依然是同出一父的姐妹，为何就会落到互相视为仇敌的地步？莫非，除了天下共知的李郭二夫人共争一夫之事，这天下最有权势的贾氏三姐妹之间，还有别的不能言说的仇恨，以至于要闹到你死我活、不共戴天？

想起自己那个表哥司马冏极有可能勾结太子想要推翻贾氏，贾谧心中就一阵痛恨。不管还有什么隐情，按照母亲的意思除掉他绝不会错。他贾谧胸怀大志,任何敢拦在他路上的人都会是死路一条!

贾谧不知道母亲贾午进宫和皇后贾南风说了什么,但他知道皇后很快就默许了母亲的提议。而根据齐王母子的奏表,中书令也很快拟定了新的诏旨:准齐王母子所请,保留齐王爵位和封邑,改以刑杖八十抵免杀人之罪。念及故去的齐献王之德,处罚减半,实杖四十,由宗师府执刑。

“这件事你一点也不要插手。”贾午回来后对贾谧叮嘱,“一切布置,都交给东武公司马澹好了。就算露出破绽,也绝不会沾染到我们身上。”

新改的诏旨颁布之后,过了两日,便是司马冏受杖的前夕。这一日潘岳从官署回家,老远就看见家门口有一个人徘徊不去,还不时搓着双手,显得十分焦急不安。

“睿儿?”潘岳认出那人便是琅琊王司马睿,连忙跳下车亲自迎过去,“为什么不进屋去?”

“我心里着急,想尽快见到老师。”司马睿一把扶住潘岳的胳膊,推开虚掩的院门走了进去, 不待进屋落座就压低声音道,“齐王哥哥有性命之忧,还请老师想办法救他!”

“你是说他明日受杖一事吗?”潘岳心中原本对贾荃和司马冏上表之事不以为然,如今提到更是堵心,“他母子商量好的事,我怎么拦得了?他要用皮肉之苦去换司马家第一贤孝王爷的名声,就随他去吧!”

“可是,老师就没有想过齐王哥哥可能死在杖下吗?”司马睿的眼睛亮炯炯地盯着潘岳。

潘岳一愣,一时说不出话来。四十杖虽然不轻,但一般不会有性命之忧。加上宗师高密王司马泰一向清正,断不会被贾皇后收买逼迫。由他监刑,很难使出什么阴招。更何况今日他听说齐国太妃贾荃派人给软禁在宗师府中的司马冏送了一颗蚺蛇胆,据说吞了这种蛇胆之后受杖,就能护住心脉脏腑，只受皮肉外伤。

司马睿猜得到潘岳心中所想，不由叹了口气："老师必定想不到，有的人一心要取齐王哥哥的性命。明天齐王哥哥受刑时所穿的罪衣，已被人暗中浸泡过毒药。明日行刑之时，毒药可以神不知鬼不觉地透过伤口进入血脉。就算齐王哥哥过段时间死了，别人也只会以为他身体羸弱，死于棒疮。"

"什么？"潘岳听到如此毒计，恍如遭受了当头一棒，猛地伸手攥住了司马睿的肩膀，"你说的可当真？这消息是从哪里来的？"

"请老师恕罪，睿儿为亲者尊者讳，不敢说出消息来源。"司马睿垂下头，咬牙艰难地道，"不过以老师的智慧，必定可以猜到，能首肯此事的，必定是宫中。"

潘岳默然。司马睿能够探知的消息，必定来自他的二叔东武公司马澹。而司马澹一向逢迎贾氏，这幕后首肯之人，必定是皇后贾南风无疑。

"这个消息，是我偷听到的。之所以告诉老师，除了想救齐王哥哥，还因为我有一件事情十分想不通。"司马睿说到这里，艰涩的语气终于渐渐流畅，"齐王母子敢于上书自领刑杖，必定是料不到皇后想要齐王的性命。毕竟说起来，他们是亲上有亲，就算因为李郭二夫人之事有嫌隙，也断不至于到如此地步。所以，我想不通皇后有什么理由要置齐王于死地，而这个理由，偏偏又是齐王母子不知道的。"

"有什么理由让皇后想杀齐王，偏偏齐王母子并不知道？"潘岳听司马睿分析得有理，渐渐眯起了眼睛。忽然，一个念头在他脑海里面爆开，炸得他全身一颤——是了，是这个理由。自己为何如此愚笨，事前根本就不曾想到？否则，他一定要阻止司马冏受杖，哪怕被免为庶人，也比将暗害自己的绝佳机会拱手送人来得好。

"老师，你知道原因了？"司马睿兴奋地问。

"有些事情，不知道反而更好。"潘岳明确拒绝向司马睿解释，"为避免危险，睿儿你不要再插手这件事了。你赶紧回家，不要让人知道你来过这里。剩下的，交给我吧。”

“那好吧。”司马睿怏怏地站起身，不死心地问，“明日一早就要行杖，老师打算怎么救齐王哥哥？”

“我现在要去见一个人。”潘岳沉思半晌，蓦地站起了身。

李伯才刚把马匹卸下车辕，听见潘岳吩咐，赶紧把才啃了几口干草的马儿又套了回去。眼看潘岳眉头紧锁，李伯关切地问：“郎君要去哪里？”

“进城，去平原王府。”潘岳心事重重地回答着，径直钻进了车厢。

李伯坐在车座上愣了愣，明知潘岳心不在焉，还是小心翼翼地转身问：“郎君恕罪。老奴年纪大了，竟是不记得平原王府在哪里了。”

潘岳一怔，忽然想起自己上一次去平原王府，竟已是十多年前的事，怪不得李伯记不清地址。“平原王府在寿丘里，你到了一问便知。”他随口向李伯吩咐了，随即放下车帘，将自己关进了狭小而隐蔽的车厢内。

头脑中方才炸响的焦雷已经散去，只剩下一片狼藉的思绪，别说他一时想不起平原王府的地址，就算想起来，也没有心思和李伯细细分说。潘岳靠坐在车厢角落里，一只手下意识地抓住了自己的领口，仿佛不用力抓住点什么，他就会被惊怖的浪头卷得尸骨无存。

有什么理由让皇后想杀齐王，偏偏齐王母子并不知道这个理由？司马睿的问题又回响在潘岳耳畔，而这个问题的答案，此刻正清清楚楚地浮现在潘岳脑海中——因为贾南风主谋害死了齐献王司马攸，所以对司马攸之子司马冏的任何举动都深为忌惮，一旦有机会就想斩草除根。而这个秘密，司马冏母子却一无所知。

在想清楚这个答案的一瞬间，潘岳生出一股向齐王府说明真相的冲动，但下一刻却又强自按捺住了。此刻贾南风的势力如日中天，齐王府势单力薄，加上贾荃为夫报仇、望子成龙的愿望已近偏执，一旦知道真相，以贾荃的性格还不知会做出什么惊世骇俗的事情来。而一旦将齐献王之死的矛头对准皇后贾南风，齐王府没有真凭实据，不是以卵击石，就是朝廷大乱。

无论哪一种，都不是潘岳希望看到的情况。

所以，此时此刻，他能够想到的只有一个人——平原王司马干。虽然这位老王爷装疯卖傻苟且偷安多年，但他是景帝司马师和文帝司马昭的同母嫡亲弟弟，是当今天子的叔祖，地位之尊无人能及。加上他为人行事出人意表，由他出面去破解司马冏的死局而不引发大乱，是最合适的人选。

思索之间，李伯已经将马车驶入了洛阳城内寿丘里，并打听到了平原王府的所在。和其他熙来攘往的王公府邸相比，平原王府显得十分冷清。这位天子的叔祖虽然顶着光禄大夫的官职，却已是不问世事许多年了。

潘岳记得自己上一次来平原王府的时候，还是武帝司马炎太康四年。那时候他听说司马炎不顾群臣反对，执意要将齐王司马攸赶出洛阳去往青州就藩，无计可施之下，便跑到平原王府，想请这位地位尊贵的老王爷出面劝谏司马炎。然而司马干却直言不讳自己要明哲保身，干脆地拒绝了潘岳的请求。

从那以后，潘岳和平原王司马干就再也不曾来往。这一次他为了小齐王司马冏再度登门，就绝不会让这位老王爷故技重施。

马车在平原王府前停稳，潘岳下了车，才想起自己走得匆忙，没有携带钱袋。他看了看王府专管传递的门房，转身朝李伯道："李伯，能否借我一枚铜钱？"

李伯在怀中摸了摸，果然摸出几个铜钱，挑出成色最新的一枚交给潘岳。潘岳拿着那枚铜钱，径直走到门房前，微笑道："臣著作郎潘岳，有要事求见平原王,烦请通禀。”说着,将名刺和那枚铜钱放进了门房的手心中。

“这是?”门房有些蒙了。名刺是官员拜见投递的名片,但一枚铜钱是什么意思?就算是对下人的贿赂,这也太少了吧。

“这一文钱,是送给平原王的礼物。”潘岳见那门房神色越发疑惑,不由笑道,“足下只需将它交给老王爷,并说这是二十年前齐王府的还礼,老王爷就明白什么意思了。”

“请郎君稍待。”那门房将信将疑地收好铜钱,进门通禀去了。

潘岳等了一会儿,那个门房走了回来,一手拿着潘岳的名刺,一手托着那枚铜钱。他朝潘岳躬了躬身,笑着道:“我家老王爷说了,这两样东西,潘郎君只能挑一件,我家老王爷也只能接受一件。”

潘岳没料到自己打的哑谜竟被司马干反手推了回来,可见这个老王爷心里精明着呢。要么以潘岳个人的身份求见,要么以齐王府说客的身份求见。贾谧当初让他在齐王府和贾氏之间选择一个,如今司马干却是在逼他在齐王府和他自己之间选择一个了。

几乎毫不犹豫,潘岳指了指那枚铜钱:“我选这个。”

“那里面请。”门房将名刺还给潘岳,捧着那枚铜钱,带着潘岳走进了平原王府。

和潘岳残留的记忆相比,平原王府十几年没有丝毫变化,就像它的主人一样,身处闹市却如隐居深山,浑不受外界沾染。

走到一个清净的院落,门房将那枚铜钱交给一名近侍,自己躬身退了出去。那近侍让潘岳在廊下稍待,自己进去禀告了司马干,这才出来掀开帘子道:“王爷有请潘郎君。”

潘岳走进屋内,一眼便看见平原王司马干坐在簟席上,手中托着那枚铜钱,正一上一下地抛掷着。见潘岳进来,司马干抬头望了望他,咧嘴笑道:“檀郎风采,不减当年啊。”

“王爷谬赞,这些年臣已经老了。”潘岳朝司马干行礼,苦笑着回答。

“凭你也敢称‘老’?”司马干晃了晃满头花白的须发,笑容忽然一敛,“好了,我放你进来就是为了看看你现在变成什么样子。现在已经看到了,你可以走了。”

“王爷!”潘岳的眼光盯住司马干攥着铜钱的那只手,“请王爷至少听我说说来意。”

“你不就是为齐王府做说客来的吗?”司马干将那枚铜钱放在书案上,用手指一弹,铜钱便如陀螺般旋转起来,“当年我给山奴百日宴送了一枚铜钱当贺礼,你是不是觉得我老头子特别抠门儿,所以一直记到了今天?”

“当年王爷以一枚铜钱作为贺礼,确实惊世骇俗。不过这里面的深意,不仅齐献王当年深切领会,臣也略通一二,否则今日绝不敢贸然登门。”潘岳说到这里,蓦地双膝一屈,重重跪倒在司马干面前,“齐王殿下现在有性命之忧,求王爷出手相救!”

“啧啧啧,我就知道你要来这一套!”司马干皱起了眉头,依然在桌案上弹着那枚铜钱,“山奴不就是要挨一顿板子吗?少年人做事莽撞,就应该受点教训。他亲娘都不着急,你急什么?我看啊,这一顿板子确实该打!”

“山奴确实该打。但若是有人趁机想要害了他的性命,王爷也觉得应该吗?”潘岳跪在司马干面前,目光恰好望进斜倚在桌案上的平原王的眼睛。然后他敏锐地发现,平原王的眼神蓦地变了。

“谁要害他性命?”司马干冷冷地问。

“臣不敢说。”潘岳咬了咬牙,“明日宗师府就要行刑,臣冒死请王爷亲临现场,自然能见分晓。”

“宗师司马泰人不坏,就是太老实。有人要在他眼皮底下耍花招,料他也看不出来。”司马干轻哼一声,“你为何不直接去告诉他?”

“牵一发而动全身，何况暗害齐王这样的大事？”潘岳苦笑道，“实不相瞒，唯有王爷这样的世外高人，才能将这场阴谋化解于无形。”

“什么世外高人，不过是装疯卖傻罢了！”虽然潘岳不说，司马干也猜得到敢动齐王的人是谁。他一把将旋转的铜钱拍在桌案上，又拈起铜钱细细看了两眼，长叹一声：“山奴啊山奴，谁知道你还有没有多花一个铜钱的福气？”

“只要有王爷庇佑，山奴必定能化险为夷。”潘岳回答。

“你少来吹捧我。”司马干横了潘岳一眼，“当年他爹桃符，我就护不了。”

“齐献王之事出自天子之意，确实没有回天之力。”潘岳暗暗握紧了手指，语气却尽量保持平和，“不过山奴之事是宵小作祟，王爷乃宣皇帝嫡子，德高望重，自然攻无不克。”

“如今的宗室越来越不像话，也就山奴那孩子比较像样，就这么被打死了确实有些可惜。”司马干将铜钱一抛，紧紧握在手中，忽然手肘撑着桌案朝潘岳俯过身来，“不过，你知道你方才选择了这枚铜钱，意味着什么吗？”

“请王爷明示。”潘岳不想浪费时间，直截了当地回答。

“意味着，你选了山奴，却放弃了你自己。”司马干紧紧盯住潘岳的脸，露出一丝揣摩的笑意，“听说你现在不仅入了贾谧的幕府，还在他车驾出行的时候望尘跪拜？你就没有想过自己的退路吗？”

“什么退路？”潘岳心中一惊，却假作不懂。

“上船容易，下船难。”司马干轻轻摇头，“若是船翻了，本来我这把老骨头还可以捞你一捞。可惜我太惜命，这次捞了山奴就不可能再冒险捞别人了。”

“一之谓甚，岂可再乎？这一次，臣已多谢王爷好意，哪里还敢求第二次？”潘岳顿了顿，唇边慢慢牵出一丝苦笑，“何况臣既然选了这条船，就早不期盼别人相救了。”

第二天一早，齐王司马冏就端坐在屋内，等待着那场杖刑的到来。他一直等到正午时分,才听到门外传来开启锁链的声音。

两个宗师府的杂役走进软禁司马冏的囚室，用木托盘将一套罪衣捧了进来:“小人们伺候齐王殿下更衣。”

司马冏用手指捻了捻那罪衣的材质,只觉得触手僵硬粗糙,嫌恶地皱了皱眉:“本王穿自己的衣服不行吗？”

“这是宗师府的规矩,请殿下恕罪。”两个杂役说着,走到司马冏身边,作势就要解他的腰带。

“本王自己来,你们都出去!”司马冏哪里肯让这些人碰自己,皱眉呵斥了一声,见那两个杂役不动,顿时冷笑道,“你们是怕我不肯换？本王连杖刑都不怕,还怕换一套衣服吗？”

两个杂役面面相觑,最终躬身一礼,妥协地退了出去。

司马冏见他们走了,终于伸手去抓起那套赭红色的罪衣。然而他的手抖得太厉害，抓了几下竟然没有抓起来。意识到自己内心深处的恐惧,司马冏有些烦躁地将那套粗麻衣服拂在了地上,腿一软坐在地上,紧紧抱住了自己的双臂。

怕,他怎么可能不怕?

“齐王殿下好了吗?要不要小的们帮忙?”两个杂役在门外等了一阵,不耐烦地问,“要是误了时辰,小的们可担待不起。”

“马上就好!”司马冏勉力高声答出这四个字,一狠心咬住嘴唇,将自己身上衣服脱了个精光,胡乱将那套罪衣套在了身上。粗糙的麻线接头硌着他养尊处优的皮肤,如同千万只小虫在噬咬,偏偏挠不去逃不开,就如同他现在无可逃避的命运。

“你这种身份,若是不能站到权力的巅峰,就是死路一条!”母亲贾荃的声音又在司马冏耳边响起。他仰望着低矮的屋顶，默默苦笑了一声，“母妃，如果我不能站到权力之巅，就是死了你也不会心疼的吧。”

“殿下，好了吗？我们可进来了！”两个杂役实在等得不耐，推门而入。见司马冏已经换好了衣服，他们略略松了一口气，“各位监刑的王公都到了，单等齐王殿下了。”

“好。”司马冏正要跟着他们出去，忽然想起一事，“等一下。”随后他走到床边，摸出一个小小的瓷盅，将里面一颗碧绿色的枣子大小的蛇胆倒出来，狠狠心放入口中，一仰脖子吞了下去。

那生蛇胆是昨夜贾荃差人送来的，一直用冰块护着，过了一夜依然十分新鲜。司马冏虽然吞得迅速，口中依然残留着一股冰冷而血腥的苦味，从舌尖到喉口无一避免，让他几乎当场就要呕吐出来。他生怕真的吐出蛇胆，连忙伸手紧紧捂住了嘴，直憋得眼眶发红冷汗直冒，才将那强烈的呕吐感憋了回去。

“快走吧。”两个杂役见不得司马冏再拖延，一人架住他一只胳膊，硬扶着他走出房门，径自往宗师府大堂走去。司马冏好不容易压下了不适，终于在大堂前挣脱了两人的胳膊，自己一步步走入堂中。

此刻大堂主位上端坐的正是宗师高密王司马泰，而他的身边则坐着梁王司马肜、东武公司马澹等一应宗室长辈。虽然执行的是宗室之法，朝廷还派了廷尉和尚书台的几名官员前来督看，林林总总，也有十来名王公大臣，越发显得宗师府大堂气度森严。

司马冏目光一扫，没有看见母亲贾荃，心中莫名松了口气。由于还是齐王之尊，他不必像罪犯那样屈膝行礼，只是以后辈身份向堂上众人躬身作揖，众人也纷纷还礼。

有尚书台的官员朗读了一遍朝廷罚杖四十的诏旨，众人跪接之后，司马泰一心速战速决，便下令道：“那便遵旨执刑吧。”

宗师府中刑吏得令，从堂外抬了一个宽大的木凳进来，恰好够一人俯卧。司马冏知道拖下去无非自取其辱，索性自觉地匍匐在凳子上。眼看有人拿着绳索来要绑住他的手足，司马冏蓦地一惊而起："我不用这个！"

"齐王殿下不要误会，这是防止你受刑时挣扎用的。否则滚落在地上，岂不是更为不美？"东武公司马澹皮笑肉不笑地解释。

"我不会滚下来的，不用这个。"司马冏坚持。

"那便不用好了。"宗师司马泰到底心疼司马冏，只是国法无情，他也只能尽力提供一点便利。

司马澹暗暗哼了一声，没有说话。反正有那套浸过毒药的罪衣，司马冏这次是难逃生天。他愿意临死前再逞一次英雄，就由他去吧。

想到这里，司马澹不由朝手握木杖的两个刑吏使了个眼色。他早已暗中打点好了，只要这两人行刑时确保将罪衣打烂，融入司马冏的血肉之中，罪衣上由太医令程据精心调配的毒药就能无声无息渗入司马冏血脉，让他回府养伤之后数日内死得不明不白。

反正监刑的是司马氏宗室，与皇后和贾氏家族并无半点关系。司马澹暗暗赞叹，这样既除掉了潜在的祸根，又让天下人无话可说，皇后这个主意，真是天衣无缝。

见司马冏和刑吏都准备好了，端坐主位的司马泰正要下令行刑，忽听宗师府大门处一阵喧哗，守门的侍卫一边跑动一边喊道："王爷，王爷留步！先待小的们向宗师通报！"

"什么宗师，不就是我高密王弟弟吗？"一个苍老浑厚的声音中气十足地叫道，"子舒，你让这些人拦着我，是不欢迎老哥哥？"

高密王司马泰听到来人亲昵地叫出了自己的表字，面上动容，连忙从主位上站起身，亲自朝门外迎去。待看清那个大步流星冲进宗师府的人，所有人都面露惊讶，而东武公司马澹更是厌恶地皱了皱眉。

毫无疑问，那个满头华发、红润的脸上还带着几分憨笑的不速之客，就是素有疯癫之名的平原王司马干。

“哎呀，子舒，你终于出来了！”司马干压根儿没有在意众人的尴尬，只是亲热地一把抓住了高密王司马泰的肩膀，“听说你们今天这儿有热闹，怎么不叫上老哥哥我啊？”

“见过平原王殿下。”司马泰为人正统刻板，虽然司马干仪态疏懒，但还是带领众人一一向司马干施礼。毕竟司马干无论年龄还是出身，都比众人高出了一大截。

“免礼免礼！”司马干胡乱地朝众人摆摆手，脸上还是那副老顽童一般的好奇神色，“我是不是来晚了，还没瞧着热闹你们就要散了？”

“不是什么好玩的，就是宗师府奉旨要惩戒犯错的齐王。”司马泰有些为难地回答，“宗师府是执法之地，非旨不得擅入。平原王若无他事，还请先回府，回头我再到老哥哥府上去赔罪。”

“齐王？齐王不是早就死了吗？”司马干傻傻地挠了挠头，“死人还要怎么惩罚？”

“平原王弄错了，过世了的是齐献王，今日要惩戒的是齐献王的儿子司马冏。”一旁插话的东武公司马澹见司马干还是一副迷迷糊糊的模样，又补充了一句，“就是小名山奴的那个！”

“哦，山奴啊，我知道我知道！”司马干做出恍然大悟的样子，边说边拨开众人往大堂内走，“我记得山奴还是个白白嫩嫩的小娃娃，小娃娃犯错确实该打！”

他硬要往里闯，众人都不敢用力阻拦，只能任由司马干走进大堂，盯住了趴在木凳上的司马冏。司马冏先前早就听清了众人的谈话，见司马干进来，爬起身跪在木凳上向他磕了一个头：“三叔公，不肖孙儿给你行礼了。”

“不肖我好，不肖我好。要是肖了我，岂不是你也成了小疯子？”司马干哈哈笑着拍了拍司马冏的肩膀，忽然眉头一皱，朝司马泰怒道，“山奴还是个小娃娃，怎么能穿这么粗糙的衣服，赶快给他换了！”

“这是宗师府的罪衣，先皇定下的规矩，不能擅自更换。”司马泰一板一眼地回答，“我知道平原王一向爱惜山奴。但圣旨已下，无论你怎么阻挠，山奴这场杖刑都是免不了的。”

“宗师说得对，圣旨已下，就算是平原王也不能抗旨不遵吧？”东武公司马澹在一旁阴恻恻地道。

“抗旨？借我老头子十个胆子也不敢！”司马干故作恐惧地缩了缩头，落在司马澹眼中就像是一只顽固不化的老乌龟。下一刻，这只老乌龟又嬉皮笑脸地伸出头，还附带伸出一只手来：“拿来我看。”

“看什么？圣旨吗？”司马泰问。

“圣旨肯定不会有假。本王想看的，是先皇定下的规矩。”司马干笑道，“就是你们说的，先皇定的要穿罪衣受罚的规矩。”

“这个……”司马泰一时语塞。穿罪衣受罚只是宗师府自武帝建立后沿用的规矩，却当真没有白纸黑字写出来过。

“如果没有先皇谕旨，那我让山奴换套衣服也不算抗旨对吧。”司马干伶牙俐齿说到这里，下一句立马恢复了本色，“可怜的山奴小乖乖，快把衣服给脱了！”

“难道平原王的意思，是要齐王殿下裸身受刑吗？”司马澹恨恨地说到这里，果然看见司马冏的脸腾地红了。

“三叔公，我就穿这个没事的。”司马冏不明白司马干为何搅局，只能小声劝说。

“胡说。你出生才满百日，小娃娃就要穿小娃娃的衣服！”司马干一挥手，两个平原王府的从人连忙捧着一件叠得整整齐齐的衣服走了过来。司马泰正要阻止，下一刻却忍不住愣在当场——司马干带来的哪里是衣服，分明就是一方包裹婴儿的围布！

“来来来，叔公给你换衣服。”司马干一把拉起司马冏走到屏风后。两个从人也是训练有素,在司马冏还来不及害羞的情况下,三两下就除掉了他身上的罪衣,用围布将他包裹成了一个巨大的襁褓!

当司马冏再度亮相的时候,不仅众人呆若木鸡,司马冏更是窘得满脸通红,恨不得钻到地缝里去。只有司马干哈哈大笑,开心至极,一把将司马冏推倒在木凳上,自己则大剌剌地坐在一旁,朝司马泰点头道:“我这里可以了,该你们了!”

司马泰愣怔了一会儿,虽然明知司马干胡闹,却一时想不出哪条规矩不许让人裹着一层围布受杖,只能重新回到大堂主位,再次吩咐人行刑。

司马澹心知司马干已经知晓了自己的阴谋,不当场拆穿已给了自己莫大面子,否则若是验出罪衣上的毒药,皇后那边自然会推得干干净净,这谋害齐王的罪过就只能自己一个人扛了。

司马澹正心烦意乱,那两个执杖的刑吏已走到了司马冏身边。他们正要抡起刑杖开打,不料司马干忽然又叫了一声:“且慢!”

“平原王又怎么了?”饶是宗师司马泰忍让,此刻对司马干也露出了不满的神色。

司马干活了七十年,最不在乎别人的脸色,当下只拈着花白胡须笑道:“没什么。只是老头子我听说武帝颁布《泰始律》时,为了更改前朝苛政,特地规定了我大晋的刑杖尺寸。我记性不好,依稀记得是长六尺,大头围一寸,小头围三分半,因此好奇想要量一量。”说着,站在他身后的从人果然捧出了一根量尺。

“平原王想量,等到行刑完毕再量也是一样的。”司马泰揉了揉太阳穴,被司马干搅扰得脑仁都疼了起来。

“不行不行。等行刑完那杖子上肯定血糊糊一片,可怎么量?”说着司马干一摆手,那从人果真走到刑吏面前,认认真真地丈量起来。

司马泰不知司马干用意,司马澹却暗叫了一声险。幸亏自己没有暗中嘱咐刑吏在刑杖上做手脚，这疯癫老王爷的心思，可真是细致得厉害。

“回王爷，两条刑杖各长六尺，大头围一寸，小头围三分半！”那从人测量完毕，高声回复。

见司马干点头，司马泰终于忍不住问：“平原王还有什么要求，请一并提出来吧。”

“没有什么要求了，只有最后一个问题。”司马干盯着两个刑吏道，“我记得《泰始律》里还说，无论杖刑数目多少，执刑中间一律不许换人。宗师府的规矩应该也一样吧？”

“不错。”司马泰点了点头，“看来平原王对《泰始律》研习得颇有心得啊。”

“老头子成天窝在王府无聊，就拿来看着玩玩。”司马干说到这里，眼睛在在座诸位王公大臣身上轮了一圈，有意无意地道，“奉劝大家没事也拿来看看，说不定什么时候，可以用来保命呢。”

众人被他目光一扫，不由都低头称是，司马澹的背后更是起了一层寒栗。至于这位平原王是真疯还是装疯，根本无人敢追究。

确认司马干终于说完，司马泰舒了一口气，终于下令行刑。

司马冏被折腾了这么久，先前鼓起的一腔勇气都散了不少，心中颇为烦躁，巴不得早点打完了事。然而当第一板重重地落下来时，他的脑袋里轰然一声，才明白自己高估了对疼痛的忍耐程度。

既然在场的有宗室也有大臣，有亲友也有仇敌，司马冏碍于齐王的尊严，绝不肯将自己的软弱示于人前。他咬着牙苦苦按捺着自己的呻吟，双手狠狠地攥着那层裹布，耳听着行刑之人声音清晰地报着数字：“一！”“二！”“三！”“四！”……

太慢了，为什么打得这么慢！司马冏感觉自己就像一只被困在蚕茧里的虫子，连挣扎都是无力而可笑的。他将脸朝下贴着长凳，不敢去看围观众人的表情。虽然刑杖落在臀腿之间，他却觉得连脑袋也疼得燃烧一般。

一半是疼痛，一半则是羞耻。

杖刑最为磨人之处，是受刑的皮肤面积有限，不可避免要在同一部位重复落杖，因此越到后来，疼痛越会翻倍增长。司马冏刚开始还能咬牙忍耐，到得刑杖过半，肿胀的肌肤被击打裂开，鲜血汹涌而出，饶是他再坚毅也忍不住发出了闷哼。

疼，为什么会这么疼！司马冏全部的心力，都用来克制自己哀号翻滚，他甚至后悔当初没有同意用绳子绑住手脚，否则也不必忍得如此辛苦。当初他行刺杨珧失败，被杨家关入暗卫营地牢时也受过鞭打，可为什么此时此刻的疼痛胜过那时百倍千倍，甚至让他生出了一死了之的冲动？

是了，那个时候的他，怀着摧毁杨家为父亲报仇的壮志，所以无论再苦再疼都可以承受。可是现在呢，他究竟在做什么，要做什么？若不是母亲的期望太过荒诞渺茫，他大可缩回去做一个安安稳稳的齐国公，这样的罪他根本就没有必要去受！可是那个一手把他推到如此境地的母亲呢？她若是亲眼看到自己的儿子在刑具下痛苦辗转、鲜血四溅，她可会后悔当初的决定？不，她不会，她只会冷冷地对他说："若是连这点苦都吃不了，你将来还能做成什么大事？"

眼泪从司马冏的眼眶里不受控制地流了下来，浸湿了他挣扎间散落下来的黑发。在火上浇油一般的疼痛中，他感觉不出委屈，只觉得痛恨，痛恨母亲贾荃，痛恨皇后贾南风，痛恨表弟贾谧，痛恨东武公司马澹，痛恨死掉的刘卞，痛恨明哲保身的张华，痛恨装聋作哑的太子，更痛恨……将他亲手交出去的潘岳！如果他们不逼他，诱他，激他，哄他，他绝不会像如今一样，像个毫无反抗能力的婴儿一样，被肆意地羞辱和虐打。

“啊！”一声惨呼终于从司马冏紧咬的唇齿间发出，那是对疼痛的宣泄，也是对这个世间显露的恨意。这样的切肤之痛，没有亲自感受过的人绝对无法理解，所以那些用冠冕堂皇的理由将他推到刑杖之下的人，全都虚伪得令司马冏作呕。

母亲贾荃只有一句话说得对，他若是不能站在权力的巅峰，就只有死路一条！而登上权力巅峰的道路，第一步就是用他自己的鲜血铺就的！

“三十八！”“三十九！”“四十！刑毕！”随着刑吏们高声报数，令人疯狂的杖刑终于结束了。见司马冏依然趴在木凳上一动不动，宗师司马泰生怕真的将他打出个好歹，连忙差早已伺候在旁的大夫前往看视。

大夫走到司马冏身边，只当他是晕了过去，轻轻抬起他的脸才发现司马冏的眼睛依然睁着。泪水糊满了他的面颊，可是他的唇边，却含着几分嘲讽的笑意。

“殿下？”大夫手一抖，几乎将司马冏的头磕回木凳上去。这位齐王殿下，该不会被一顿板子打傻了吧？

司马冏闭上眼睛，将眼中的痛恨与狂热尽数掩去。一个庸碌的大夫怎么看得出来，方才的齐王早已死在了杖下，而现在从汹涌烈火中涅槃重生的，已经是另外一个司马冏了！

就在司马冏被平原王司马干亲自护送回齐王府之际，一宿未睡的潘岳伏在秘书监官署的书案上，沉沉陷入了梦魇。

在梦中，潘岳看到了司马冏。这一次，他确认是司马冏，而没有因为相似的面貌而将他认成齐献王司马攸。

“檀奴叔叔，”司马冏站在潘岳面前，乖巧地说，“我饿。”

潘岳低头，发现桌案上放着一只梨。他把梨递给面前的少年，司马冏则不客气地接过去，三两下吃了个精光。

"我还饿。"少年看着他,眼巴巴地说。

潘岳看了看四周,没有找到任何可吃的东西,而他的心里也生出了一股莫名的恐慌——他确实再也找不到东西给司马冏吃了!怎么办,怎么办?

"我饿。"司马冏拉住了他的衣袖,眼中满是饥饿的贪婪,"你不给我吃,我就会饿死了。"

"可是,我真的没有东西可以给你了。"潘岳的心慌得跳成一团,鬼使神差地将自己的手递到了司马冏的嘴边,"你如果还想吃,就只能吃我了。"

司马冏捧住了潘岳的手,如同饥饿的人捧住了山珍海味。然后,他张开口,露出白而整齐的牙齿,蓦地咬了下去。

潘岳本能地想要缩回手,手指却被司马冏紧紧攥住了。他眼睁睁地看着司马冏一口口地吃掉自己,呆呆地想:"如果我把自己都给你吃了,就再不欠你父亲什么了吧。"

然后,手掌上便是噬心彻骨的痛。

潘岳蓦地睁开了眼睛。他的手边,是厚厚一摞等待审阅的晋朝国史。

第 七 章

漏 网

彼处贫而不怨，嗟生民之攸难。

——潘岳

就在洛阳朝廷看似风平浪静，还沉溺在“元康之治”的太平盛世中时，在晋朝的西北边陲，已然悄悄掀起了一场旷日持久的风暴。

晋武帝司马炎虽然灭掉东吴，一统天下，但西北的戎狄之患却一直不能根治，只能采取剿抚齐下、分而治之的策略，勉强维持和平。早在泰始、咸宁年间，鲜卑的秃发树机能就带领族人攻占凉州，惊扰西北，历经十年才被平复。而到了当今天子司马衷继位后的元康年间，雍州和梁州的氐、羌二族又因为天灾人祸相继举事，震动洛阳朝廷。

由于雍、梁二州地处关中，而关中又素有挟吞天下的有利地形，因此司马炎建立晋朝之后，就在太庙中放置了一道石函，内中圣旨清清楚楚地规定“非司马氏诸王不得出镇关中”。后来皇后贾南风掌权，便将镇守邺城十余年的赵王司马伦任命为征西大将军，都督雍、梁二州诸军事，让他带着宠幸的孙秀去对付西北的氐、羌二族。

司马伦才具平庸，孙秀却野心勃勃。到达关中之后，孙秀就寻思着做一番大事业，好尽显自己的本事。

司马伦对孙秀言听计从，听说他要一举平定氐、羌叛乱，自然任由他施展。可惜孙秀这个人虽然奸猾，却只擅长阴谋诡计，他所想出的“妙计”，竟是借设宴安抚为名，将数十位氐、羌二族的大酋长骗入大将军府，席间刀斧手齐齐出动，将所有酋长都砍下了脑袋。

领头人全部被斩首，氐、羌两族确实元气大伤，为了争夺酋长之位更是掀起一阵内乱。然而孙秀还没有得意几天，冯翊、北地等郡的匈奴、氐、羌等族就爆发了大规模叛乱。他们打着为各位酋长报仇的旗号，杀死北地太守张损，击败冯翊太守欧阳建，吓得司马伦向朝廷连上奏表，要求朝廷速派三万援军。

司马伦主张加大武力镇压叛乱，他治下的雍州刺史解系却不以为然，认为叛乱多是司马伦和孙秀“刑赏失所”所致，主张朝廷另外派人前来安抚叛民。司马伦大为恼怒，上表攻讦解系。谁知解系也不是个吃素的，同时上表弹劾司马伦。两个镇守关中的大员不能同仇敌忾，反倒你来我往打起了口水仗，让千里之外的洛阳朝廷一时无从分辨，不知该听谁的。

那个时候，潘岳刚成为贾谧幕僚团“金谷二十四友”之首，众人常常在石崇的金谷园内饮酒唱和，吟诗作赋，同时，也讨论天下大事和朝廷方略。而石崇的外甥欧阳建在冯翊太守任上兵败之后，也免职回到了洛阳。从他口中众人才知道，关中十数年大旱不断，然而当地官府与豪强却盘剥日甚，甚至朝廷所派发的救济粮米，赵王司马伦和孙秀也会尽数侵吞，在市上贩卖之后中饱私囊。

“这个肯定是孙秀那厮做的，赵王只是被他蒙在鼓里！”二十四友中刘舆、刘琨的姐姐是赵王世子妃，自然要为司马伦辩护，“欧阳兄当时在关中任上，就应该多搜集些孙秀的恶行，早日替赵王除掉这个祸害！”

“我确实想搜集，奈何冯翊离赵王驻地太远，孙秀又狡猾，因此都只是传闻，没有真凭实据。”欧阳建扼腕叹息。然而下一刻，他忽然想起了什么，满怀期冀地看向了潘岳：“潘世叔，你还记得当年托我带去关中的马敦吗？他在我手下历练良久，如今我被免职回京，他却不肯回来，我只好推荐他到雍州去谋个差事。”

“你说的那个马敦，就是当初在洛阳冰室做看守的那个吧？”石崇在一旁插话,“那人看着确实是条汉子,安仁又对他有救命之恩,是个信得过的。当初他要去关中建功立业,我还特意嘱咐他多留心孙秀,好抓住罪证为安仁报仇呢！”石崇说到这里,见众人都没怎么听自己说话,反倒都望向潘岳,不由也跟着侧过头去,正看见潘岳的手中握着一封书信。

“这是马敦刚刚从雍州给我寄来的。”见石崇瞪圆了眼睛,潘岳微笑着解释。

“给我看看,里面肯定有好东西!”石崇毫不客气,一把将那封书信抢了过去,在众人的围观中打开。没看多久,石崇不由哈哈大笑:“好个马敦,这下子孙秀死定了！”

“以前只是传言孙秀私吞救济粮米,没想到马敦竟然将他藏匿粮米的地点都探听了出来。这下子有凭有据,他再狡猾也抵赖不了了！”欧阳建也拊掌笑道。

“孙秀以前只是蛊惑赵王滥施赏罚，很难有确切的罪名。如今这一桩,可真正是坐实了。”潘岳点头道。虽然他对赵王司马伦也有旧怨,但顾及刘舆、刘琨兄弟在侧,便将司马伦一带而过。

潘岳的退让果然博得了刘氏兄弟的好感，一向使气任侠的刘琨当即表态:“我们早就看不惯那个孙秀了。安仁兄只需将马敦提供的线索上奏朝廷,朝廷必定能查实孙秀扰乱关中之罪。到时候就算朝廷不判他死罪,我们兄弟也不会放过他！”

“这件事,还是不要由安仁出面的好。”石崇连忙道,“安仁一向与孙秀有仇,若是由他上奏,倒有挟私报复的嫌疑。不如我另外找人代为上奏,就事论事,更有说服力。”

“多谢季伦。”潘岳知道石崇一片好意,颇为感激。毕竟孙秀虽是死罪,但他的主子赵王司马伦却是当今天子的叔祖,身份尊崇,就算犯下弥天大错,也动摇不了根基。石崇让潘岳置身事外,就是为了避免日后司马伦的报复。

石崇说到做到,果然打点了一个无关痛痒的官员,将马敦信中提到的孙秀罪行都上奏上去。皇后贾南风这些日子正为关中胡人此起彼伏的叛乱烦心,一看到这份铁板钉钉的罪状,立刻将它下发众臣,召开廷议。经过司空张华、尚书仆射裴頠等重臣协商,一致同意下诏处死孙秀,同时罢免赵王司马伦都督雍梁诸军事之职,召回洛阳。

"恭喜安仁,大仇得报!"知道这个消息之后,石崇第一时间就在金谷园内摆开宴席,兴高采烈地向潘岳祝贺。

面对众位友人的道贺,潘岳举杯相迎,内心深处却不知为什么无法真正释怀。由于武帝司马炎定下了非司马氏皇族不得出镇关中的铁律,朝廷选来选去,决定由梁王司马肜携带诏书前往关中替代司马伦,并主持处死孙秀之事。这位梁王是宣帝司马懿第八子,恰是司马伦同父异母的兄长。按理说以他的身份前去罢免司马伦,司马伦绝无置喙的余地。可这位梁王和司马伦一样才具平庸,见识短浅,潘岳暗暗担心他并非奸诈的孙秀的对手。

不过处死的明旨已下,就算孙秀再怎么奸猾,也无法逃脱朝廷的诏命吧。潘岳这么安慰着自己,想起自己与孙秀二十多年的仇怨终于可以做个了结,终于放宽心胸,举杯痛饮起来。

梁王的车驾还走在半道,诏旨的内容已经长了翅膀一般飞到了关中。司马伦看完儿子司马荂从洛阳加急送来的密信,如同五雷轰顶,当即一屁股坐在地上,放声哀号起来。

王府侍从不知何事,想要劝慰,却被司马伦胡乱抓住身边的物件,没头没脑地全都被打了出来。他们一个个揉着额头上的包,面面相觑,终于派人飞奔出府,去请军师。

所谓军师,正是众人对孙秀的敬称。实际上背地里包括世子司马荂等人,都鄙夷地将孙秀叫作佞幸。孙秀根本无所谓别人背地里如何称呼,在他看来,既然无法得到所有人的尊敬,那就得到所有人的惧怕好了。只要赵王司马伦还掌握在他的手里,乖乖地对他言听计从,他就是关中隐形的主人,大可以放心地在这片广袤的地盘上作威作福,为所欲为。

孙秀原本在府中与张林、辛冉等几名五斗米道的大弟子议论传道之事,听说司马伦在王府里失态大哭,连忙遣散众人,马不停蹄前往赵王府中。

到得司马伦所在的房中,孙秀发现赵王已经停止了哭号,只是失魂落魄地瘫坐在地上,白白胖胖的脸上犹自带着未干的泪痕。听孙秀叫了自己两声,司马伦朦朦胧胧地朝他望过去,忽然一把抓住孙秀的肩膀,将他往门外推去:"快跑,快跑,朝廷要来杀你啦!"

"王爷?"孙秀伸手抵住门框,抗住司马伦的推力,惊讶地问,"谁说朝廷要杀我?"

"我儿加急送来的密信在此,你自己看吧。"司马伦抹了一把脸,将一封书信递给孙秀,哭丧着脸道,"不知道哪个天杀的将我们藏匿粮米的地方捅了出去,张华、裴頠就暗中让雍州刺史解系查证,只是瞒着我们而已。如今解系那个老东西将人证物证都上报了朝廷,朝廷命梁王前来关中顶替我的职位。这下子不仅你性命不保,我回到洛阳还不知要怎么治罪呢!这可让人怎么活啊!"说着说着,司马伦又忍不住咧嘴哭了起来。

司马伦在一边絮絮叨叨,孙秀却没有理会他,只是将赵王世子寄来的密信反复看了几遍。看完之后,孙秀朝司马伦扬了扬那张信纸:"看世子在信里的意思,是想让王爷把所有的罪过都推到我身上,好让王爷得以免除罪责?"

"是啊,他说反正你也是死罪了……"司马伦说到这里,蓦地捂了捂嘴,心中后悔怎么让他把这些话也看了去,只能尴尬地清了清嗓子,"不知道军师有何良策?"

“就按照世子的意思，说一切罪过都是我私自犯下的，王爷一概不知情。”孙秀似笑非笑地回答。

“这……这样不太好吧……”司马伦看着孙秀俊美的脸上露出的笑容，不知怎么的有些心惊，“就算是你死了，张华那几个老儿估计也不会放过我……”

“放心，王爷是宣皇帝之子，当今天子的叔祖，天潢贵胄，不会有事的。”孙秀将那封关乎性命的密信随意丢在书案上，就仿佛丢弃一张无关紧要的废纸般。见司马伦瞪大眼睛盯着自己，眼中依然含着抹不去的惊恐神色，孙秀哧的一声，露出他惯有的魅惑笑容：“王爷别忘了，你是岱舆山的神仙降世，是被天帝封为华夏帝君的。有天命护体，王爷还有什么可担心的？”

“是，我有天命，要做华夏帝君。”司马伦想起这些年来自己不断看到的幻境，茫然点了点头，忽然醒悟一般盯住了孙秀，“可是我看到的天命里，都是需要你的辅佐我才能登上大位。如今若是你死了，我可怎么办？”

“如果天命真的让我辅佐王爷登上大位，那我就不会死。”孙秀笑着迎上司马伦的眼睛。

“你想让我放你逃走吗?可那会给我招来麻烦的。”司马伦垂下眼帘，不敢对上孙秀的视线。有时候他也深恨自己窝囊，明明自己才是王爷，才是主君，为什么在孙秀面前却总会怯懦心虚。若是按照世子司马荂的建议将孙秀一脚踢出去顶罪，将大大小小的罪过都推到他头上，那自己回洛阳后还能钻营一个好职位。

“我不需要王爷救我，我自己能救自己。”孙秀看得出司马伦的心思，心中微冷，面上却依然挂着笑，“只要日后王爷还念着我的好，肯认回我这个旧臣就行。”

“那肯定，那肯定!”就算颟顸如司马伦，此刻也不由真心称赞孙秀懂事。他满心欢喜地点完头，终于有点不好意思了，这才摸了摸脑袋讪笑道：“要是我能帮上什么忙，尽管说。”

“若是王爷还怜悯我，就烦请王爷在梁王到来时，将我的行刑之日多延后几天。梁王是王爷的兄长，这个请求应该还是会答应的。”孙秀清冷地笑了笑，抬头望了望天，“关中的雨季，马上就要来了。”

梁王司马肜的车队到达关中重镇雍州的时候，已经是六月了。作为梁王的弟弟，赵王司马伦亲自出城迎接司马肜进入王府。两兄弟寒暄几句，又聊聊旧事，气氛还算融洽，也让司马伦忐忑不安的心渐渐安定下来——看来，就算是强悍如贾南风，也不敢动他这位司马氏的耋宿元老。

“关中多事之地，这些年劳烦九弟镇守了。”司马肜观察着气派舒适的王府，虽然心中明白这是司马伦多年盘剥关中百姓所得，但一想到这座王府的新主人便是自己，就不好意思责备司马伦了。

“是啊，离开洛阳十多年了，我还真想念那十丈软红的富贵乡呢。”司马伦这几句话倒是说得真心实意。他偷觑司马肜面色和缓，便大着胆子凑过去问：“八哥，我想问你一件事——潘岳，就是那个掷果盈车的檀郎，如今还在洛阳吗？”

“怎么，都这把年纪了，你还对他念念不忘？”司马肜哧的一声笑出来。

“年轻时候的荒唐事，八哥就不要提了。”司马伦欲盖弥彰地辩解，“只是他也算个故人，我琢磨着回洛阳去跟他叙叙旧。”

“你想和他叙旧，就看人家会不会搭理你了。”司马肜笑道，“现在潘岳可是鲁国公贾谧的首席幕僚，就连咱们大晋朝从什么时候开始都是他说了算的。他要是不想，你这个‘旧’啊，可叙不成。”

“以前是桃符，后来是杨骏，现在又是贾家。这个潘岳，可真会挑靠山!"司马伦嘟囔了一句,满心不忿——就算自己是堂堂天子叔祖,天潢贵胄,居然都拿潘岳没有办法。

"好了,咱们来办正事。"司马肜和司马伦扯了半天闲话,终于收敛了笑容,正色道,"九弟方才也已经接旨了,那就麻烦将罪人孙秀交出来吧。"

见司马伦咽了咽唾沫,脸色明显紧张起来,司马肜奇道:"那个孙秀,不会是跑了吧?"

"没有,没有,我哪敢抗旨放他跑。"司马伦干笑了两声,招来一个侍从低声问了两句,这才向司马肜道,"孙秀现在就在王府中待罪,八哥请随我来。"

"为什么要过去?"司马肜皱眉,"一介死囚,不应该是绑了拖上来吗?"

"他好歹也跟了我二十年,八哥就看在我的面子上,和我走一趟吧。"司马伦有点讨好地看着司马肜,语带哀求。

"好吧。"司马肜知道孙秀是司马伦的嬖宠,亲密非常,不好拂了司马伦的面子,便勉强跟着司马伦往王府一个偏院走去。

那偏院楼阁精致,朱栏外郁郁葱葱,种满了大片的玉簪花。由于刚下过一场雨,宽大的叶片新绿喜人,玉白的花瓣莹润夺目,和司马肜一路走来的枯败荒凉风景大相径庭,直让人一时恍惚踏入了仙境。而用晶莹鹅卵石铺就的小径上,一个人正伸出手臂,逗弄着一只半人来高、莹白如雪的仙鹤。

那人一头漆黑的长发在头顶松松绾了个髻,随意插了一支白玉发簪,剩余的长发便顺滑地披在肩头。他穿着一身绛红色纱袍,腰肢纤细,大袖飘飘,竟有一种遗世独立的美感。光是看到他侧面高挺的鼻梁和浅淡的薄唇,梁王司马肜心头便是一跳——司马伦的府中,竟藏着这样一个神仙般的人物!

然而下一刻，司马肜便意识到了此人的身份——早就听闻那妖人孙秀善于蛊惑人心，如今看来，光这副好相貌就能摄去人们三分神志。

“你就是孙秀？”司马肜有了准备，蓦地大喝一声，为自己没有受到孙秀迷惑而自豪。

“在下孙秀，见过梁王殿下。”那人轻轻拍了拍仙鹤，施施然转身向司马肜行礼。下一刻，那只仙鹤扑扇着翅膀，忽然腾空飞了起来，越过院墙消失在树丛之中。

“你又要使什么妖法？”司马肜心中警惕，忍不住大喝一声，“左右，给我绑了！”

“回禀梁王，这只仙鹤乃是我的好友，也是九霄天帝的使者。”孙秀没有任何反抗，任凭梁王随从将自己绑了个结实，无辜地眨了眨眼睛，“大概是它知道我即将含冤受戮，所以去天帝那里为我申冤去了。”

“向天帝申冤？”司马肜平素也笃信鬼神，听到这个说法心中顿时一寒，扬声叫道，“来人，快到外面去搜那只仙鹤！千万不能让他去给天帝报信！”

几个侍卫听命，手忙脚乱地寻来弓箭，翻过院墙去追那仙鹤，却连仙鹤的影子都没找到。眼看司马肜脸色难看，站在一旁的司马伦“好心”地向孙秀劝道：“这件事梁王也是奉命行事，要是那只仙鹤不明就里，让天帝误会梁王就不好了。看在我的分儿上，你就把那只仙鹤召回来吧。”

“对，赶快把那只仙鹤召回来。就算你有冤屈要向天帝申诉，冤有头债有主，也让那只仙鹤弄清楚状况再去申冤不迟。”司马肜被司马伦的话说得更加忐忑，生怕天帝误以为自己加害孙秀，半空中给自己劈下一道雷来，所以连忙催促。

“要杀我的，确实并非梁王。”孙秀通情达理地点了点头，“也罢，我将它召回来吧。”说完，他仰起头闭上眼睛，口中念念有词。

众人俱都望着院墙上方，想要看仙鹤如何返回。没多久，墙头树荫里果然有白影翩跹一闪，紧接着一个东西便从墙外直射进来，橐的一声摔在了地上。

梁王司马肜的脚步不由自主往后一闪，发现躺在地上的果然是一只仙鹤。那仙鹤与正常大小无异，只是双翅紧紧贴在身上，双眼晦暗无神。再定睛一看，这根本就是一只木雕仙鹤！

“它不肯听我召唤，我只好做法将它困住。”孙秀满眼惋惜地看了看地上的仙鹤，轻叹一声，不忍地转过脸去。

“委屈你了。”司马伦伸手拍了拍孙秀的肩膀，“我知道你是被人陷害，但圣旨已下，我也救不得你……”说着，用袖子捂住眼睛，呜呜咽咽地哭了起来。

司马肜将信将疑地看着孙秀和司马伦，终究冷笑了一声：“本王才不信你的妖法！”随即吩咐侍从将孙秀押起，关入雍州死囚牢中。

眼看孙秀被人押解而去，司马伦忐忑地问司马肜：“八哥，你打算什么时候处死孙秀？”

“这个，我和雍州刺史解系商量之后定夺。”司马肜回答，“九弟你这些天就收拾收拾，准备回洛阳去吧。”

“我有一个请求，还望八哥看在兄弟情分上，务必答应。”司马伦厚着脸皮道，“孙秀的家人此刻正从琅琊赶来，我不忍心他们未见一面就阴阳永隔。还请八哥通融几天，等孙秀家人到达雍州后，再处死孙秀，这样也有人为他收尸。”

“他的家人要多久才能到达？”司马肜有些不耐烦地问。

“不久不久，一个月内必定到。”司马伦又补充了一句，“若是一月还不到，八哥就立刻斩了孙秀就是！”

“若是一个月之内他跑了呢？”司马肜皱眉。

“他若是要跑，早就跑了，怎么会今天束手就擒？”司马伦回答。

司马肜点了点头：“好，一个月之后，我奉旨将孙秀斩首，九弟也即刻启程回京。”他心知孙秀这些年在关中积累了不少钱财，倒也不急着杀他。他心中打定主意，这一个月之内，势必要从孙秀口中将那些财物全都掏出来。

“多谢八哥，多谢八哥。”司马伦憨厚地笑着，走上两步，伸手抱住了地上的木雕仙鹤，送到了司马彤面前，“这个，就送给八哥了。”

“送给我做什么？”司马彤奇道。

“仙鹤乃是祥瑞之物，有长生不死之意。”司马伦见司马彤不动声色，便凑近他耳边低声道，“何况这只仙鹤想要到天帝那里为孙秀申冤，八哥难道不该把它看住吗？”

司马彤一怔，随即想起这只糊涂仙鹤可是要把自己告到天帝那里的，所以不管它是真鹤假鹤，都毁掉比较安心。可是他毕竟不敢一把火烧了这个木雕，生怕给自己招来上天的惩罚，便吩咐从人道：“找个笼子，把它锁进去。”

亲眼看着仆从将那只木雕仙鹤放入一个铁笼，上锁之后放置在院子角落里，司马彤终于放心。接下来的几天，他一直忙于接见关中官员，与司马伦交接镇守事务，倒把孙秀的事情暂时丢到了脑后。直到有一天——

一个侍从趁司马彤空闲的时候，凑到他身边小心道：“王爷可知道雍州城最近出的怪事吗？”

“什么怪事？”司马彤正捧着一杯新煮好的茶慢慢品啜，漫不经心地问。

“就是那个关押孙秀的牢房，如今出了许多异状。”那侍从悄悄摸了摸袖中五斗米道弟子送的贿赂，吞吞吐吐地道，“雍州城内的百姓都说，都说……”

“都说什么？”看着侍从神神秘秘欲言又止的模样，司马彤的心里打了一个突。

“都说孙秀是得道高人，要是王爷真杀了他，就和——”侍从硬着头皮说完，“就和孙策杀于吉一样了！”

“啊！”司马肜喝下一大口茶水，这才发现烫得厉害，不由大叫了一声。他又痛又怒，蓦地将手中茶杯往那侍从身上一砸，痛骂道：“狗杀才，胡说些什么？”

司马肜再不学无术，孙策和于吉的事情倒是知道的。当年孙权之兄孙策号称江东“小霸王”，传说他一怒之下杀死道士于吉后，不断被于吉的鬼魂作祟，最终死于非命。现在流言用孙策、于吉来比喻司马肜和孙秀，岂不让司马肜惊怒之余，又生出了无端的恐惧？

眼看那侍从磕头如捣蒜，司马肜没好气地问：“你说孙秀的牢房里出现了异状，却是什么异状？”

“衣不染尘，体不生垢。稻萌嘉禾，木生灵芝——全，全都是仙人才有的祥瑞之兆。”那侍从结结巴巴地背完这几句话，就看见司马肜霍地站起身来，“王爷要去哪里？”

“去孙秀的死牢！”司马肜咬紧牙关，生怕一不小心就暴露了自己恐惧的颤抖，“什么祥瑞之兆，本王要亲自去看看！”

梁王殿下要亲自前往死牢，顿时忙坏了梁王府的侍从和雍州的官员。当下主管雍州牢狱的从事辛冉率领手下一直迎到了街口，卑躬屈膝，满脸都是讨好逢迎的模样。

司马肜见那辛冉样貌普通，一副老实本分的循吏模样，也懒得和他寒暄，径直往内走去：“孙秀的牢房在哪里？”

“启禀王爷，死囚牢在甬道最里面。”辛冉殷勤地想为司马肜引路，却被司马肜烦躁地挥手赶开，“把闲杂人等都带出去，本王要单独会一会孙秀。”

“是。”辛冉唯唯诺诺地点头哈腰，随即将所有人都隔绝在长长的甬道外。有梁王府侍从不放心地提醒了一声，司马肜却摆了摆手，只带了一个领路的老狱卒走了进去。

没有理会沿路牢房里罪犯的哀号，司马彤脚步匆匆，沿着阴暗的甬道一直往里走去。他原本想让老狱卒带自己到孙秀的牢房前，不料很快就知道了答案。

借着甬道上方天窗里昏暗的光线，司马彤一眼就看见了一朵夺目的鲜红——那是一株饱满娇艳的灵芝，正长在一间牢房的木栏之上，就仿佛一枚招摇的旗帜，预示着牢房中人不同凡响的身份。

司马彤伸手摸了摸那株珍贵的灵芝，不待老狱卒开口，就停在了那间牢房的正面。隔着木栏，他看见孙秀正盘腿坐在墙角一堆稻草上面，闭着眼睛一动不动。他依然是被抓捕那天的装扮，漆黑的长发一丝不乱，绛红色的纱袍洁净如新，面红齿白，神清气爽，似乎这些天他根本就没有经历牢狱之灾，而是在深林涧水之间吐纳修炼。

“这些天他可洗过澡，换过衣服？”司马彤侧头问老狱卒。

“王爷说笑了，这里是大牢，自然不会有这些待遇。”老狱卒赔着笑回答，“金真天师自从进了这里，就一直盘腿打坐，连吃喝都省了。”

“衣不染尘，体不生垢。稻萌嘉禾，木生灵芝。”司马彤想起侍从先前说的雍州传言，目光落在孙秀所坐的那堆稻草上。死囚牢内的稻草经年不换，霉烂不堪，偏偏就在那一堆污秽之中，抽出了一枝青中带黄的禾苗，顶生双穗，颗粒饱满，眼看再过些日子就要成熟了。

这种结有双穗的禾苗被称为“嘉禾”。自古以来嘉禾与灵芝都是历代朝廷所重视的祥瑞之象，东吴大帝孙权甚至因为臣下献上双穗禾而将年号改为“嘉禾”。因此当司马彤先后看到这些征兆时，内心所受的冲击可想而知。

“王爷，要不要进去看看？”老狱卒说着，哆哆嗦嗦掏出钥匙，就要去开牢门。

“不用了。”司马彤有些畏惧地看着孙秀，还是觉得隔着那些木栏会安全一些。他吩咐老狱卒远远退开，独自站在木栏外看了一会儿，见孙秀并无动静，这才开口道："孙秀，你听得见本王说话吗？"

孙秀没有回答，甚至连眼睛都没有睁一下。司马肜有些烦躁，拔高了声音："孙秀，你是不是死了？"

被呵斥了这一声，孙秀这才浑身一颤，如梦初醒般睁开眼来。他看向站在牢门外的梁王司马肜，微微一笑："王爷恕罪。方才在下魂魄离体，正欲在水德星君那里讨一碗茶吃，不料王爷虎威深重，我的茶还没吃着就赶紧回来了。"

"哦，难道本王的气势，还能盖得过天上的星君？"司马肜奇怪地问。

"天子乃是上天之子，王爷贵为宣皇帝之子，自然就是天孙了，一般的仙官自然会让着王爷几分。"孙秀见司马肜面露笑容，显然对自己这番说辞极为受用，不由看着司马肜的眼睛微笑道，"不知王爷驾临这污秽之地，有何贵干？"

"我……"司马肜本来还想端起王爷的架子，不料对上孙秀那双含笑的深邃眼眸，一时竟忘了自己想说什么。他迟钝地移动了一下视线，却摆不脱孙秀摄人的目光，只能翕动着嘴唇问了一句，"你真的是仙人？"

"是啊。"孙秀的眼中精光闪动，"王爷不是已经相信了吗？"

司马肜恍惚了一下，似乎也不确定自己究竟信了没有，含糊地问："那你能未卜先知吗？"

"王爷想知道什么？"孙秀的声音，似乎从很远的地方传来，让司马肜的瞳孔缩了缩，又慢慢放大。

"我想知道，将来我是怎么死的。"司马肜怔怔地回答。他已经是天潢贵胄，位极人臣，唯一害怕的就是死亡。

"就是王爷自己想象的那个样子。"孙秀不知什么时候站了起来，隔着木栏站在了司马肜的对面。他们两人身量相差不大，因此司马肜平视出去，就只看得见孙秀的眼眸中波光层层，缓缓荡漾开去，仿佛一泓深潭将他吸入其中。

“王爷仔细看看,你看到了什么?”孙秀诱惑的声音从潭底传来,吸引着司马彤越陷越深。

司马彤睁大了眼睛,果然在潭底看到了一个人影。那个人白面长须,身材微胖,头戴一顶八旒平冕,身穿一袭九章衮服,却不是自己是谁?只见那个司马彤此刻正跪在地上,仰头看着前方手拿诏书的宦官,嘶哑却不甘地叫道:“这是伪诏,是伪诏!我是天子的亲叔公,他怎么可能赐死我?”

“这诏书上盖着天子玉玺,怎么可能是假的?”那个宦官皮笑肉不笑地道,“不信,王爷自己好好看看。”

跪在地上的司马彤颤抖着伸出手,接过那张诏书看了一下,猛地扔在了地上。“是真的又如何?反正所有的诏书都不是天子的意思,都是贾南风那个女人伪造的!我不服,不服!”说着,他猛地爬起身,朝着门外夺路而逃。

“梁王,你要到哪里去?”一个冷厉的女音忽然响起,下一刻,有人拦在了司马彤面前。虽然只看见背影,司马彤还是蓦地认出了来人——中宫皇后贾南风!只见贾南风随意挥了挥衣袖,立刻走上来一大群人,将想要逃走的司马彤包围起来。那包围圈越来越小,越来越小,最终将抱着脑袋瑟瑟发抖的司马彤湮没了。

“啊!”旁观的司马彤蓦地发出了一声大叫,不由自主伸手抱住了脑袋。他眨了眨眼睛,才发现额头上滚落的冷汗已经将眉睫都浸湿了。

“王爷看清楚了吗?”孙秀依旧站在牢房里,脸上挂着无害的微笑。

司马彤抹了一把额头上的汗水,没有立刻回答。等到扑通乱跳的心终于恢复了平静,他才向孙秀问道:“你可有改变命数的法子?”

“命也,运也,本来就是可以更改的。”孙秀伸出一根手指,竖在自己的唇边,“就看王爷以后怎么选择了。”

司马肜木然地点了点头，不再理会孙秀，转身离开了牢狱。

看着他迟滞的背影，孙秀的嘴角渐渐勾起了一个得意的笑容。他嫌弃地踢了踢脚边霉烂的稻草，却小心地摸了摸那株双穗的禾苗，仔细检查拼接之处是否还牢固。

一阵脚步声传了过来，有人站在牢门外低声问："梁王都相信了吗？"

"由不得他不信。"孙秀头也不回地回答，"何况，我们不是还有最后一招吗？"

"嗯，这几天天气阴湿，木雕上的涂胶应该化开了。"说话之人正是掌管牢狱的雍州从事辛冉。他虽然是雍州官员，却是孙秀的死党。这次孙秀出事，辛冉作为牢狱长官，可是为他这些灵芝、嘉禾费了不少心思。

"原本听说这位梁王为人中庸，我还生怕你找不到他的弱点，摄魂术难以生效。"辛冉佩服地看着孙秀，越发坚信这次救他是自己投下的绝好赌注。

"自从汝南王司马亮和楚王司马玮被贾皇后杀死后，司马氏宗室想来没有不害怕贾皇后的。就连我们赵王，也在绞尽脑汁回洛阳后如何讨好贾皇后呢。"孙秀冷冷一笑，忽然话锋一转，"辛冉兄应该也不甘心困在雍州做个小小从事吧。"

"只要天师这次逃出生天，就是大难不死，必有后福。我还指望以后能沾沾你的福气呢。"辛冉心领神会地道。

"如今把持朝政的，不是宗室，就是士族。像我们这种出身寒门的人，只能指望头顶能裂点缝隙，我们才能钻上去。"孙秀说着，抬头望了望阴沉沉的牢顶。而辛冉，也不约而同地做出了这个动作。

司马肜与孙秀在牢中一见，心神大受震动，一会儿想起关押孙秀的死囚牢中种种祥瑞，担心杀了孙秀会给自己招来灾祸；一会儿又想起幻境中贾南风要杀死自己的景象，忧虑这可怕的一幕什么时候就变成了现实。这双重的震惊恐惧在他心头交织盘旋，让他走出牢狱重见天光时，脚下几乎都站立不住。

好不容易在侍从们的搀扶下登上马车，回到王府，司马彤正想躺下休息，却不料几个侍从又慌慌张张地跑了进来，张口便道："启禀王爷，发生怪事了！"

"什么怪事？"司马彤心头大惊，顾不得斥责下人，一骨碌就从床上坐了起来。

"仙鹤显灵了！"

"就是那只木头雕的仙鹤，一直关在笼子里的……"

"王爷还是亲自去看看吧！"

侍从们显然被惊到了，顾不得礼节七嘴八舌地回禀。

司马彤听得心烦意乱，一脚踢开挡路的侍从，靸上鞋子就往放置那只木鹤的侧院跑去。

锁木鹤的笼子还放置在院子角落里，笼门上的锁也纹丝未动。然而司马彤一看清眼前的情景时，惊讶得立刻顿住了脚步，不敢再朝那个笼子靠近。

因为笼子的木鹤，不知何时竟展开了翅膀。

"它以前的翅膀，是不是收在两侧的？"司马彤害怕自己记错了，转头去问跟过来的侍从。

"是是是，王爷记得没错。"侍从点头如捣蒜一般，"所以这翅膀怎么就展开了呢，是想要飞回天庭吗？"

"你过去看看！"司马彤只当自己已经得罪了这只仙鹤，不敢上前，却下了命令。

"是。"那侍从不敢违命，战战兢兢地走到笼子前，幸亏那只木鹤仍旧呆呆地站在原处，并没有突然暴起。侍从看了一会儿，忽然道："王爷，这木鹤的嘴也张开了，里面有东西！"

“什么东西？拿出来！”司马肜撑起王爷的威严，却掩饰不了声音的颤抖。

侍从硬着头皮打开铁笼，伸手从木鹤口中抠出什么，双手捧到了司马肜面前。

是一条白色的丝绢，上面用朱砂写着十二个殷红的古篆字：“孙秀若有一死，梁王灾愆不止。”

司马肜的脚步踉跄了一下，几乎一屁股坐到地上。难道这只仙鹤的精魂仍旧穿透了铁笼，将孙秀的事情禀告了天帝？可是为什么惩罚的对象是自己？自己不过奉旨行事，凭什么要成为朝廷的替罪羊？

撑着侍从的手臂愣了半天，司马肜终于颤声吩咐：“赶紧把赵王请来！”

第八章

惩　奸

秋风咏于燕路，天光重于朝日。

——潘岳

元康七年八月，出镇关中六年之久的赵王司马伦被免去都督关中诸军事之职，奉召回京。留在身后的，是一个民怨沸腾、各族离心的烂摊子。它就像是一块潜伏在晋朝这具身体上的巨大痈疽，一旦心脏部位出现衰竭，就能够击破防御机制，进而蔓延到全身。

不过此时此刻，还没有人意识到这个日后席卷整个中原大地的隐患。与梁王司马肜交接完毕后，赵王司马伦就收拾好这些年在关中搜刮的民脂民膏，琢磨着怎么靠它们回洛阳打点一个好官职了。

就在赵王的车队在城门口聚集之际，雍州从事辛冉借口道别，走进了整装待发的人群之中。他来到一辆毫不起眼的马车前，掀开帘子，对着里面唤了一声："我找到了！"

"找到'那个人'了？"答话的是一个样貌普通甚至有点猥琐的中年人，扔在人堆里没人会多看一眼，也不想多看一眼。然而他一开口，依旧是辛冉所熟悉的孙秀口音。乔装成赵王普通侍从的孙秀虽然刻意隐藏行迹，但一提到"那个人"，就压抑不住眼中深深的恨意。

"是，费了那么多工夫，好歹找到了揭发你倒卖朝廷赈济的内奸。"辛冉坐进车厢，放下车帘，对着孙秀低声道，"那个人叫作马敦，当初是冯翊太守欧阳建推荐到雍州任职的。现在他靠揭发你在刺史解系那里立了功，已经被升职为汧城都督了。"

“王八蛋，差点要了我的命！”孙秀恨恨地一拳打在车厢底座，“我和他有什么仇怨，他竟这样不遗余力来害我！”

“我原本也觉得马敦一个粗人，怎么会翻出这样大的风浪，就派人偷偷搜了他的住处。不查不知道，一查才知道这个马敦果然和天师你有仇呢。”辛冉故意卖了个关子，“马敦一直和一个人有书信往来，你猜那个人是谁？”

“谁？”孙秀蓦地挺直身子，就仿佛一只竖起鬃毛、蓄势待发的野兽。

“潘岳。”辛冉看着孙秀圆睁的眼睛，缓缓道，“潘岳担任廷尉平时救过马敦的命，所以马敦来到关中后一直私下搜罗对你不利的证据。”

“原来是他！”孙秀咬着牙，从牙缝里一个一个迸出字来，“我就说马敦哪里有那么大的本事，居然把我的事一直捅到了皇后那里。看来当初没有在杨骏之乱时弄死潘岳，倒是我的错了。”

“是啊。若非天师想办法唬住了梁王，随便杀了个死囚来冒名，还真被那潘岳得逞了。”辛冉见孙秀不答话，只是眼珠下意识地乱转，知道他在寻思报复潘岳的办法，便好意提醒道，“不过现在那潘岳有了贾谧做靠山，不是那么容易扳倒的。天师到了洛阳，一切都须小心行事。”

“知道了，多谢你。”孙秀想了想，对辛冉道，“我会想办法对付潘岳。不过这个马敦，就拜托给辛冉兄了。他敢和我作对，就得让他付出代价。”

“天师放心，马敦一个小小的汧城都督，要弄死他还不容易？天师就安心等我的好消息吧。”辛冉说完，又与孙秀依依惜别，这才独自回转雍州去了。

孙秀装神弄鬼唬住了梁王司马肜，总算保住了一条性命。赵王司马伦一向依赖孙秀惯了，哪怕孙秀此刻名义上已经是个死人，仍然巴巴地将他带在身边。幸而孙秀极擅乔装之术，此事又极为隐秘，因此便一路将他从关中带回了洛阳。

司马伦一路上原本提心吊胆，生怕自己扰乱关中，会被皇后贾南风治罪。不过他回来入宫见过贾南风后,见皇后态度还算和蔼,对自己这个天子叔祖还算尊敬,心情立刻扶摇直上,满脑子寻思的便是如何在洛阳出人头地了。

见司马伦惴惴不安地出门,趾高气扬地回来,孙秀便知道自己猜测得不错——贾南风和她背后的贾氏一党再厉害，对司马氏宗亲依然心怀忌惮。

“军师快来,我正有事想问你呢。”司马伦见孙秀一身侍从装扮候在厅中,心情大好,狎昵地一把揽住了他的肩头,笑眯眯地道,“快帮我想想,去跟皇后讨要哪个职位比较好？”

“以大将军身份录尚书事,自然是最尊贵也最有实权的选择。”孙秀当仁不让地为司马伦打好了算盘,“若是皇后不同意，王爷就退一步,求尚书令的职位。虽然品级不够高,但好在有实权。”

“正合我意,正合我意！”司马伦大喜,不由庆幸孙秀保住了性命,否则自己就成了没头苍蝇。不过笑完了,司马伦又皱起了眉头,“皇后倒是好说话,就是张华、裴頠两个家伙瞧不起我,恐怕要从中作梗。”

张华、裴頠是贾皇后重用的心腹大臣,他们的意思自然是贾南风的意思。孙秀心里通透,却没有说出实情打击司马伦,只是道:“王爷是皇室宗亲,身份尊贵,若是再博得皇后青睐,将来便可立于不败之地。”

“那是那是。天子见了本王都得叫一声‘叔祖’,无论司马氏还是贾氏,哪个不得对本王高看一眼？”司马伦没有太听懂孙秀的话,只是一味沉浸在兴奋之中,“等本王再掌握了尚书台,张华、裴頠见了本王哪里还敢嚣张？”

“还有潘岳。”孙秀忽然阴恻恻地补充了一句,“王爷别忘了,把我们害到今天这一步的,就是潘岳。”

“其实还算好吧。”司马伦愣了愣,表情轻松下来,“反正本王也在关中那鸟不屙屎的地方待够了,早就想回到洛阳的花花世界来。檀郎的做法，说不定还帮了本王呢。”

“……”孙秀暗暗咬住了嘴唇。似乎只要一涉及潘岳，司马伦本就不聪明的脑瓜就会更糊涂几分。就像杨骏之乱时他借机整治潘岳，几乎将他置于死地，司马伦得知之后竟朝自己大发雷霆，说没有他的同意，自己绝不能再动潘岳一根毫毛。

“改天本王找个机会，去拜访一下檀郎。”司马伦没有注意到孙秀的表情，自顾沉浸在美好的幻想中，“这么多年过去了，檀郎现在对我的态度应该会好起来了吧。”

“潘岳现在有贾谧做靠山，怕是不会将王爷放在眼里呢。”孙秀阴恻恻地道。

“所以我要录尚书事，再不济也要当上尚书令！”司马伦自信满满地道，“只要我站得够高，檀郎就没法看不起我了！”

孙秀自以为在赵王府内藏得好，却料不到世子司马荂还是打听到了一点风声。司马荂知道父亲司马伦多年来一直被孙秀迷惑了心智，不敢直接去问司马伦，便找到了自己的两个小舅子，也就是“二十四友”中的刘舆、刘琨两兄弟，向他们询问对策。

“赵王此举太过糊涂！”刘琨和赵王世子相熟，也不顾忌在他面前指责司马伦，“那孙秀是朝廷下诏处死的要犯，赵王救了他的命也就罢了，居然还敢将他带回洛阳。若是被有心人知道，这可是包庇大罪！”

“这个我知道，当务之急是怎么办？”司马荂叹气，“父王一向依仗孙秀为左膀右臂，如今要他自断臂膀交出孙秀，肯定是难上加难。我这个做儿子的，也不敢逼迫父王。”

“孙秀多留在王府一日，就多一分隐患。”刘琨向来胆大，手掌斜斜向下一劈，“就看世子敢不敢下这个决心了。”

“你是说，先斩后奏？”司马荂惊问。

刘琨重重点了点头。见司马荂和刘舆都不说话,应是默许,刘琨又冷笑道:“这个孙秀当年陷害潘岳潘安仁身陷牢狱,备受苦楚,如今我正好借这个机会给潘安仁报仇!”

“此事千万不能让潘岳知道。他是贾谧眼中的红人,若是泄露出去,我家就彻底得罪贾氏了!”司马荂连忙道。

“世子放心,轻重缓急我自然知道,绝不会透露给外人得知。”刘琨说着,情不自禁地撸了撸衣袖,“只是孙秀那种小人,我不狠狠揍他一顿,实在消不了心头这口恶气!”

“揍,怎么不揍?连本世子看着他那小人得志的模样,都忍不住想动手!”司马荂点头,“只是孙秀素有妖法,我们必须速战速决,绝不给他惑人之机!”

几个人商议妥当,便趁着司马伦进宫的一日,大摇大摆地进了王府后宅。司马荂当即命人将孙秀带了来,不由分说将一个大麻布口袋罩住他全身,再将袋口用绳子牢牢系住。眼看孙秀站立不住倒在地上,司马荂与刘氏兄弟便围住那大麻袋,狠狠地拳脚相加,直把孙秀揍得惨叫连连,求饶不已。

“你还有脸求饶?当初你陷害潘安仁时,可想过会有今日?”刘琨已下定决心不留孙秀的活口,因此忍不住将潘岳的名字报了出来。

孙秀先前还在不断大叫“世子饶命”,此刻乍听到“潘岳”二字,竟硬气地不再出声。几个人又踢打了一阵,见麻袋中已渐渐渗出血迹来,而孙秀连最微弱的挣扎呻吟也没有了,便停下拳脚,命下人拖了那麻袋,准备到乱葬岗去扔掉。

司马荂原本已算好了司马伦外出入宫的时间,却不料他们刚走到王府门口,迎面就见司马伦风风火火地奔了进来,一边跑口中还一边喊着孙秀:“军师呢,军师在哪里?”

司马荂只当司马伦得了消息,顿时脸色发青站在了原地,刘舆、刘琨兄弟也慌乱地向司马伦行礼。不过司马伦根本没有在意他们,只是一双眼睛东张西望地找着他的“军师”,口中骂道:“人都死了吗?叫你们去请军师,怎么还没有请来?”

眼看有人飞跑进后宅去找孙秀,司马伦这才注意到了地上那个渗血的麻布口袋。他看向站在一旁神色僵硬的儿子,漫不经心地问:“怎么回事?”

“回父王,有个奴子冲撞了客人,所以儿子教训了他一顿。不料一时下手重了,那奴子就死了。”司马荂说这话的时候,生怕司马伦听见自己擂鼓一般的心跳声。

好在司马伦此刻有心事,闻言便只挥了挥袖子:“那就赶紧拖出去埋了,府里也打扫干净些,免得沾了晦气。”

“是。”司马荂连声答应,与刘舆、刘琨兄弟对视一眼,当即命人拖着那口袋往外走。

然而,就在麻袋被拖过司马伦的脚边时,那一动不动的口袋忽然大力扭动起来,从里面传出了一声蓄势已久的呼唤:“王爷救我!”

司马荂脸色一变,当即骂道:“死奴才,王爷才懒得理你这条贱命!”随即吩咐从人赶紧将麻袋拖走,免得污了赵王殿下的眼睛。哪知那麻袋虽已被拖到了大门门槛前,袋子里却又响起了一声尖锐的呼叫:“赵王,你忘了岱舆山的天命了吗?”

一听“天命”二字,饶是司马伦再糊涂,也被这心心念念了二十多年的妄想唤回了神志。“站住!”他蓦地大喝一声,几步跨到王府大门前,冲那两个拖拽麻袋的下人吼道,“把袋子打开!”

“把袋子打开!”司马伦见两个下人畏缩地望向世子司马荂,气得一脚一个,把他们都踹了开去。随后他反手抽出一个侍卫腰间的佩刀,几刀砍断了捆住麻袋口的绳子。

待到看清麻袋内血肉模糊的人形后,司马伦反手便抡了身后的世子司马荂一个耳光:“混账东西,差点坏了你老子的好事!”

眼看司马荂捂着脸说不出话,一旁的刘琨连忙上来解释:“王爷息怒。实在是这个奴才冲撞世子在先,世子才命人教训了他。世子以为他不过是个普通奴才,却不知王爷如此看重。无心之过,还望王爷见谅。”

当时风气,对于私家豢养的奴婢,随意打杀并非大事,加上孙秀隐姓埋名,所以刘琨的解释倒也合情合理。司马伦不敢当着众人说出孙秀的身份,有苦说不出,只好撇下司马荂,命人叫大夫来为孙秀查看伤势。

“下奴无碍,请王爷放心。”孙秀肋骨断了两根,鼻血糊了满脸,却不忘在司马伦耳边轻声道,“托王爷的洪福,我还要辅佐王爷顺应天命,不会那么容易死的。”

“你知道吗?方才本王进宫领旨,皇后给了我一个什么职位?”司马伦见孙秀神志清楚,顾不得他满身血污,匆匆忙忙地跟在抬他的春凳旁边,一边走一边怒道,“不是录尚书事,不是尚书令,她居然让我去做太子太傅!这肯定是张华、裴頠两个老家伙进的谗言!”

“太子太傅?”孙秀虽然浑身疼痛,躺在春凳上动弹不得,却不得不凝聚脑力,为司马伦盘算。从传统而言,太子太傅地位尊贵,负责教导东宫太子。可这位不学无术的赵王,哪里会懂得如何教育他人,何况还是肩负社稷的一国储君?更何况,皇后贾南风一直不待见太子司马遹。众人都知道一旦她生了儿子,司马遹的太子之位必废无疑。这个时候把司马伦弄到东宫去当太傅,不就跟拿扫帚把他扫出朝堂一样吗?这其中的利害,就算愚钝如司马伦,也看得明白。

“我若是去了东宫,无论现在还是将来都完蛋了。你快想想,我该怎么办?”司马伦心急如焚,若非孙秀身上都是血,他都恨不得用手抓住孙秀使劲摇,好摇出一个锦囊妙计来。

“让我好好想想……”孙秀刚在鬼门关打了个转,疼得脑袋昏昏沉沉,一时也想不出好办法来。恰好这时候大夫赶到,司马伦连忙安排下人将孙秀抬到床上，开始给他清洗包扎。

司马伦站在孙秀旁边，看大夫忙得不可开交，急得在一旁直搓手。而被他打了一耳光的世子司马荂，则在刘琨的鼓励下，偷偷踅摸到司马伦身边，硬着头皮道：“父王，请听儿子一句忠言，这个人，我们不能留在府中。”

司马伦蓦地转过身，正看见儿子一双焦灼担忧的眼睛。父子连心，司马伦蓦地意识到儿子已经识破了孙秀的伪装，而儿子真正担忧的，确实是赵王府窝藏朝廷死囚的罪行。有那么一瞬间，司马伦想要向儿子解释孙秀的重要性，若没有孙秀的辅佐，他以后就无法实现登临绝顶的梦想。可是这个梦想太过狂妄，太过骇人听闻，哪怕是自己的儿子，司马伦也不敢和盘托出。

“为了父王的前途，还请忍痛割爱。”司马荂说完，用力瞪了瞪床上疗伤的孙秀，低头退了出去。

“王爷……”见司马伦半晌无语，孙秀知道这个赵王遇事没有主见，偏偏心肠又够冷硬，被世子司马荂这么一撺掇，说不定真会把自己绑了交给朝廷。等到大夫处理完伤口离开，孙秀不顾浑身疼得昏天黑地，用力撑起上半身，朝司马伦道：“王爷，世子言之有理，我确实不能再留在赵王府了。”

“他是我儿子，这个王府还是老子做主！”司马伦撑起王爷的气势，落在孙秀眼中却是色厉内荏。

“刘舆、刘琨属于‘二十四友’，一向与潘岳、贾谧交好。他们若是把我的身份透露出去，只怕王爷就再无宁日。”见司马伦果然脸上变色、目光闪躲，孙秀知道自己果然不能将身家性命押在司马伦身上，“所以，我必须另外寻个去处。”

“你要去哪里？”司马伦赶紧道，“有些地方，不是你想去就可以去的。”

“去一个安全的地方。只有那里，才不会受贾谧、潘岳那些人操控。”孙秀看出了司马伦的顾虑，勾唇一笑，“王爷不是刚被封了太子太傅嘛，那就安排我进东宫服侍太子吧。”

“你想投靠太子？”司马伦毕竟是坐惯了上位者，听到孙秀的请求，竟有一种被背叛的愤怒，脸色也阴沉下来。

“不，我只是做王爷的内应。”孙秀继续笑着，眼中闪烁着迷人的光芒，“皇后和太子势如水火，我就去给火上浇一瓢油。这火若是不烧起来，王爷又怎么能趁火打劫呢？”

“你说得对！”司马伦大喜过望，连孙秀用出“趁火打劫”这个词也顾不得了，拍着大腿笑道，“若是皇后和太子斗得两败俱伤，就是我们的机会了！你先好好养伤，痊愈之后我就安排你进东宫！”

由于有了太子太傅的头衔，司马伦把孙秀改名换姓推荐给东宫并没有遇到什么阻力。更何况太子司马遹的美人蒋俊刚生了个儿子，司马遹欣喜之下越发频繁举行祈福法事，对于仙风道骨、术法超群的孙秀欢迎之至。

蒋美人所生之子是太子长子，也就是当今天子司马衷的长孙。为了庆贺这件大喜事，东宫准备了一场隆重的新生儿百日宴，邀请了各宗室贵戚、世家高官，著作郎潘岳、卫尉石崇等人也在受邀之列。

宴会之日，潘岳和石崇是与鲁国公贾谧一起到达东宫的。虽然平素喜欢与太子互争高下，贾谧面子上却做得很足，送了新生的皇长孙一份长长的礼单。眼看太子喜气洋洋的模样，贾谧的神色黯了黯。善于察言观色的石崇便哈哈一笑，在贾谧耳边轻声道：“太子还没有娶太子妃，这个孩子不过是嫔妾生的庶子。主公明年便是弱冠之年，若是看中了哪个名门闺秀，现在便可以张罗求亲了。说不定嫡子还能生在太子前面呢。”

“还是季伦深知我意。”贾谧笑着点了点头，看向石崇和潘岳，“你们也可以帮我参考一下，究竟向哪家小姐求亲比较合适。”

贾谧是皇后贾南风最器重的侄儿，他的婚姻标志着权倾一时的贾氏家族与女方家族的利益合作，自然需要再三斟酌。当下石崇频频点头，满口答应，却发现一旁的潘岳有些走神，不由拉了拉他的衣袖：“安仁，你说呢？”

“不错。无论是太子还是主公，聘娶正妻都是大事。”潘岳连忙附和。然而等贾谧和石崇说笑着往前走去时，潘岳又忍不住朝身后层层叠叠的楼宇中望了望——不知为什么，他总觉得有一道视线黏在自己身后，冰冷又锐利，让他脊背暗暗发寒。

等潘岳加快脚步，跟随贾谧和石崇隐入了宴会大厅，一道游廊的转角处才慢慢现出一个身影。那身影清瘦柔韧，带着一分重伤初愈的荏弱，正是齐王司马冏。自从他上次在宗师府受杖之后，这还是第一次公开露面。然而他不愿面对各位王公大臣半真半假的问候，只是独自待在隐僻之处，哪怕看见潘岳也不愿上前相见。

直到齐王府的侍从前来通禀宴席即将开始，司马冏才深深吸了一口气，硬着头皮走向了大厅。

司马冏只顾着想心事，却没料到就在他偷窥潘岳之际，他身后的一座二层小楼上，也有一双眼睛在冷冷地窥视着他们，深邃的眸子里流动着玩味的光芒。

“禀天师，人来了。”随着一个小童的通禀，那双眼睛终于从司马冏的背影上收了回来。倚坐在窗前的人回过身，露出一张眉目细长的平淡面容——恰正是乔装易容后的金真天师孙秀。

“见过天师，这是我家主人送给天师的一份薄礼。”来人虽然是一副家奴打扮，但举止谈吐却落落大方，显见他的主人非富即贵，来头不小。

孙秀扫了一眼来人送上的礼物，略略点头，淡声道：“你的主人想问什么？”

“主人听说天师法力高强，还帮助太子的蒋美人顺利产子，因此想向天师求教生出儿子的秘方。”来人知道所处隐秘，因此毫不避讳地回答。

孙秀微微笑了笑。他到达东宫后太子宠妾蒋俊早已怀孕，他不过是在蒋俊生产时装模作样设了个香坛而已。想来是自己入东宫的时间外人难以明确，而那个“主人”又求子心切，所以才不顾一切派人前来求助。

“在此之前，你的主人是不是试过了其他生子的方法？”孙秀试探着问。

“不错，主人之前遍寻秘方，却都不奏效，生下来的只是女儿。”来人充满期待地望了望孙秀，“不知天师是否有更好的法子？”

“把你主人的生辰八字给我看看。”孙秀老练地道，“夫妻两人都需要。”

“在这里。”来人早有准备，从袖子里取出一张纸递给孙秀。

孙秀接过纸，定睛看了看，便闭起眼睛，两手飞快地掐算了起来。过了好一阵，他猛地全身一震，皱起眉头睁开了眼睛。

“天师算得如何？”来人忐忑地问。

“你的主人命中注定无子。”见来人一副五雷轰顶的模样，孙秀话锋一转，“不过若想逆天改命，也不是不可以，就看你的主人有没有这个胆子了。”

“不管什么法子，我家主人都愿意一试！”来人斩钉截铁地回答。

孙秀招了招手，示意来人附耳过来，轻轻地在他耳边说了几句话。

“真……真要如此？”来人越听越大惊失色，结结巴巴地问，“没……没有其他法子吗？”

“没有了。你的主人要不要尝试，让他自己决定吧。”孙秀说完，一副意兴阑珊的模样，挥手让小童送客。

等来人消失在楼梯口，孙秀摸了摸下巴，露出了一个促狭阴冷的笑容。谁会想得到，才刚刚从屠刀下死里逃生的他，很快就要改写这个强大朝廷的命运了。

孙秀没有资格进东宫的筵席，赵王司马伦却兴冲冲地一头栽了进去。他瞪着一双眼睛在人群里东张西望，终于发现了寻找的目标，连忙提着袍角颠颠儿地跑了过去："安仁，多年不见，今日可见着你了！"

潘岳本正与石崇闲话，一转头乍见司马伦兴奋的表情，不禁大吃一惊。虽然他立刻醒悟如今司马伦不敢做出什么逾矩的行为，但年少时的阴影实在太过强大，哪怕时隔二十多年，司马伦这张脸依然是他噩梦的来源。

"见过赵王。"石崇知道潘岳所虑，向前跨出一步将潘岳半挡在身后，朝司马伦作了一个揖，"不知王爷最近可安好？"

"好。"司马伦敷衍了一下石崇，眼睛却越过石崇的肩膀直勾勾地盯住了潘岳，笑眯眯地道，"多年不见，安仁风采如旧……不不不，是更添风采，哈哈哈。"

"鲁国公那边正好召唤安仁，不如就由我陪王爷喝上几杯？"石崇装作无意地又踏出一步，挡住了司马伦的视线。

"鲁国公那边你们天天见面，我可是自打咸宁年间起就没有见过安仁了！"司马伦见潘岳目光闪躲，知道他对自己还存有芥蒂，情急之下连忙道，"我知道安仁对我有些误会，那都是孙秀那个家伙闹出来的！现在孙秀已经不在了，安仁就算看在同朝为官、共襄社稷的分儿上，也不该对我如此冷淡吧！"

听司马伦的语气带上了怨气，潘岳和石崇对视一眼，也知道明面上绝不能开罪这位太子太傅。于是石崇只好侧让了一步，由着司马伦挤进两人中间，挨着潘岳坐了下来。

接下来的时间，就是司马伦对潘岳嘘寒问暖，打听他这些年来的境况，而潘岳只是礼貌性地回答几句。他心中巴不得快点开筵，这样以司马伦的身份就不可能再和自己坐在一处了。

然而左等右等，就是等不来太子宣布宴席开始。潘岳虽然还在敷衍着司马伦，心里却忍不住琢磨起了这件事，很快就想到了原因——

皇长孙的百日宴，作为祖父祖母的天子司马衷和皇后贾南风，按理是应该有所表示的。最隆重的表示自然是帝后亲自驾临东宫，甚至直接颁布册封为王的诏书。最不济帝后也要派遣有地位的内侍，为皇长孙赐下寓意吉祥的礼物。只有这个过场走完，太子才能宣布正式开宴。

可是直到现在，西宫那边还静悄悄的，没有一点动静！若是帝后的使者一直不来，就无异于大庭广众之下打了太子司马遹一个响亮的耳光。那暗流涌动的朝堂，又不知会生出多少波澜。

想到这里，潘岳情不自禁地转头看了一眼堂上的太子。只见他正襟危坐在簟席上，手里握着一只酒杯却不饮下，全身写满的都是焦虑紧张，哪里有半分初为人父的喜气？

见潘岳去看太子，司马伦也忍不住望了过去。他摸了摸肚子，低低嘟哝了一声："怎么还不开宴，本王都饿了。"

"对了，有一事请教王爷。"潘岳转回头，难得地主动挑起话题。

"你要问什么尽管问，我一定知无不言，言无不尽！"司马伦连忙殷勤回答。

"多谢王爷。"潘岳微微一笑，果然问道，"王爷身为太子太傅，肩负教导太子之职。那不知王爷认为，教导太子哪一点才是最重要的呢？"

这个问题一出口，直接就把司马伦问得愣住了。他不学无术，贾南风又是故意把他赶到东宫坐冷板凳，哪里知道该怎么教导太子？不过他宁死也不愿在潘岳面前丢脸，面红耳赤了半天，终于迸出一句："我朝以孝治天下，教导太子孝顺自然是第一位的了！"

"王爷所言极是。"潘岳真诚地点了点头，顿时把司马伦乐得笑开了花。不过他好歹有些自知之明，又想和潘岳套近乎，顿时蛇一样顺竿爬了上来:“我刚刚担任太傅一职,没有什么经验。若是安仁有什么好建议,可一定要告诉我啊。”

“嗯,我送王爷一个建议,不知王爷看不看得上。”潘岳说完,见司马伦频频点头,便俯身凑近司马伦,压低了声音道,“王爷也知道,如今贾氏乃是大晋的中流砥柱。若是太子能娶贾氏女子为太子妃,两家就是亲上加亲,我朝社稷必定稳固无忧了!”

“你让我去跟太子说,让他向贾氏求亲?”司马伦一时还没想清楚,奇怪地问,“那安仁你为什么不直接告诉太子?”

“我官职低微,平素又与东宫无甚往来,哪里比得上王爷和太子的亲近?”潘岳鼓励司马伦道,“若是王爷能玉成此事,无论太子还是贾氏都会感激王爷,何乐而不为呢?”

“你说的确实有道理。”司马伦脑子转了几转,想不出潘岳这个建议对自己有什么坏处,便又追问了一句,“贾家现在有合适的女儿可以嫁给太子吗?”

“鲁国公的亲妹妹,今年恰是及笄之年。”潘岳胸有成竹地回答。

“好,我考虑考虑。多谢安仁了!”司马伦还想再说,冷不防大门外有人高声叫道,“天子诏书到,请太子接旨!”

一听这封久违的诏书终于到来,太子司马遹松了一口气,连忙率领众宾客出外接旨,并代皇长孙谢过了天子和皇后赏赐的礼物。紧绷的弓弦终于松弛,拖了许久的筵席也终于开始了。

筵席之上尊卑有序,司马伦便不能再腻在潘岳身边。他找到自己的儿子司马荂,将潘岳方才的建议说给他听,司马荂连声称好,怂恿司马伦尽快将这个建议献给太子,争当促进太子和皇后两派和好的功臣。

见儿子给自己吃了定心丸,司马伦终于放下了心,果然在宴会后找个机会将这个建议告诉了太子。太子原本一直为贾南风的态度苦恼,听了这句话顿时如同醍醐灌顶,果真给贾南风写了一封奏表,言辞恳切地向贾谧之妹、贾午之女提亲,想要礼聘她为太子妃。

司马伦办了这件事,心中得意,过几日在东宫见到孙秀时便忍不住提到了这件事。他原本想显摆一下如今潘岳对自己如何眷顾,却不料孙秀听闻之后勃然大怒,虽然碍于司马伦的地位努力压抑怒气,还是忍不住恨道:“王爷,你这下铸成大错了!”

“为什么错了?”司马伦奇道,“若是太子成了贾谧的妹夫,未来的皇后就是贾家女儿,那皇后和太子就成了一家人,从此不用再互相防范,和和睦睦有什么不好?”

“对他们是好,可对我们就不好了!”孙秀见司马伦依然这么糊涂,气得一掌打在树干上,震得满树黄叶纷纷掉落,“王爷你难道忘了自己的志向了吗?一旦贾家和太子联姻,下一代的皇帝就坐稳了,那王爷还有什么机会?”

“啊?”司马伦如梦初醒,一巴掌拍在了自己的额头上,“我怎么没早点来问你呢?我那世子虽然与我父子同心,却不知道我身负天命的事情。”见孙秀只是冷着脸不说话,司马伦急道,“军师,你快想想办法,我这天命不就是靠你来辅佐的吗?”

“太子已经上表求亲,他这边已经无可更改。”孙秀背着手来回踱了几步,忽然道,“若是贾午不同意将女儿嫁给太子,这事就成不了。毕竟太子这边已经有了宠妾蒋美人,还生下了长子。若是贾午的女儿嫁过来,没准只能顶着个太子妃的头衔守活寡呢。”

“对对对,这是个好理由。贾午肯定对自己女儿宝贝得紧,才舍不得送她到东宫来受委屈。”司马伦鸡啄米一般点着头,“可是派谁去做这个说客呢?”

“有一个人,既与贾午关系亲密,又见不得太子和贾氏联姻各取所需。”孙秀见司马伦眼巴巴地看着自己,终于给出了答案,“那个人,就是贾午同父异母的姐姐,齐国太妃贾荃。”

第九章

剖　白

其望之也，晔若嗽日烛昆山；其即之也，晃若盈尺映蓝田。

——潘岳

何秋菊之可奇兮，独华茂乎凝霜。季秋九月，重阳之后，一向爱好热闹的石崇在金谷园设下宴会，邀请贾谧及“二十四友”携家眷一同前来赏菊饮酒。

石崇的正妻并不住在金谷园，园内后宅便一应交给宠妾绿珠打理。绿珠一向喜欢杨容姬的恬淡温婉，因此潘岳赴会之时，也将杨容姬和女儿金鹿一起带到了金谷园。

将女眷们送入内宅后，潘岳便退到了外间。虽然秋高气爽，千菊斗艳，但他的心情却无法像秋日阳光一样明媚。东宫皇长孙的百日宴就仿佛一朵炸开的烟花，短暂的璀璨之后便只剩飞灰。太子趁着喜事上表向贾午的女儿求亲，原本一桩两全其美的好姻缘，却因为贾午的强烈反对而作罢。

或许，自己该再去劝一劝贾谧？但若是做得太过明显，恐怕又会引起他的猜疑。潘岳在内宅门外慢慢踱步，脑子里一时拿不定主意。

“爹爹、爹爹！”身后忽然传来熟悉的娇俏声音。潘岳转过头去，正看见内宅院门内探出几个小小的脑袋，其中一个正是自己的宝贝女儿金鹿。

“看，他就是我爹爹。”金鹿一边朝潘岳招手示意他靠近，一边扭头对身边的一个小男孩和一个小女孩骄傲地道，“我爹爹好看吧？”

那个小男孩看着潘岳,用力点了点头。那个小女孩则羡慕地道:“要是我爹爹也是这个样子就好了,就像图画里的神仙一样!”

“你们叫什么名字,是谁家的孩子?”潘岳在几个孩子面前半蹲下身,和蔼地问。

“我叫慰祖。”

“我叫女彦。”

“他们都是我刚认识的好朋友。”

三个孩子异口同声地回答。

“我猜,你姓韩,对不对?”看着小男孩和贾谧酷似的面容,潘岳不难猜到他就是韩寿和贾午的幼子。而那个小女孩皮肤白皙圆润,一双眼睛又黑又亮满是灵气,反倒猜不出她的身份了。

“嘻嘻,娘说我出来玩的时候不能告诉别人我是谁。”小女孩拉着金鹿的手,稚嫩的嗓音又甜又脆,“神仙伯伯你和我们一起玩吧,金鹿说你最喜欢和她玩游戏了。”

“是啊,爹爹你和我们玩一会儿吧。”金鹿亲昵地拉着潘岳的手,不住地摇啊摇。

潘岳一向爱女如命,虽然心中有事,却拗不过金鹿的恳求,当即和几个孩子玩起了捉迷藏。他蒙着眼睛四下扑捉,将几个孩子逗得咯咯直笑。

“我以后要是能嫁给神仙伯伯就好了。”女彦忽然道,“我爹爹从来不会这样和我玩。”

“不行不行,你可不能嫁给我爹爹!”金鹿噘起了小嘴,“你要是嫁给他,你就成我娘了,我才不干呢。”

“你上次不是说要嫁给我的吗?”韩慰祖不满地盯了一眼女彦,又看看金鹿,“不过你不嫁也没关系,我以后娶金鹿好了。”

听着几个六七岁的孩子一本正经地讨论婚嫁,潘岳有些头疼。金鹿原本并不懂这些，却不知道那个女彦是从哪里知道了这么多。

玩了一阵，潘岳见时辰不早，前厅里的客人怕是已经来齐了。他解下蒙住眼睛的手帕，将几个孩子轰小鸡一般轰进了内宅门内，又吩咐看管的仆妇们将他们送回女眷那里去。

“神仙伯伯，下次我们还来和你玩啊！”女彦依依不舍地回过头，冲着潘岳挥起小手。

“好。”潘岳笑着点头，寻思金鹿要是有女彦这样一个伙伴，倒是一件美事。

“想不到令爱这么快就和他们交上朋友了。”一个声音忽然在潘岳耳边响起。他赶紧转过身，见到的是贾谧笑意盈盈的脸。

“见过鲁国公。”潘岳和贾谧互相行了礼，贾谧又笑道，“安仁刚才看到我弟弟慰祖了，不过你可猜得到女彦究竟是谁吗？”

“这个还真是猜不出。”潘岳摇了摇头。

“她呀，就是当今——”贾谧凑到潘岳耳边，低低吐出三个字，“四皇女。”

“啊。”潘岳轻呼了一声，这才想起女彦肤白润洁如天子司马衷，黑眸灵动恰似皇后贾南风。只是她过于集中了父母的优点，反倒很难联想到与那对帝后的关系了。

“四皇女钟灵毓秀，天子和皇后都爱若掌珠。所以她这次执意要出宫游玩，皇后也拗不过她，只嘱咐了我好生看顾。”贾谧望了望几个孩子蹦蹦跳跳的背影，朝潘岳笑道，“四皇女能和金鹿小姐结为好友，皇后那边想必也是乐意的。”

“小女材质粗劣，怎敢与皇女为友？方才不知皇女身份，多有僭越，改日我当向皇后上表请罪。”潘岳不知怎么想起了因为贾南风而夭折的长子，心中一痛，低下头去。

“不必如此。”贾谧不知潘岳心中所想，只当他是故作谦恭，也不在意,携了他的手臂便往前厅去,“走吧,怕是他们都等急了。”

“急什么?”潘岳心不在焉地问。

“急着质疑我母亲为什么拒绝太子的求亲啊。”贾谧苦恼地耸了耸肩。

贾谧所猜不错。贾午拒绝了太子的求亲,踩灭了太子与贾氏同舟共济的希望,哪怕是“二十四友”中,也颇有微词。他们这次参与石崇的赏菊会,也想借此机会向贾谧探听这件事。

“我那个妹妹一向娇养惯了,不会伺候人,所以母亲舍不得让她进宫。”似乎是为了给众人一个交代,贾谧落座后如此解释。可是明眼人都知道,这不过是陈词滥调,正是因为齐国太妃贾荃难得去妹妹那里串了一次门,贾午才坚定了这个想法。

“齐国太妃确实给了一些建议,却只是现身说法。她嫁给齐献王之前,齐献王已经与侍妾生下了东莱王,所以后来为了立世子的事情费了许多波折。”与幕僚团在一起时,平素高傲的贾谧倒是显得十分随和,何况他说的这件事大家也有所耳闻——当年因为司马攸的特殊身份,武帝司马炎不得不淡化“立嫡”的说法,一意以自己的长子身份强调正统,因此司马冏出生多年,都不曾被武帝批准为齐王世子。若非后来司马冏在父亲灵位前向武帝哭诉,这齐王的位子是传给长子还是嫡子都没有定论。

贾午一向心高气傲,顾虑太子宠爱美人蒋俊,又早早生了长子,不愿将女儿嫁过去也情有可原。

然而更深层次的原因,“二十四友”中个个都是人精,怎么可能想象不到——皇后一直存着废太子之心,贾午把女儿嫁过去做太子妃,谁知道什么时候就给太子陪葬了。可是没有拒绝提亲时,大家总对太子抱有一线希望。如今贾午没有给太子留丝毫余地,甚至不怕太子将来登基之后报复,那这废太子的事情,简直就是要放在明面上了。

让太子与贾家女儿联姻的建议，原本就是潘岳提的，算是他为日益分崩离析的二者做出的最后努力。他没有料到贾荃也会在这件事上插手，而贾荃的“现身说法”未必是对侄女命运的关心。这个失去丈夫的女人，和其他所有隐藏在暗处的势力一样，都巴望着火上浇油，他们才好火中取栗。

“对了，还忘了告诉你们，太子求娶我妹妹不成，就转而向琅琊王氏的王衍求亲了。”贾谧伸出白玉般的手指转了转手中的麈尾扇，莞尔一笑，“真是巧，我也正在向王尚书的女儿求亲。”

“尚书令王衍我熟得很，连带他家两个女儿我都见过。”石崇为了显摆他见多识广，连忙问，“不知太子和主公分别是向他哪个女儿求亲？”

“你们觉得呢？”贾谧笑而不答，眼中却满是睥睨的光。

“听说王衍的大女儿名景风，二女儿名惠风，都是清静端淑的名门秀女。”刘琨说着，眼睛望向石崇，“还听说姐姐姿容绝世，比小妹略胜一筹。不知石卫尉所见是否如此？”

“不错，那王家大小姐景风确实是绝代佳人，怕只有安仁的女儿长大后才能压得过她。”石崇哈哈一笑，竟是绝口没有提到王家二小姐王惠风的容貌。

“我自然是向王家大小姐求亲。”贾谧的嘴角依旧噙着一丝冷笑。毫无疑问，太子的求亲对象也是大小姐王景风。那究竟王衍会将大女儿嫁给谁，就看那琅琊王氏如何站队了。

等到众人议事完毕纷纷前往院中赏花，贾谧忽然叫住了潘岳，递给他一封奏报：“这个，安仁拿回去慢慢看吧。”说着安慰地拍了拍他的手背，自己摇头走开了。

潘岳握着那封厚厚的奏报，心中无端生出一种恐惧。他握着奏报四下看了看，终于选了庭院中一个无人的角落，迫不及待地展开了手中的奏报。

时已深秋,枯黄的榆树叶从潘岳头顶飘下,偶有一两片落在他手中的奏报上,都被他颤抖着手指抹去。那白纸上的一个个墨字仿佛一只只眼睛,或决绝,或悲壮,却在最后都变成了愤懑和绝望,烧得潘岳两眼发红,心口灼热,几乎手一抖将奏报撕成两半。

马敦死了。

那个助他和齐王司马冏通过冰室密道进入皇宫,又在关中为他搜集了孙秀罪证的马敦死了。

而且,死得那么冤屈和惨烈。

这封从雍州传来、专程送给贾谧的密报,详细记录了这段时间发生在关中的一切——

孙秀撺掇司马伦杀害氐、羌二族的各位酋长后,一心复仇的氐族人组成大军,连续攻占了多个城池。为了夺取汧城中囤积的数百万石军粮,声势浩大的氐军将小小的汧城团团包围。在守将弃城而逃的情况下,官职卑下的汧督马敦挺身而出,率领城内老弱残兵固守孤城。守城缺乏滚木礌石,他率领众人拆除房屋,把粗大的房梁用铁链拴住,做成可以上下活动的槌木;城内柴草枯竭,他便让人用陈年发黑的麦子烧火做饭,把松木的屋檐和椽子砍成碎屑充当饲料;城外的氐军想挖掘地道穿越城墙,他便命人将空瓮扣于地面,用以侦听地道方位,再挖横沟相截,烟火熏攻。就这样坚守了近一年,汧城终于等到了援军,保住了数百万石军粮。

马敦虽然立下大功,却遭到了雍州从事辛冉的陷害。辛冉借口马敦私下贪污了十斛粮食,将他抓捕入狱,严刑拷打。虽然梁王司马肜后来上书朝廷为马敦表功,朝廷也下诏说赦免马敦贪污之罪,但诏书到达雍州的时候,马敦已经在狱中被折磨致死了。

泪水从潘岳的眼眶中滴了下来,将手中的奏报打出一点点的皱痕。他心中清楚,说马敦贪污粮食只是借口,身为五斗米道弟子的辛冉对他百般折磨,其实是为了给伏法的孙秀报仇。

潘岳甚至可以想象,当掌控牢狱的辛冉命人拷问马敦幕后主使时,马敦是如何扛下了那些惨烈的酷刑,并没有将自己招供出去。否则,以五斗米道无孔不入的势力,自己怎么还能在洛阳安安稳稳地生活。只可恨雍州上上下下那么多达官贵人,竟由得辛冉小人翻云覆雨残害忠良。这样的官场,实在让人思之可怖!

颤抖着手指拂去奏报上飘落的榆树叶,潘岳将奏报折好放进怀里,擦干眼泪往外走去。他已经下定了决心,一定要为马敦讨回公道,甚至要以自己的文才,让位卑言轻的马敦留名青史,流芳百世。这是他唯一能为马敦做的事,也是他必定能为马敦做到的事。

"安仁,你上哪里去了?快来看我苦心搜罗的几品名菊!"石崇不知何时走过来,热情地招呼。

"我身体有些不适,先告辞了。"潘岳见石崇神色失望,强笑道,"阿容和金鹿就留在这里,我明天再来接她们。"

"不用你接,我明天叫人把她们母女妥妥送回家去,你就放心好了。"石崇见潘岳双目微红,显然方才是哭过了,心中着急,"发生什么事了?"

"没什么,改日再说,不打扰你们的兴致。"潘岳说着,向石崇拱手告别。对于旁人而言,马敦不过是个地位卑下的小吏,他虽然死得冤屈,但世间这样的悲剧实在太多了,除了与他有莫逆之交的潘岳,其他人根本难有触及心灵的悲伤。所以,与其向他们解释自己的悲伤,不如让他们以后读一读自己为马敦写的诔文吧。

一路走出金谷园,潘岳才发现原本要在园中过夜,赶车的老仆李伯已不知到哪里休息去了。他摆摆手示意金谷园守门的仆从不用看顾自己,哪怕是在金谷园外的荒野树丛中走上一段,也能稍稍缓解心中因为愤懑生出的疼痛。

他漫无目的地走了下去,心中反反复复都是这些年来和马敦相交的点点滴滴。从司马攸开始，到温裕、夏侯湛、公孙宏，再到如今的马敦，他已经失去了太多的好友。可是这个天下，却没有看到一点好转的迹象。

“桃符，你教教我，究竟应该怎么办？”潘岳抬头望着阴沉下来的天空，心中默默祝祷司马攸的在天之灵能够听见自己的祈求。

此刻，他已经走上了一条僻静的小路，两边树影幢幢，似乎有什么东西隐藏其中。潘岳蓦地停住了脚步，本能地感觉到了某种危险。显然，那些影子已经跟踪了自己一段时间。

几个人从树影后转了出来，乃是一个中年妇人和几个壮硕大汉。他们穿着普通，和洛阳城内外穿梭的平民百姓没有什么区别。但那几个大汉气势威猛，绝不像是普通百姓。

“这位郎君，不知可愿意帮我家主人一个忙？”那中年妇人看着潘岳，笑眯眯地问。

潘岳没有回答，只是警惕地往四周看了看，却没有发现一个路人。

“郎君不必紧张，我家主人就住在城外不远的别业内。只因为家中有人生了疾病，需要像郎君这样的外人帮忙压住邪祟，所以才厚颜来邀请郎君。”中年妇人继续笑着说，“事成之后，我家主人必有重谢。”

“你家主人，是五斗米道的吗？”潘岳冷笑起来，“若想为孙秀报仇就直说，不必装神弄鬼。”此刻他的心思还沉浸在马敦之死的悲愤中，根本没有心思听这妇人信口开河。

“郎君在说什么？”那妇人面露疑惑，却见潘岳反身就走，不由皱起了眉头，“今日这一遭，郎君是想去得去，不想去也得去！”说着她一闪身，身后几个壮硕大汉便朝潘岳冲了过去。

“青天白日，你们要做什么？”潘岳大惊，料不到离金谷园不远会遇见这样胆大包天的盗匪。他极力挣扎着想要脱身，却抵不过年轻力壮的几个大汉，冷不防后颈被人狠狠一击，眼前顿时漆黑一片。

“啧啧啧,这个模样,简直和画像上的一模一样,怪不得陈婆抢也要把人抢回来。”

“可惜就是老了点,不过主人应该也会满意了。”

“怎么还不醒,主人马上就要来了!”

“没办法,只能泼点水了。耽误了主人的事,我们可吃罪不起!”

迷迷糊糊中,潘岳听到有人在自己身边说话。那些声音有惊叹也有恐惧,但声线偏细,显然都是女子的声音。

他还没有清醒过来,下一刻,有人已经把一些清水洒在了他的脸上。冰凉的水驱散了头脑中的昏沉,潘岳用力睁开了眼睛。

“哎呀,郎君终于醒了!”一个女人略有些慌张地道,“主人快来了,赶紧沐浴更衣吧。”

眼前的视线渐渐清晰,潘岳一眼看到的是两个守在自己身边奴婢打扮的女人。他手掌一撑坐起身,发现自己先前一直躺在一张铺着细密竹席的凉榻之上。而在凉榻旁,则是一个巨大的浴桶,里面的热水袅袅吐着白色的蒸气。

这分明是一间浴房。想起方才一个婢女说的“沐浴更衣”四字,潘岳忽然一个激灵:“这是什么地方?”

“这儿是神仙住的地方。”一个婢女似乎早见惯了这种情景,掩着口笑道,“郎君不用怕,过会儿你若是能讨得我家主人欢喜,主人会送你许多好东西呢。”

“我的衣服呢?”潘岳追问。此刻他已经发现自己的外衣不知去向,身上所穿的唯剩中衣而已。

“我家主人是天上的神仙,凡间的衣服自然就不必穿了。”另一个婢女有些不耐烦地催促,“郎君若是自己不惯沐浴,就由我们伺候你吧。”说着,伸手就来解潘岳的衣带。

“住手！”潘岳大惊，连忙后退，眼神却透过浴房的窗纸，见到了外面徘徊的几个黑影。很显然，浴房有人把守，看来自己是无法逃出去了。

明白了自己的处境，潘岳也只能随机应变，不做无谓的挣扎。他看向两个婢女，尽量声调平和地道：“我自己会沐浴，麻烦你们先出去。”

“郎君快点，主人马上就要到了。”两个婢女也不坚持，叮嘱了一句，离开了浴房。

潘岳将浴房的门闩好，寻思自己确实没有逃脱的机会，索性见见所谓的“主人”。他快速地洗好澡，发现一旁的衣架上挂着一件丝质的雪白外袍，无奈之下只好穿上。那丝袍洁白柔软，散发着名贵熏香的味道，一看就价值不菲。可见此地的主人就算不是天上的神仙，也是大富大贵之人。

可是既然出身富贵，又为何要做拦路抢人的勾当？潘岳百思不得其解，正在用力系紧衣带，门外已经响起了急促的拍门声：“郎君快点，主人到了！”

潘岳拉开门闩，门扇便被人用力推开。两个婢女一左一右将潘岳夹在中间，匆匆地沿着游廊往前走去。

潘岳一边走一边扫视四周，却见这是一个修得极为精致的庄院。虽然占地并不大，但所用的木石和装饰都极尽精巧，造价不菲。正房的窗户上贴的都不是窗纸，而是极薄的云母片，在阳光下熠熠生辉，倒真有些神仙洞府的感觉。

虽然不知道主人强掳他来的真正目的，潘岳心中却暗暗希望这里的主人真的来自九天之上，那样他也许就能打听到司马攸的情况了。桃符那样高洁美好的灵魂，应该有资格到天上做神仙的吧。

院子里静悄悄的，没有什么闲杂人等，两个婢女径直将潘岳带到了一间房中。一见房中摆设，潘岳的脸色不由一变——琉璃金螭屏风后别的没有，只有一张极为宽敞华丽的大床。床上四周挂着飞仙帐，画满了各色歌舞的仙女，挂着五色羽毛编织成的同心结流苏。玉镂金带枕之下,则铺着一床绣罗五幅被,上面绣满了成双成对的鸳鸯。

到了这个地步,潘岳怎么还不明白那主人将自己掳来的目的？他猛地一推身侧的婢女,转身就想往外跑,不料那两个婢女手劲奇大,抓住他的胳膊便将他拽回了床前,不耐烦地呵斥道:“郎君逃不掉的。若是惹怒了主人,只怕你性命难保！”

潘岳数十年来深负美名，最厌恶恐惧之事便是因为色相沦为别人的玩物,因此哪怕两个婢女以性命相胁,依然不管不顾奋起反抗。两个婢女虽然劲力颇大,到底是女子,被潘岳以命相搏,顿时钳制不住。见潘岳径直朝门外奔去,两个婢女情急之下伸手一抓,竟是生生地将潘岳扳了回来,却也将他后背的丝袍扯破了一片。

“主人到!”就在僵持不下之际,门外忽然响起了几个人的脚步声。两个婢女听到这几个字,想起自己办砸了差事,不由脸色惨白,双膝一软跪在地上,大气也不敢出了。

“这是怎么了？”一个女子的声音从门口响起,仿佛一支长矛扎入了潘岳的后心,让他心中一紧,身体僵在了原地。他没有回头去看声音的主人,但那个声音从二十多年前便扎进了心底,哪怕只是一个字,他也能准确无误地确认她的身份。

“启禀主人,这位郎君他……他……”两个婢女跪在地上,磕头如同捣蒜一般,“婢子们办事不力,求主人饶命！”

“都退下。”就在所有人都以为主人会按照惯例处置两个婢女时,主人却一反常态地摆了摆手,“所有人,都退下！”

“是！”面对主人无上的权威,众人都不敢有丝毫异议。不一会儿,不仅跪在地上的两个婢女,连带主人身边伺候的奴婢们都齐齐消失,就仿佛整个别院内就只剩下了主人和潘岳一样。

潘岳依然背着身,没有回头。他甚至巴不得时间就此凝固,这样他就不必回头与那个“主人”对视，不必承担互相识别身份后无地自容的尴尬。

主人也一直没有开口，似乎潘岳的出现也大大出乎她的意料，让她也有些手足无措。

可是该面对的，迟早要面对。就在潘岳下定决心打破沉默时，一根指尖忽然触碰到了他后背，接着是第二根、第三根……仿佛萌动的新笋，轻轻搭在了他从衣衫破口处袒露的肌肤上。

不过轻轻一个触碰，对潘岳而言，却如同被烙铁烫到，惊得他猛地一倾身子，避开了那细细的指尖。

“这些伤，是杨骏之乱时留下的吗？”不待潘岳闪避，主人已经轻轻地开口。哪怕丝袍的破口不大，她仍可以清晰地看见那白皙的后背上道道暗红色的鞭痕，虽然年深日久，依然仿佛一席雪地上凌乱的红蓼，红到盛极之时被风霜欺压伏倒，肃杀惊心，却又凄艳惑人。

“是。”潘岳不愿那指尖再暧昧地碰触自己，终于不得不转过身来。他看着面前瘦小黧黑的宫装女子，怔了一下，还是没有像往常那样跪拜下去。

“孙秀害你成这样，果然可恶。”宫装女子没有料到潘岳的身上竟然留下了如此酷烈的印记，视觉冲击之下脱口叹道，“幸亏我已经派人杀了他，也算是为你报仇了。”

潘岳冷冷一笑，没有接话。当年害他入狱受刑，甚至害死了好友夏侯湛的罪魁，除了孙秀，还有眼前这个女人。更何况，还有那深埋在心底的司马攸枉死之仇，长子夭折之根，仿佛地狱的烈火一样灼烧着他。他没有揭露她、叱骂她，甚至扑上去扼住她的咽喉，已经是尽了自己最大的克制了。

“你为什么不说话？”自始至终只听潘岳说了一个“是”字，女子有隐约的不满。毕竟这么多年来，所有人见了她都是屈膝讨好，她已经不习惯别人的沉默冷淡。

“我不知道该怎么称呼主人。”潘岳淡淡道。

宫装女子愣了愣，忽然笑了：“你可以叫我阿时。”

“我记得阿时已经死了。”潘岳想起当年自己苦苦哀求对方释放怀孕的杨容姬时，对方亲口说出的那句话，心中一痛。若非这个女人的冷酷无情，自己唯一的儿子就不会夭折在西去长安的路上。

“是的，阿时已经死了，然后她就在这里做了神仙。”宫装女子轻轻抛下这句话，径直走过去坐在了那张宽大华丽的床上。她瞥见潘岳的脸色有变，轻哼了一声：“我没有想到是你。”

潘岳没有搭话，联想起昏沉中听到婢女提到的画像，心中大概猜到了一点轮廓。大概这座别院的手下每天在洛阳附近搜索和画像相似的美男子，或哄骗或强迫地带到这里来，沐浴更衣之后便送进这个房间与主人欢好。可是这个猜测依然悚人听闻，以对方万众瞩目的地位，一旦丑闻传出，就是天翻地覆的大灾变。

因为这个女子，就是当朝皇后贾南风。

“在想什么？”贾南风见潘岳沉吟不语，忍不住问。

“臣在想，一会儿皇后会怎样杀掉臣。”潘岳终于点明了女子的身份。反正他们已经互相认识了这么多年，再继续装下去也没什么意义。

“觉得我应该杀你灭口是吧？”贾南风笑了笑，轻轻用手指叩着床铺。事实上，几乎每一个被带进这间房的男子，最后都没有逃脱被灭口的命运。自从妹妹贾午从东宫术士那里打听来生男胎的秘方后，已经连生四位公主、求子心切的皇后贾南风就常常通过密道出宫，在这里与各色各样的男子欢好求子。对于找来的男子她只有一个要求——与画像上的容貌相似，而那画像，正是参照潘岳的面容画出来的。

只是这些话，她绝不会告诉潘岳。不过就算不告诉他，潘岳也应该猜得到她现在多么迫切地想生出一位皇子，这样才可以名正言顺地废掉东宫太子——那个与她相看两厌的司马遹。

“如果你可以证明自己的价值，我就不杀你。”见潘岳还是不开口，贾南风自我解围地道。

“皇后要臣怎么证明？”潘岳问。

“这里的事情，不用我说，相信你也不会说出去。”贾南风笑道，“虽然你是天下最美的男人，我是天下最丑的女人，可名誉对于我们，都一样重要。对吗？”

“皇后过谦了。”潘岳点了点头。这件事若是传出去，不仅贾南风后位不保，自己也必然身败名裂，死无葬身之地。那种死法，是他最不愿看到的一种。

“所以，我们现在可以彼此信任了。”贾南风拍了拍床边，示意潘岳坐下。见潘岳不动，她便一把掀开那床鸳鸯五幅被，露出只铺着细纹簟席的床铺，“别忘了，现在我只是阿时。你我之间，可以畅所欲言。”

“言什么？”潘岳仍是站着不动。

贾南风不知道潘岳心中对自己的恨意，只暗骂了一句呆子，却不好再逼迫他，漆黑的眼眸一转，忽然开口吟诵道：“夫观民宣化，为治之本。虽实小邑，犹须其人。又中正之身，优劣悬殊，苟知人者智，则不知者谬矣。莫如达官，各举其属。方岳九列，朝所取信。郡守虽轻，有刺史存。举之当否，实司其事。考绩累名，施黜陟焉。进贤受赏，不进贤甘戮。沮劝既明，则人自为谋，庶公道大行，而私谒息矣。”

见潘岳果然变了脸色，贾南风笑道：“怎么，你自己写的《九品议》，不记得了吗？”

“臣自然记得，却不料皇后也记得。”潘岳回答。

“其实你写的每一篇奏章，我都记得。”贾南风眯了眯眼睛，仿佛回想着什么，“我看到的你写的第一篇奏章是《谏客舍议》，还是你外放做怀县县令的时候写的。那个时候你还年轻，我也还年轻。一晃这么多年过去了，你写的每一个字，我都还记得。”

“臣不过是些微末浅见，让皇后见笑了。”潘岳的回答，仍然礼貌而疏离。

然而贾南风却不以为忤，能够这样近距离地和潘岳交谈，对她而言已经心满意足。“不，你写的每一封奏疏，都不是微末浅见，而是你发自肺腑的真知灼见。”见潘岳又要谦让，贾南风抬手止住了他，“我知道你想说自己多年沉沦下僚，品秩低微，从未做过世家子弟艳羡的清贵官职。可你这些年来无论外放县令，还是担任尚书度支郎、廷尉平、著作郎，在每一个地方都尽职尽责，成效斐然。《谏客舍议》中你力主朝廷保留小民自行经营的客栈，保住了多少人家的生计来源；《九品议》中你又针对世家子弟尸位素餐的弊政，不顾得罪世家大族，力主对他们进行考绩裁汰。檀郎，你做的每一件事都绝无私心，为国为民。虽然我坐得离你很远，依然看得清清楚楚。”

潘岳没有料到贾南风所谓“畅所欲言”竟是将自己大大赞扬了一通，不由怔住了。他看着面前这个瘦弱而黧黑的女子，不敢相信自己在她眼中，竟是这个样子。

“你在《九品议》中提到的考绩，其实我也想过，甚至找琅琊王氏的王戎一起协商过创立‘甲午制’，对世家子弟的政绩加以考核，可其中阻力之大，远远超过了我的预料。”贾南风叹息道，“所以你看我能用的朝廷官员，除了张华、裴頠他们，就只能是我贾氏族人。并非我有私心想扶持外戚，实在是只有他们才会真正为朝廷效命。”

“世家大族对社稷的危害，这一点还不算最严重的。”潘岳忽然开口。

“什么？”贾南风一惊，“你说说看。”

“臣曾经担任过几个地方的县令，又在尚书度支郎的职位上通阅过全国的户口和收支情况。”潘岳吸了一口气，慢慢道，“皇后可知，如今天下人口有多少？”

“一千六百万。”贾南风想也不想地回答。

“东汉末年人口是五千万,皇后相信现在这个数据吗?”潘岳问。

贾南风没有马上回答，斟酌着道:“自东汉献帝时到我武帝一统三国,乱世持续了一百多年,所以人口大幅减少情有可原。”

“可是天下一统承平至今也已经三四十年了,更何况三国时期曹魏东吴战事稀少,休养生息,人口也恢复大半。”潘岳郑重道,“所以哪怕按照最坏的情况估计，当今人口只有东汉末年的五成，那也是两千五百万,比朝廷统计的一千六百万足足多了五六成。”

“那这多出来的九百万人到哪里去了?”贾南风心中一惊。对朝廷而言,人口意味着税收和兵力。如今朝廷财力薄弱,兵力空虚,每每让她殚精竭虑,左支右绌,更何况九百万人只是最低估计,真正隐匿的人口绝对有上千万之数。

“那些消失的人口,自然是隐匿到了世家大族的庄园里,成了不入朝廷户籍的部曲和奴隶。”潘岳神色沉重地道,“臣多次外放县令,深知当今百姓生活之艰难。朝廷名义上的税收虽然是百分之二十,但由于士族冗官严重,公侯爵位泛滥,百姓手中土地稀少,所以百姓负担沉重,实际税负竟可以达到百分之六七十。另外各地名山大泽都被士族豪强占据,百姓砍柴汲水都要花钱,因此根本无法维持生计。所以大批良民不得不卖身为奴,隐匿到世家豪族中逃避赋税。这种人称为‘荫客’,几乎占到了全国人口的一半。”

“宗室豪族掌握了天下一半人口,朝廷官员又几乎都被士族占据,庶族对于士族的恨意究竟有多深,大概皇后是很难设想的吧?”潘岳叹道,“一旦这种仇恨爆发,只怕连朝廷也没有约束之力了。”

“这个我知道,如今实行的九品中正制,所有选官的权力都在世家手中,真真是任人唯亲。不过朝廷中也有庶族人才,比如司空张华,就是庶族的代表。”贾南风辩解,“还有我信任的积弩将军孟观,也出自庶族。”

“能进入朝廷的庶族毕竟是少数，那皇后以为，大部分走投无路的庶族人才去了哪里？”潘岳问。

“去了……”贾南风看了看潘岳，见他略略点头，知道自己所料不差，“去了各司马氏诸侯王的军中。”

一念及此，贾南风不由后背发凉。洛阳公卿再怎么贪婪，始终见风使舵，不过是癣疥之患，而那手握几十万大军的各司马家藩王才是她真正的心腹大患。想起镇守寿春的淮南王司马允，镇守长安的河间王司马颙，镇守邺城的成都王司马颖，镇守关中的梁王司马肜……贾南风藏在袖子里的手微微颤抖，半天才咬牙道：“都怪武帝生前定下铁律，非司马家宗室不得镇守重镇，否则关中怎么会被赵王、梁王弄得一团糟！”

“唉，宗室之强、士庶之别，还有胡人之乱，这三件扰乱我朝的大患确实盘根错节，相生相长。”潘岳见贾南风神色凝重，有心安慰两句，却想起这三件大患二十多年前的司马攸就早有预言，而司马攸又正是被眼前这个女人害死，忽然觉得大道昭彰竟然如此荒谬，竟一分多余的话也不想说了。

“这三件大事，只能一件一件解决。”贾南风没有注意到潘岳神色的变化，只顾沉吟着说，“我早就有心重新丈量土地，勘察人口，可兹事体大，就连当初的武帝也没能实施。除非……除非我的权势，还能胜过武帝。”

“胜过武帝？”潘岳陡然一惊。难道真如同传言中的一样，贾南风有让贾氏取代司马氏之心？

“怎么了？”贾南风见潘岳直勾勾地盯着自己，猛地醒悟自己说错了话，“我不是那个意思，你不要误会。”

“臣相信皇后。”潘岳咬了咬牙，终于开口，“可是鲁国公年轻，日常有不少轻慢太子之处。更有甚者，去年宣武观阅兵之际，据说鲁国公就曾于偏殿之中，暗中召集人跪拜……”

命人行跪拜大礼,在历朝历代都被视为有称帝野心。因此贾谧此举虽然是空穴来风,日后却足以成为他改朝篡位的端倪。

“什么,他竟敢如此?”贾南风一惊,随后便是一怒,“年轻人狂妄惯了,做事不知天高地厚,我一定要好好教训教训他。否则我贾氏一门,就要毁在他的手里了!”

被这个消息刺激,贾南风从床上站了起来,来回踱了几步:“看来,我还要进一步约束贾家人谨言慎行。天下分崩离析多年,统一不易,稍有不慎就会引发大乱,我这些年来都是游走在薄冰之上。”她蓦地抬起头,殷切地看着潘岳,“檀郎,既然你我所见略同,那我今后要做的事情,你能帮助我吗?”

“皇后忘了?臣现在就在鲁国公处担任幕僚,原本就在辅佐贾氏。”潘岳心中情绪翻江倒海,口中却竭力平淡地回答。

“嗯,你日常也多规劝他些,做事不要太出格……”贾南风终于意识到潘岳神色变幻,蓦地意识到什么,“我知道,你心中对我是有怨言的。不过但请看在江山万民的分儿上,不计前嫌,尽力帮我一把。”

“那皇后能许诺我什么呢?”潘岳淡淡地问。

“我想许你河清海晏,天下承平,但这话太过空泛,估计你也不会相信。”贾南风笑了笑,认真地想了一会儿,终于缓缓开口,“我许你节制士族特权,还各族百姓一条宽裕生路,还庶族士子一条晋升之道,而那些手握重兵的诸侯王,我也会善加安抚,绝不让他们心生异志。”

见潘岳脸上终于露出惊异之色,贾南风得意一笑:“那么,你肯不肯帮我呢?”

看着这个瘦小女子脸上露出的自信神色,潘岳只觉有一束光照进了心底,让他终于咬牙咽下了心中诸多的怨恨不平,郑重地点了点头:“为保皇后万金之躯,这个地方,以后还请不要再来了。”

“好。我也是昏了头,才病急乱投医。”看着他认真的模样,贾南风不由自嘲一笑。这间别院,原本是她听信妹妹贾午献上的“生子秘方”后布置的,却不料在这处处透着淫靡之气的温柔乡中,她竟然和潘岳认认真真地讨论起了政事。她偷眼打量潘岳的面容,发现他这些年果然老了许多,不再是当年倾城若狂的少年模样。可是这饱经风霜的容颜,却让贾南风的心顿时柔软下去——就这样她做她的皇后,他做他的纯臣,也是世上让人欢喜的事情了。

“说起来,我还真的是嫉妒杨容姬啊。”看着潘岳离去的背影,坐在权力巅峰的皇后一把扯下床边悬挂的飞仙帐,用力慢慢撕成了两半。

第十章

泄　　密

逝日长兮生年浅，忧患众兮欢乐鲜。

——潘岳

深夜，一道闪电从洛阳城上空劈过，接着就是几声轰隆巨响，仿佛天神借着乌云的遮掩，向着人间咆哮出他的愤怒。

与此同时，洛阳最炙手可热的鲁国公府后宅内，也响起了一声尖利的惊叫，随后便是崩溃般的号哭。

“夫人又做噩梦了，赶紧去请国公！”惊慌的奴婢们奔出富丽堂皇的卧房，冒着噼里啪啦砸下的雨点向着院外跑去。

没过多久，鲁国公贾谧踩踏着雨水赶了过来。他只在寝衣外匆匆披了一件大氅，而身边举着纸伞的侍从，则必须小跑着才能跟上他迅疾的脚步。

“娘！”才刚走到门口，贾谧就一把扯下沾满雨水的大氅，快步走了进去。借着奴婢们点起的烛火，他看见母亲贾午正蜷缩在雕花大床的一角，一边颤抖，一边流泪。

挥手斥退了屋内的奴婢，贾谧坐到床边，伸手揽住了贾午的肩头：“娘是又梦见爹爹了吗？”

贾午点了点头，用白丝手绢抹去眼泪，哽咽着说：“嗯，刚才你爹爹过来说，我们早前奉献的那些祭品都没用，他在九泉之下，还是会被……被欺负。”

贾谧顿了顿，心中有些失望。他一直想知道母亲口口声声说死去的父亲韩寿会被谁欺负，可是问过几次贾午都不肯告知他真相。贾谧并不是傻子，自然猜得到父母曾经做过什么见不得人的事，所以父亲死后才怕在黄泉之下被受害人报复。可是能让他一辈子强势的母亲贾午如此害怕的死者，究竟会是谁呢？

贾谧还年轻，并不信什么阴间黄泉的报应。不过看着母亲如此惊惧的模样，作为儿子他也只能柔声安慰："看来是以前那几个术士无能。要不儿子明天再去寻几个有本事的术士来，多多置备祭品为父亲消灾祈福。"

贾午点了点头，对付黄泉之下的法子，似乎也只有这么一个。"对了，你说起术士，我听说如今五斗米道风行天下，洛阳的达官贵人有不少拜入门下，甚至连太子顺利生下皇长孙，也是仰仗东宫里天师的功劳。"贾午忽然想起什么，"要不你去找个五斗米道的天师来看看？"

"好，儿子明日一早便去请。"贾谧宽慰地朝母亲点头，"母亲好生安歇，保重身体。"

"嗯，你马上就要娶亲了，这件事我这做娘的一定要为你办好。"贾午看着儿子清俊的脸，想起死去的丈夫韩寿，悲伤一笑，"看着你成家立业，你父亲也会欣慰的。"

第二天，贾谧果然派人为贾午寻来了一位五斗米道天师。这位天师据说道行高深、见多识广，对于招魂通灵、禳灾祈福更是拿手。

"在下五斗米道天师张林，见过夫人。"那张林被带入鲁国公府后礼数周全，举止自若，一看就是在各官宦人家混熟了的。

贾午这些年来虽然心性高傲，但为了亡夫还是放下身段，对这位天师张林甚是客气。听她说明了设祭的目的，张林胸有成竹地道："此事不难。只需准备好三牲供品，再书写一份求情祈福的祭文，在灵前烧化，就可以平复怨灵，不再作祟。"

"祭文能否由我自己书写？"贾午到底忌惮害死司马攸的事情泄露

出去，哪怕心疼亡夫韩寿，也不敢假他人之手。

张林油滑，怎会看不出贾午有难言之隐，当即笑道：“自然可以。夫人不仅可以亲自书写祭文，还可以亲自焚烧。”说完，他拍了拍手，身后的小童便奉上了一卷专用于书写祷神文的青纸。

贾午放下心来，果真命张林准备祭祀仪式，自己则亲自给司马攸的在天之灵写了一封言辞恳切的祭文，诉说当年谋害他是万不得已，求他高抬贵手放过韩寿。如果司马攸实在怨气难平，就请指点需要什么祭品，就算是天上的凤凰水中的蛟龙，自己也会为他办到。

待到贾午的祭文写好，张林也换上了绛红色的法袍，披发仗剑，在庭院内布置出了一个祭坛。为了保密，贾午特地将书写着司马攸名字的牌位用黑布遮盖，这才亲手将它放置在了供桌正中。

张林掐算好时辰，踏罡步斗舞了一通桃木剑，口中念了一段别人听不懂的咒文，这才示意贾午上前。贾午在司马攸的灵前拜了几拜，又虔心祝祷了半晌，这才将那篇祭文在火盆里焚烧了。

“夫人累了，请自去休息，贫道接下来还要行使秘法，不能为外人窥见。”待祭文全部焚化，张林礼貌地下了逐客令。

贾午点了点头，抱起那块被黑布遮蔽的牌位，带着下人离开了院子。等到所有人都退下，张林四处逡巡了一下，终于蹲在熄灭的火盆前，用一根火签轻轻拨动着纸灰。

寻常纸张焚化之后虽然也会残留墨迹，但纸灰薄脆，只能看到最外沿的几个字。可张林提供给贾午的这卷青纸乃是特制，哪怕焚烧之后也极具韧性，用火签一拨就可以片片剥离，将主人家不欲为外人道的阴私看得清清楚楚。

正是因为如此，张林的手中，积累了不少洛阳达官贵人的秘密。

这一次为鲁国公贾谧的母亲、皇后的妹妹贾午举行秘密祭祀，张林早已揣满了好奇。现在他终于可以偷窥贾午的秘密，眼光随着那片片剥落的纸灰阅读着上面的墨字，虽然不够连贯，却也可以猜到大概。待到看清了祭文上的内容，张林的心不禁扑通扑通地跳了起来——自己看到的，竟然是这样一个惊天动地的秘密！

用火签将那些纸灰搅成一堆碎屑，张林草草结束了祭祀，收了贾午派人送来的报酬，径直离开了鲁国公府。

支走身边的小童，张林钻进一间洛阳街头常见的小酒馆，熟门熟路地走进了楼上的隔间。他要了几盘小菜和两壶酒，还没喝上几口，隔间的门便被人推了开来。

“有什么急事快点说，太子还等着我一会儿给他占卜吉时呢。”孙秀迈步走了进来，端起一杯酒猛灌了下去，看得出是匆匆赶路，渴得很了。

张林是孙秀在琅琊时的老部下，虽然如今也荣升到天师的位置，但对孙秀仍然以下属之礼相待。他站起身将虚掩的房门关严，这才附耳对孙秀道：“方才属下去了鲁国公府，发现……”

“什么？”孙秀原本还要灌下第二杯酒，听了张林的话顿时把酒水呛了出来，“此事当真？”

“属下将那祭文看得仔仔细细，绝对无误！”张林拍着胸脯保证。

“天助我也！”孙秀沉吟了一会儿，蓦地一拍桌子，哈哈大笑起来，“我们的机会来了！”

“天师有何高见？”张林虽然也觉得这个秘密关系重大，却不知该如何利用。

“你现在就去联络赵王，让他安排你面见齐王母子，将贾午害死齐献王司马攸的事情告诉他们。”

“还是赵王？”张林有些迷惑，“听说现在太子对天师十分信任，这样一个绝佳的对付皇后的机会，为何不献给太子？”

“我知道你的意思，看不上赵王没本事，又怨恨他关键时刻把我扫地出门。”面对自己多年的心腹，孙秀并没有隐瞒，“刚进东宫的时候，我也曾经考虑过要不要改换门墙。然而经过我这些日子的观察，太子这个人自负聪明，刚愎自用，若是成功就归功于自己，若是失败就推诿于他人，为他卖命，将来未必有好结果。反倒是赵王虽然不聪明，对我却十分依赖。只有助他上位，我们才能真正掌握权力。”

“天师说得对，我这就去禀告赵王。”张林点头，“那等我见了齐王母子，又该如何说呢？毕竟那纸灰已经被贾午处理掉，不会再有什么证据了。”

“照实说就可以，不必添油加醋。就算没有证据，你的话也足够齐王母子相信了。”孙秀想了想，又补充道，“对了，你可以从旁提醒他们一下，这件事太过重大，最好找可信任的人参详参详。”

“是。属下这就去赵王府。”张林说着，向孙秀拱手告别，“天师也快回东宫去吧。”

孙秀点了点头，脸上露出了得意而阴鸷的微笑。齐王母子一旦得知杀父杀夫的真凶，必定会请潘岳帮忙。而潘岳夹在齐王府和贾氏之间，一招不慎，便是杀身之祸。

“是背叛旧主还是背叛新主，潘岳，檀郎，这次你都逃不掉身败名裂的下场了！”孙秀将手放在胸前，就算隔着衣料，他也能感到那三道陈旧的鞭伤在突突跳动，仿佛无声而狂喜的号叫。

自从齐王司马冏在潘家被宗师府抓走之后，潘岳就一直为他悬心不已。听说司马冏在宗师府受刑惨烈，潘岳忧心地上门探望，却在齐王府大门口吃了闭门羹。他知道这番贾荃和司马冏对自己满怀怨恨，却苦于无法解释，没想到自己还会收到来自齐王府的邀请。

一收到邀请，潘岳立刻换上衣服出门。毕竟莽撞也好，狠辣也罢，司马冏都是司马攸的嫡子，潘岳不可能真正对他坐视不理。

乘坐齐王府的马车到达之后，不待通禀，便有人将潘岳向王府内引去。自从武帝司马炎将原来的齐王府赐给秦王司马柬后,贾荃与司马冏就搬到了如今的齐王府，无论气派与装饰都与以前的齐王府不可同日而语。秦王司马柬死后,贾荃曾经怂恿司马冏上书要求搬回旧宅,但贾南风不知为何迟迟不曾答应。因为这件事,贾荃与贾南风之间又增加了一道裂痕。

齐王府既然不大,潘岳往里走了没多久就到达了内宅花园。与他印象中的花园不同,这片花园虽然是“园”,却根本无“花”,甚至连树木都被砍得干干净净。宽敞的院子内洒遍黄土，两侧分别支起箭靶和兵器架,俨然被改建成了一个练武场。

院中,齐王司马冏,正身穿劲装,对着一个真人大小的木人练着剑术,口中还不断念念有词。

眼看司马冏劈刺正酣，潘岳第一个反应是司马冏的刑伤已经痊愈了,一路上紧绷的心弦彻底放松下来。他不愿打扰司马冏练剑,便静静站在一旁,观察着少年矫健的英姿,用心分辨他口中呼喝的句子。

司马冏口中所念的,似乎是诗,又似乎是赋,四字一句,抑扬顿挫。他每念出一句,手上就对着木人使出一剑,或劈或砍,或削或刺,直将那个木人砍得木屑纷飞,眼看头颅都要从肩膀上掉落下来了。

司马冏不知先前已练了多久，早已汗流浃背，声音也气喘吁吁的。因此潘岳听了一会儿，才从他粗重的喘息声中分辨出所念的词句：“……猾哉部司,其心反侧。斫善害能,丑正恶直。牧人逶迤,自公退食。闻秽鹰扬,曾不戢翼。忘尔大劳,猜尔小利。苟莫开怀,于何不至……”

这竟是潘岳为含冤而死的马敦新写的《马汧督诔》!

潘岳震惊之际,司马冏已吟诵到了最后几句:“死而有灵,庶慰冤魂。呜呼哀哉！”说到最后一句“呜呼哀哉”,他的手上猛地用力,一剑斜劈而下,竟是将那木人从肩至腰劈成了两半!

“山奴!”觉察到司马冏的滔天恨意,潘岳忍不住惊呼了一声。他不相信司马冏对马敦会有如此深厚的感情，所以他必定是借着这篇《马汧督诔》来发泄心中的怨恨。那被他一剑劈开的木人，又代表的是谁？

司马冏双手持剑，维持着最后一劈的姿势，沉声道："檀奴叔叔这些年变了很多，唯有从你所写的哀诔文中，我还可以看到你当年恩怨分明、重情重义的影子。我今天读这篇《马汧督诔》，只觉得词旨沉郁，声情激越，烈士怨情扑面而来，哪怕《史记》《离骚》也不过如此。怪不得朝廷读过之后，不仅公开下旨为马敦昭雪冤情，还命人在汧城和雍州都为他设立祠堂，供奉三牲。马敦这一生，也不算苟活了。"

"理应如此，齐王殿下过誉了。"潘岳觉得司马冏的行事口气都有些古怪，却不明原因，只能谨慎地回答。

司马冏轻笑一声，过了半晌才缓缓收了剑招，慢慢回过身来。他看了看潘岳，接过身边侍从递上来的毛巾擦了擦脸上的汗水，这才哑着声音道："请檀奴叔叔先在厅中等候，我换了衣服就来。"

"好。"潘岳觉得司马冏似乎有哪里不太一样，却又说不上来，只好跟着仆人前往待客的小厅。直到在厅内坐好，他的脑中依然晃动着司马冏那双被仇恨烧红的眼睛。

坐了一阵，门外果然响起了脚步声。潘岳站起身来，看见率先进门的乃是齐王太妃贾荃，而司马冏则亦步亦趋地跟在她身后。贾荃和司马冏都穿着一身白色的素服，乍看上去仿佛在为某人服丧，而他们母子眼中一模一样的神情让潘岳骤然一惊，涌上了不祥的预感。

"得知潘郎君刚升任了给事黄门侍郎，在此先恭喜了。"贾荃嘴角勾起，眼中却依然一片冰冷，"山奴，记得以后要改口称'潘侍郎'了。"

"臣下不敢。"尽管早已熟悉了贾荃特有的讥诮口吻，潘岳仍是不愿接触她的目光，只对着母子二人拱手逊谢。最近贾南风确实将他升任为给事黄门侍郎，品秩相较以前的著作郎虽然提升不大，但给事黄门侍郎每日在宫中随侍顾问，不仅可以常常接触帝后，还可以参与朝廷密谋，实在是一个亲近而又机密的职位。当今朝廷上首屈一指的司空张华，也正是从著作郎升为黄门侍郎，步步高升，位极人臣。

这个职位，是皇后贾南风特意为潘岳挑选的。明眼人不说，潘岳自己也明白，所以贾荃短短几句话，才那么切中要害。

“既然潘侍郎现在官高事冗，我们就不耽搁时间了，直说了吧。”贾荃说完，径直走到上位坐下，示意儿子司马冏开口。

屋内早已摈退了一切从人，因此司马冏也不犹疑，直截了当地对潘岳道：“我们知道了谋害我父亲的真凶。”

此言一出，无异于石破天惊。潘岳呆了一会儿，终于理清自己纷乱的神志，颤抖着声音问：“凶手是谁？”

“下手之人是韩夫人贾午，而幕后主使之人，不用说自然是当今皇后了！”司马冏说话的时候一直盯着潘岳的脸，敏锐地发现他虽然震惊，却并不如自己原先预料的那样剧烈，更没有因为投身贾家而显出后悔愧疚，不禁诧异道，“难道檀奴叔叔早就知道了？”

“什么，你早就知道了？”见潘岳并未否认，原本一直努力克制自己的贾荃忍不住扑到了他面前，一把抓住了潘岳的衣领，“你既然早就知道是贾南风和贾午害死桃符，为什么不说？”

“不仅不说，还投靠了贾谧，成了皇后眼前的红人。”司马冏也难以置信地红了眼眶，声音嘶哑地追问，“这究竟是为什么？”

见潘岳脸色惨白，却依然紧抿着嘴唇不开口，司马冏又急又气，颤声道：“今天我一直在读你所写的《马汧督诔》，你对马敦蒙冤而死尚且如此激愤，为何对我父亲的死如此淡漠？究竟是我父亲与你的交情比不上区区一个马敦，还是贾家赏了你一个黄门侍郎的头衔，就足以买去了你的良心和节操？你大半辈子的清名，就只值区区一个黄门侍郎吗？”

“那你们想要如何？”潘岳推开了贾荃的手，理了理凌乱的领口。虽然方才他一直沉默，但此刻甫然开口，却觉得嗓子撕裂一般地痛，仿佛竭力嘶喊了很久很久。

“子夏曾经问过孔子：‘居父母之仇，如之何？’孔子回答：‘寝苫枕干，不仕，弗与共天下也。遇诸市朝，不反兵而斗。’”司马冏惨笑道，“孔子尚且说，遇到杀父母的仇人，哪怕在街市上也应该与他拼命。檀奴叔叔你这个以儒学自居的大才子居然问我想要做什么？”

“我想要做的事，自然是复仇！”司马冏红着眼睛，狠狠磨着雪白的牙齿，看上去就像是一头失怙的孤狼。

“如何复仇？”潘岳又问。

司马冏一滞。下一刻，贾荃已经代替他将大逆不道的话说了出来：“自然是要借此机会，废黜贾南风，向天下公布她们两姐妹谋害齐献王之罪！”

“你们说贾皇后姐妹谋害桃符，可掌握了真凭实据？”潘岳忽然问。

这个问题让贾荃一僵，随即回答：“有人证。”

“难道太妃认为，区区一个人证，就可以指控当今皇后吗？”潘岳冷笑道，“如此说来，皇后当年诏命楚王杀死汝南王和卫瓘，事后又翻脸不认人杀死了楚王，岂不更是证据确凿？我记得当初在刑场上楚王就出示了圣旨，可撕毁那圣旨的，正是齐王殿下吧？当初皇后将正牌皇子楚王斩首东市，宗室尚且不敢行动，何况早已死了多年的桃符呢？”

“你闭嘴！”贾荃愤怒地举起手，想要给潘岳一耳光，手腕却被司马冏死死拽住了。

“母妃息怒！”司马冏虽然也失望于潘岳的反应，脑子却比贾荃清醒了几分，“檀奴叔叔说得也对，若是我们贸然将此事捅出去，未必能扳倒皇后，反倒会给我们自己带来灾祸。”

“那你就想一个办法，怎么扳倒贾南风？”贾荃满怀期冀地盯着潘岳，“只要能杀了她们姐妹为桃符报仇，就是要我的命也在所不惜！”

看着贾荃眼中不加掩饰的疯狂神色，潘岳的心不由一沉，几乎不敢相信她与贾南风、贾午还是同出一父的姐妹。虽然知道自己接下去说的话更要触怒贾荃母子，潘岳还是把心一横，缓慢却清晰地说道：“贾皇后不能倒。”

“什么？”贾荃一愣，随即怒道，“你在说什么？贾南风姐妹于我有夺母之恨，现在又有杀夫之仇，我为什么不能把她拉下皇后之位，让她们为自己的罪行付出代价？”

“若是早些年知道杀害桃符的元凶，我们确实可以向贾皇后姐妹报仇。”潘岳叹息，“可是现在，已经晚了。”

“为什么晚了？就算她现在权倾朝野，天下兵权都还在司马家诸侯王手中，要废黜她的后位易如反掌！”贾荃不服。

“怎么废黜，引诸侯之兵来攻打洛阳吗？”潘岳不知怎么想起了在那个秘密别院中与贾南风的对话，还有她对自己许诺时坚定而自信的目光，轻轻摇了摇头，“当今天子暗弱，朝廷之所以还能控制全国局势，全赖皇后坐镇之功。若是没有皇后和贾氏，辅臣之位势必为诸藩王所力争。他们掌握着天下兵马，一旦引入洛阳，就是无法遏制的祸端。这样造成的破坏，势必比杨骏、汝南王和楚王当年更甚百倍。不是我不想为桃符报仇，实在是投鼠忌器，不敢因私怨而祸乱天下。”

“谁说除了贾南风就没人能坐镇朝廷，不是还有太子吗？”贾荃反驳。

“自古以来，只要天子尚在，太子都在东宫以养德为主。难道太妃还想在废黜皇后的同时，逼天子退位？”潘岳冷静地回答。

贾荃蓦然无言。如果说废黜贾南风她还名正言顺，废黜天子就是十恶不赦的谋逆大罪了。这个罪名，以现在齐王府的实力，根本担当不起。一个不慎，就会被其他人当作弃子，利用完之后就沦为顶罪的牺牲品。

无论太子司马遹，还是拥有重兵的淮南王司马允、成都王司马颖，都不是善茬。她再报仇心切，也不会把齐王府的满门性命置于别人的屠刀之下。

司马冏一直在仔细听着贾荃和潘岳的对话，此刻见贾荃词穷，便重新引出一个话题："既然引各诸侯援助风险极大，那能否想个办法让太子和皇后相斗？反正皇后早看太子不顺眼，若她有加害太子之意，洛阳的宗室和世家就可以名正言顺地废黜她。这样既能报仇，又将对社稷的侵扰降到最低，只要贾南风能倒，未必要以我父亲的死因作为缘由。"

"山奴说得极是，只要贾南风对太子动手，贾氏执政的根基就不复存在。"贾荃赞赏地看了司马冏一眼，心中还有一个想法没有宣之于口——一旦贾南风和太子斗得两败俱伤，作为景皇帝嗣孙的司马冏就有了上位的可能。

"实不相瞒，我投入贾谧门下，就是为了劝诫贾氏尊重太子，避免宫闱之中再起内乱。"潘岳到底没有把他与贾南风的密谈说出来，更不可能说出他对贾南风执政理念的认同，"为天下计，我绝不同意贾皇后向太子下手。"

"可如果是太子先向贾南风下手……"贾荃还想说什么，司马冏却使劲扯了扯她的衣袖。他搀扶着因为激动而浑身颤抖的贾荃，向潘岳浅笑了一下："道不同不相为谋，就不耽搁檀奴叔叔的时间了。不过檀奴叔叔若是以后改变了主意，我们随时欢迎你回来。"

"好，今日之事我必定守口如瓶，还望二位也三思而行。如果桃符还在，他也会主张以社稷安危为重，个人恩怨为轻。"潘岳既然无法熄灭贾荃和司马冏母子的复仇烈火，就只能搬出司马攸的主张，让事态的发展局限于可控范围内。见司马冏已经下了明确的逐客令，潘岳不便在齐王府多待下去，拱了拱手，匆匆离去。

看着潘岳的背影，贾荃反握住司马冏的手臂，幽幽地问："你觉得，潘岳以后会不会反过来与我们为敌？"

"不知道。"司马冏的目光也紧盯着潘岳，语声中含着浓浓的困惑，"他是真的为国为民，还是贪图贾氏给的荣华富贵？他的心思，我从来猜不透。”

“不管怎么说,你刚才提到的让太子和贾南风两败俱伤的计谋,确实值得一试。”贾荃若有所思,“鹬蚌相争,渔翁得利。我们如何做那渔翁,可要好好琢磨琢磨。”

“赵王说他在东宫之内设有眼线,深得太子宠信。所以这一次,我们少不得要和赵王联手了。”司马冏眼中的迷惑渐渐转为阴狠,“皇后和太子积怨已久,要挑拨他们互斗,有的是机会。就算皇后不动手,也可以撺掇太子先动手。到了那个时候,我倒是想看看檀奴叔叔会怎么做。”

暗流涌动,此刻的东宫之内,太子司马遹正独坐在后花园的一处凉亭内,端着酒杯自斟自饮。一壶喝光,他便将空空的纯银鎏金酒壶抛出亭外,响亮的哐啷声将伺候在亭外的侍从吓得胆战心惊。

“酒呢? ”一口气将身边几壶酒都喝了个精光,司马遹伸手摸索不到新的酒壶,便乜斜着醉眼骂道,“狗奴才都死到哪里去了,还不上酒? 看本太子打烂你们的狗头! ”

此言一出,身侧果然响起了由远及近的脚步声。太子等了一会儿,没有等到酒,正要发作,忽然有人在耳边笑道:“太子殿下,大喜啊! ”

“大喜,喜什么喜?”司马遹不等那人说完,气往上涌,忽然双手一拂,将食案上的杯盘碗盏都掀到了地上。他和贾谧同时向琅琊王氏的王衍家求亲,王衍最后却将貌美的长女王景风许配给了贾谧,将貌陋的二女儿王惠风许配给了太子。这样厚此薄彼的做法,怎么不让心高气傲的太子司马遹怒火中烧?可是就算心里被怒火烧成焦炭又怎样?他还不是得忍气吞声接受这门亲事,甚至连喝得半醉的时候,也心中警惕,不能将这不满的根源宣之于口。

这样憋屈的日子,他司马遹实在是过得生不如死。

“恭喜太子,方才在下刚刚得知了一件极大的秘事,特地赶来告知太子。”那声音虽然压得极低，却压不住荡漾的喜气，让喝得昏昏沉沉的太子也忍不住转过脸，恰正看见了改名贾生的天师孙秀的脸。

“说来听听。”相对于孙秀的满脸喜色，太子司马遹显得兴味寡淡。他现在这太子之位岌岌可危，还有什么事情能真正让他欣喜？

孙秀四顾了一下，见侍从们都远远地候在凉亭外，便凑到太子耳边，嘀嘀咕咕地说了一通话。

“什么？”太子刚开始还漫不经心，后面眼睛却睁得越来越大，越来越清醒，竟是连那五分醉意都消失得干干净净。他一把攥住了孙秀的手腕，颤抖着声音问：“你说的可当真？”

“若有半字虚言，太子殿下就砍了我的头去。”孙秀用手掌在自己脖子上轻轻抹了一下，低声道，“据我道中弟子所说，皇后那处秘密所在就在洛阳城外不远。若是此刻派人前去，必定能找到证据，说不定，还能捉奸在床呢。”

“派人去捉皇后的奸？”太子只觉脑中经脉突突乱跳，似乎血流都被这个突如其来的消息烧得沸腾起来，随时会爆裂血管喷涌而出。无论怎么说，当朝皇后贾南风在外私设秘宅，掳掠诸多美男欢好，单这一项就可以将她从九重天上直打入九幽地狱。这样淫乱的罪名，虽然没有以前阴谋杀害宗室大臣可怕，在世人眼中却是十恶不赦的大罪。一旦坐实，贾皇后和她身后的整个贾家就万劫不复了！

“东宫现在有上万兵马，太子只需派出百人，就可将那处秘宅拿下。”孙秀自然不会说让贾南风与外男交合、行求子巫术是自己的主意，只是不断催促太子，“事不宜迟。若是被皇后发现端倪，就再也抓不住证据了！”

太子司马遹低着头，一言不发，却有细细密密的冷汗从他的额头上沁出，顺着鬓角慢慢流淌下来。他闭着眼睛，眼睫微微颤抖，不知过了多久，才重新睁开了眼：“不行。”

“为什么不行?”孙秀急道,“这是太子最好的机会。若不抓住,难道眼睁睁地为人鱼肉,任人宰割?”

“皇后向来心思缜密,做事断不会留下把柄。若是我贸然派兵,很可能不仅抓不住证据,还中了皇后的圈套。”太子摇头,“我如今如履薄冰,绝不可冒险。”

“太子所虑,也有道理。”孙秀知道太子心思谨慎,想要挑拨他主动与贾南风相斗并不容易。好在他早已准备了另一条计策,当即不慌不忙地道,“太子若是不愿出面,在下还有一个办法——若是能抓住与皇后私通之人,取得口供,公诸天下,那皇后就是有通天之能,也无法自保了。”

太子眼前一亮,随即又暗淡下去:“以皇后的心狠手辣,那些被她掳掠的男子估计没有活口了吧。”

“确实大部分都被皇后处死了,不过还留下了一个。”孙秀的脸上,忽然露出了阴毒而又狎昵的神色,“这个人,皇后舍不得杀。”

“哦,是谁?”太子精神一振。若是能抓住这个人,将事情闹大,贾南风就算不死,也必定会被废黜。身为皇后却秽乱宫闱,这样的大罪,任何人也无法保全。

“那个人,太子也是见过的……”孙秀再度凑近太子的耳朵,清晰地道,“黄门侍郎潘岳。”

“原来是他!”太子愣了愣,唇边慢慢露出冷笑,“怪不得,连皇后都下不了狠心。”笑完了,他眉头却是一皱,“潘岳现在是皇后和贾谧的红人,要怎么才能让他指认皇后呢?我记得当年就有人指控他私通杨太后,将他下廷尉狱拷问,却最终什么都没有问出来。这个人的嘴,看来是严得很的,否则皇后怎么会信任他?”

“杨太后的事情,原本就是子虚乌有,所以潘岳能横下一条心否认,贾皇后也就心软赦免了他。可是如今他做贼心虚,若是我们再使用些非常手段,容不得他不招。”孙秀轻轻磨着牙齿,一副胸有成竹的模样。

“什么非常手段?”太子半是好奇,半是担忧,“不管你要怎么做,都不能连累我东宫。”

“平常刑讯,潘岳绝不会招供,所以必须以性命相逼,让他体会到濒死的绝望,才有可能获得供词。”孙秀阴恻恻地笑道,“太子殿下放心,在下有分寸,既让太子亲眼得见潘岳的丑态,又绝不牵连其中。”

“嗯。”太子点了点头,“此事重大,若只凭东宫之力,怕是孤掌难鸣。所以得事先联络一些可靠之人,到时候才可以壮大声势。”

“太子想要联络谁?”孙秀问。

“若论可靠,自然非皇室宗亲不可。”太子思忖道,“赵王曾经建议我向贾谧之妹求亲,可见是真心待我,你便将我们的计划告知他吧。”太子知道孙秀是赵王司马伦送进东宫来的,说不定背地里还和司马伦暗通款曲,自然要做个顺水人情。

谁知孙秀一听,却立刻将头摇得拨浪鼓般:“这件事,还是先不要告诉赵王的好。”

“为什么?”太子眯起眼睛,眼中满是探究的光。

“赵王固然对太子忠心耿耿,却也一直对潘岳念念不忘。”孙秀无奈地笑了笑,“若是知道针对的是潘岳,只怕赵王一时冲动,会坏了大事。”

见太子点头,孙秀又道:“过几日贾谧要前往邙山扫墓,正是召潘岳进东宫的好机会。不过就怕他上次在东宫吃过亏,不肯单独前来。”

“这个你不用担心,我自然有办法让他来。”太子自恃身份,并不愿事事都对孙秀说明——除了赵王,他还准备联合另一个人:齐王司马冏。虽然当年谋划不成,司马冏毒死了东宫左卫率刘卞,却也同时保住了太子,因此太子对司马冏的信任并没有减损。如今司马冏虽然被免去了左卫将军之职,却将势力延伸进了保卫太子的东宫卫队。只是这一招暗棋,太子并不会告知他人。

司马冏是从东宫派来的小内侍那里得知太子和孙秀的计划的。虽然小内侍只是寥寥数语，司马冏却知道了大概——太子准备借潘岳单独进东宫讲授《汉书》之际，在祭祀中命他喝下孙秀提供的“符水”，从而让他自行招供与宫中有关的秘闻。至于这个秘闻是什么，小内侍也不知道，只说太子刻意请齐王殿下那时过去，就是为了做一个见证。毕竟齐王殿下孝名卓著，在宗室中颇有清誉，这个见证，比其他人都会更有分量。

司马冏私下里结交赵王司马伦，早已从司马伦那里套出实情，得知如今太子宠幸的五斗米道天师贾生就是诈死逃生的孙秀。虽然以前因为潘岳之事恨孙秀入骨，司马冏却奇迹般没有将这件事告诉潘岳。此时此刻，他的盟友是赵王，而孙秀又是赵王的心腹股肱，他与孙秀的立场已经悄然转变。反倒是潘岳的姿态，更让司马冏失望和提防。

然而失望归失望，提防归提防，司马冏仍是不甘心看孙秀对潘岳下手。他知道孙秀对潘岳的滔天恨意，一旦潘岳落在他手中，就算不死，也要身败名裂，那以后又怎么能指望潘岳辅佐自己？司马冏背着手在屋内来回踱了七八圈，终于下定了决心——他不能放过这个挑起太子和皇后争端的机会，但他也要神不知鬼不觉地保全潘岳。

所有隐藏在暗处的螳螂都紧盯着前方的鸣蝉，可是谁才是真正笑到最后的黄雀？

拉开中衣的领口，司马冏从里面掏出了一根丝线编织的红绳，绳上穿着一颗小小的精致的银珠。他用两根手指在银珠上轻轻一捏，银珠便如同蚌壳一样分成了两半，露出了藏在中间的一粒暗紫色药丸。

世上最剧烈的毒药是鸩毒，鸩鸟的羽毛只要轻轻一拂，就可以将一杯美酒变成穿肠毒药。与之相反，鸩鸟死后，坠落在地上化为枯骨，一身毒液也浸入泥土，而在这骸骨之中，便会生长出一种紫色小花，不仅是鸩毒的解药，也可以解去世上大部分剧毒。

司马冏手中的这颗暗紫色药丸，就是用这种紫色小花制成。当年司马攸莫名其妙中毒而死，贾荃生怕自己唯一的儿子也惨遭毒手，花费重金百般搜罗了这颗解毒药丸，一直命司马冏贴身收藏。这么多年来，司马冏有惊无险，倒是一直没有用过这颗保命药丸。如今，大概就是用到它的时候了。

“檀奴叔叔，我对你下了这么大的注，你日后可不要让我失望啊。”司马冏转动着指尖的药丸，轻轻笑了起来。

第十一章

花凋

叶落永离，覆水不收；赤子何辜，罪我之由。

——潘岳

元康八年五月初二，宜诉讼、订盟，忌出行、会友。

就在这一日清晨，潘岳离开家门，乘坐马车前往东宫。

“爹爹这就要走吗？”金鹿追到门口，揉着惺忪的眼睛依依不舍，“记得早点回来和我玩啊。”

“好。”潘岳俯身抱了抱依然穿着寝衣的小女儿，在她蜡黄的脸蛋上亲了亲，“赶快回房里去，要不一会儿又烧起来了。”自春季里伤寒时疫流行之后，金鹿就一直反反复复地发烧，虽得杨容姬仔细照料，几个月下来整个人还是瘦了一圈，看得潘岳心疼。

“金鹿乖，别缠着爹爹了。”杨容姬走过来，将金鹿抱起，又是关切又是担忧地望着潘岳，“去东宫小心点。上次你从马上摔下来，让我如今一听‘东宫’两个字就心惊肉跳。”

“没事。今日齐王也要去东宫听讲，他说特意给我带了府中新制的紫米糕。”潘岳回答。

“呀，紫米糕。”还不待杨容姬开口，金鹿已虚弱地笑了起来，“爹爹记得给我留一块。”

“就惦记着吃！”潘岳点了点女儿的鼻尖，宠溺地笑道。

“其实我还惦记山奴哥哥。”金鹿眨着漆黑的大眼睛，嘟起小嘴，神色有些落寞，“我病了这些天，山奴哥哥都没来看过我。”

潘岳和杨容姬对视了一眼,彼此眼中都有些无奈。末了,潘岳安慰金鹿道:“等你病好了,齐王殿下就会来看你的。”

“嗯嗯,那爹爹一定要告诉山奴哥哥啊。”金鹿看着潘岳登上马车,不放心地叮嘱。

潘岳用力点头,心中却重重地叹了一口气。现今他也说不清和齐王司马冏是一种怎样的关系,虽说自己一心要保护齐王府的平安,可府中的那对母子,又怎么可能甘心困守在府墙之内?一旦司马冏再像上次一样背地里行动,自己又哪里求得来平原王司马干再护他一回?想起司马冏受杖时自己做的那个梦,潘岳不禁心中一紧——难道只能像梦境中那样,任凭不住喊饿的司马冏将自己一点点地吃掉?

好在,现在情况还没有那么糟糕。潘岳用力摇了摇头,振作精神,在东宫门口走下了马车。

司马冏早已在东宫门口守着,见潘岳到达,连忙笑着迎了过来:“这几日鲁国公去邙山为祖母宣城君扫墓,太子不愿一个人听讲,便专程宣我来做伴读。一会儿还要请檀奴叔叔多多指教了。”说着,命从人捧上一个小食盒来,亲自打开盖子,“这是齐王府新制的紫米糕,檀奴叔叔先趁热吃了吧。”说话间,从人又贴心地送上来一盏温热的茶水。

潘岳看那紫米糕润洁精致,却没料到司马冏竟是要他当场吃完。潘岳自幼家教严格,断无站在东宫门口当街进食的道理,只推说自己已经用过早点,打算带回去给金鹿。不料司马冏却不肯放弃,解释说早已派人给潘家送了两盒过去,软硬兼施要潘岳当场吃下。

潘岳拗不过司马冏,又担心误了讲书的时辰,只好用衣袖遮在面前,将那紫米糕快速咽下。这紫米糕中有一股特殊的味道,不知放入了什么原料,不过潘岳来不及细细分辨,就赶紧用热茶漱了口,和司马冏一起进入了东宫。

潘岳过去也曾经多次来东宫为太子和贾谧讲授《汉书》。虽然太子司马遹明显无心向学，潘岳还是尽职尽责耐心讲解。这一次他和司马冏一起来到平素授课的书房，等了好一阵，依然不见太子前来，不禁让他想起了贾谧第一次带自己来东宫的情形，心中顿时有种不祥的预感。

“檀奴叔叔且在这里等待，我去打听一下情况。”司马冏站起身，朝潘岳拱手离去。

潘岳感觉有些异样，转念一想司马冏一向是太子心腹，在东宫中自由来去也是有的，便只端坐等待。过了好一阵，司马冏依然杳无音信，反倒是有一个小内侍走了进来：“太子有请潘侍郎。”

“去哪里？”潘岳一惊。太子不到书房听讲，又要闹什么玄虚？

“潘侍郎去了就知道了。”那小内侍不答，只将潘岳领出书房，径直往后花园处走去。

又是后花园。想起上次在后花园里坠马之事，潘岳心中越发不安。他跟着小内侍走了一会儿，远远便望见花园空地上设下了一个祭坛，旗幡高挂，香烛齐备。而太子司马遹，正被几个身穿绛红色法袍的天师簇拥着，一言不发地盯着自己。

潘岳一向厌恶五斗米道，此刻见太子又弄起这些乌烟瘴气的法事，脸色不由沉了下来，只依着礼仪向太子见礼。而太子见潘岳到来，也不搭话，只对身边一个术士问道：“你们所谓污秽之人，可已经找到了？”

“远在天边，近在眼前。”一个红衣术士看着潘岳，似笑非笑。他面目平庸，可以说毫无让人牢记的特色，一把嗓子也似乎半捏着，让人听着极不舒服。潘岳知道自己从未见过这个术士的脸，却不知为何在这术士身上看到了某个熟悉而邪魅的影子，让他陡然生出了警惕。

“本侍郎乃是堂堂朝廷命官，你们说谁是污秽之人？”潘岳一向洁身自好，对术士这种含沙射影的指控极为不满，顿时严肃地质问。

“作奸犯科，淫人妻女，谁做了这种污秽之事，谁便是污秽之人。”那术士似乎仗着太子司马遹撑腰，毫不示弱地笑道，“若非有污秽之人冲撞,我们为太子筑台祈福的祭礼怎么会生出异状?”

潘岳厌恶术士,但因为太子司马遹笃信,不便当面斥责。他不愿再与那术士浪费口舌,只对着太子司马遹躬身一揖:“臣奉命前来为太子讲授《汉书》,还请太子起驾。”

“《汉书》自然是要讲的,不过不急在这一时。”太子打了个哈哈,“今日难得请到这几位高人为东宫祈福,祭礼已经开始,断无中断之理。既然潘侍郎到了,还望看在本太子的面子上配合一二。”

“哦,不知太子殿下要臣如何配合?”潘岳隐隐察觉今日落入了一个圈套,奈何贾谧不在,司马冏也不见踪影,此刻想要全身而退,估计已没有可能。

“天意难测,是不是潘侍郎冲撞也说不准。”太子斜过眼睛,先前那红衣术士便端起一碗水来,朝着潘岳走上两步,“这碗符水中蕴含清净法力,若是无辜之人服下便安然无恙,若是心中有鬼、淫人妻女者服下,则会变成穿肠毒药,只有虔心忏悔才能免除痛苦。不知道潘侍郎敢不敢自证清白?”

“我为何要向你们自证清白?”潘岳看着那碗递到面前的符水,后退一步冷笑道,“若是太子殿下认为臣有违法之事,自可将臣槛送廷尉,臣绝无怨言!”

“潘侍郎切勿动怒。”太子温言笑道,“我知道潘侍郎数十年来与夫人伉俪情深,名声清白如水。既然潘侍郎问心无愧,试试这个符水也不妨事,也好一解旁人的疑惑。”

太子是君,潘岳是臣。太子的话都说到这个分儿上,潘岳再拒绝便是抗命犯上了。他此刻孤身陷于东宫,正是人为刀俎、我为鱼肉,再一味拒绝只怕会逼得太子用强,反倒尊严扫地。因此潘岳索性伸出手去,接过那术士手中瓷碗,凑到了唇边。

符水入口,潘岳立刻觉察不对。那符水中并非寻常那样只放了烧化的纸灰，还不知掺杂了什么东西，划过喉咙时引发阵阵刺痛，就仿佛一把小刀从口中直插入腹中。他本能地想要抛掉手中瓷碗，却不妨那几个红衣术士一拥而上，配合娴熟地钳制住他的双臂，而先前那个为首的术士则狞笑了一下，将剩下的符水往他口中灌去。

潘岳被猛灌进来的符水呛住，不由自主地挣扎起来。那术士见已经灌入了大半碗符水，寻思分量也足够了，便随手将瓷碗放在供桌上，得意地看着他咳得弯下腰去。

好容易止住了呛咳，潘岳站直身子，看向坐在一旁的太子，竭力镇静地道："太子殿下究竟想做什么，不妨明言。"

顾虑到潘岳的身份，太子有些尴尬，干笑着道："没什么。就是今日降神祈福，每个人都需要在神前忏悔污秽不洁之事。潘侍郎若是不肯坦白忏悔，只怕神灵降罪。"

潘岳此刻只觉得方才灌下的符水此刻都变成了千万把小刀，沿着喉咙一直攒刺进腹中，让他连出声都有些艰难起来："臣问心无愧，没有什么可忏悔的。若是神灵要降罪，就……降罪好了！"

眼看潘岳最后一句话已经断断续续，那为首的术士不由得笑了起来："潘侍郎真是大言不惭。你若是问心无愧，那符水怎会在你腹中起了作用？"

潘岳没有回答，只感觉大颗大颗的冷汗从脸上滚落下来，而腹中翻江倒海般的剧痛愈演愈烈，痛得他只能死命咬住嘴唇，才能止住即将脱口而出的呻吟痛呼。他所有的力气都用来和那剧痛搏斗，再也维持不住平素端直的站姿，脊背一点点地佝偻下去，终于双膝一软，蜷伏在地上。

眼看潘岳撑在地上的双臂瑟瑟发抖，汗水沿着下颌一滴滴落在地上，却依旧固执地不肯出声讨饶，太子心中有些发虚。他求助般看向身旁的红衣术士，见他依旧津津有味地欣赏着潘岳狼狈的姿态，便忍不住咳嗽一声："天师？"

见太子催促，那红衣术士终于不再故意拖延时间。他走到潘岳面前，蹲下身，笑眯眯地问道："看潘侍郎这个模样，必定是心口不一，招致神灵惩罚了。劝你还是早点忏悔，再这么拖下去，只怕会有性命之忧。"

"你要我……忏悔什么？"潘岳用力抬起头，紧盯着面前这个面目平庸的术士，声音微弱。不知怎么的，他恍惚觉得腹中的剧痛渐渐缓和了一些，也不知是不是自己疼得习惯了，竟有力气重新开口说话。

那术士心中正得意，加上潘岳此刻脸色惨白冷汗淋漓，倒没有发现任何不妥。他叫人端来一个沙盘，里面用木笔歪歪斜斜地写了不少字，在潘岳面前展示了一下："这是先前我们扶乩请来的大罗金仙写的，他说潘侍郎与某贵妇勾搭成奸，常常在洛阳城外一处秘宅私会。至于你们第一次私会的时间，是去年重阳节期间。"捕捉到潘岳脸色无法掩饰的惊愕，术士得意地笑了，"被说中了是吧？你的秘密，在神仙眼中都一览无遗。你再不说出那淫妇的名字，就等着那符水化为穿肠毒药，让你七窍流血而死吧！"说着，他伸出手指，从潘岳嘴角抹下一缕血丝，轻佻地在指尖碾去。

也许是这术士得意之中忘记了掩饰姿态，潘岳的脑子中忽然灵光一现："你是孙秀！"

那为首的红衣术士自然便是孙秀。只是他既然诈死埋名，断无承认之理，只是狞笑着回答："孙秀早就被你害死了，此刻是他的怨魂来找你索命！说吧，你究竟和谁人有奸情。你不说，我有的是让你求生不得求死不能的法子！"

"又是和上次一样的套路……你的招数，永远都是这么龌龊下作……"想起当年诬陷自己与太后杨芷有私，潘岳越发笃定了面前的人绝非什么冤魂，而是擅长易容之术的孙秀。既然孙秀能够假借扶乩说出重阳节和洛阳城外的秘宅，那自己当初与贾南风见面一事必定走漏了风声。他们所缺的，只是自己的指认而已。

“因为我知道,你最害怕的就是‘以色侍人’的罪名。”孙秀笑着在潘岳耳边低声道,“你放心,这符水就是为你特制的,保管你以后会乖乖听我的摆布。”

“太子,你这样做,难道不怕皇后知道吗?”潘岳猛地仰起头,对着不远处的太子司马遹亢声质问。腹中的剧痛又升腾而起,似乎有两股力量在他体内殊死缠斗,不死不休,让他的声音中无端增添了几分凄厉。

太子心中正自忐忑,被潘岳这一喝,手中把玩的扇子“吧嗒”一声掉在了地上。他的额头也煎熬出了冷汗,只能一迭声地催促孙秀:“你不是说那符水可以保证他招供吗?再拿不到口供,这可怎么收场?”

“这妖人惯使摄心术,可以迷惑人心。太子,你仔细思量,你平素那样谨慎之人,为何会信了这妖人的撺掇,做下这种不顾后果的蠢事?呃……”潘岳还未说完,孙秀已一脚踹在他的胸口,顿时将他踹得呕出一口鲜血,一时再说不出话来。

见太子双眉紧锁,孙秀赶紧道:“太子不必惊慌,在下已经仿造潘岳笔迹写好了供词,只需有他的指印画押,便可公布天下。至于潘岳此人,他虽然性情倔强不受摆布,但喝下了我的符水,毒性会渐渐瓦解他的意志,最迟几天,便能乖乖听话。”说着,他从袖中取出一份早已写好的供词,抓起潘岳的右手食指在印泥上蘸了蘸,就往供词上按去。

“住手!”就在潘岳奋力挣扎不肯画押之际,不远处的木香花丛中忽然传来一声清脆的呼喊。下一刻,一个七八岁大的女童快步跑了过来,一边跑一边大声道:“太子哥哥,你们在做什么?”

“女彦,你怎么在这里?”太子乍见女童,认出她就是天子司马衷与皇后贾南风所生的四皇女,不禁大吃一惊。

“我常常听说太子哥哥在东宫花园里设立集市,就偷偷跑来看热闹。”四皇女司马女彦伸手一抹泪光盈盈的眼睛,哽咽道,“可是我没看到集市,却看到太子哥哥在欺负神仙伯伯!”说完,她也不顾其他,径直跑到潘岳身边,却被他唇边的血迹吓得大哭起来:"神仙伯伯你没事吧?我还等着你带金鹿和我玩呢。"

平白无故冒出个四皇女,打不得骂不得,太子司马遹顿时头大如斗,烦躁地道:"赶快派人将四皇女送回西宫,否则皇后知道了怎么得了!"

"太子不用派人了,老奴这就来接四皇女回去。"正一片忙乱,远处忽然又传来一个人声,又尖又细,显然是宦官内侍发出来的。

"董监?"太子愕然认出来人正是贾南风的心腹寺人监董猛,不禁大惊,"你怎么也来了?"

"老奴听说四皇女擅自跑到东宫玩耍,怕惊扰了太子,故而亲自来接四皇女回宫。"董猛一向仗着贾南风的势力,并不怎么把太子放在眼里。而陪伴在他身边的齐王司马冏则恭敬地向太子行礼:"启禀太子,是臣下在东宫无意中遇见四皇女,生怕四皇女有什么闪失,才赶紧去请董监过来的。"

太子狠狠瞪了一眼司马冏,又瞪了一眼孙秀。他心中恼恨这两个人办事不力,却料不到孙秀固然要陷害潘岳,司马冏固然要保全潘岳,他们两个人却有一个目的是一样的——将太子与皇后的矛盾闹到不可调和的地步,所以太子的死活,他们压根儿就不关心。

"四皇女,莫再贪玩了,快随老奴回宫去吧。皇后寻你不见,都快急死了。"董猛的心思此刻只在司马女彦身上,也不顾太子神色,径直朝女彦走去。

"我才没有贪玩,我要救神仙伯伯!"女彦见潘岳只是气息奄奄地伏在地上,泪水止不住地往下掉,"董公公,你快来救救他!"

"喔唷,这不是潘侍郎吗,这是怎么了?"董猛这才发现倒在地上的人是潘岳,不解地问。

太子轻哼一声,不说话,于是孙秀只好代太子答道:"潘侍郎身上有污秽之气,冲撞了祭礼,所以太子命我等用符水帮他清净一下。"

“胡说,他胡说!”女彦愤怒地打断了孙秀,“我明明看到……”她睁大眼睛想去找孙秀手中那份供词,却不料孙秀早有警惕,一见董猛到来便早已将供词藏起。

“降神祭礼程序复杂,四皇女年纪还小,自然有些不明白的地方,以后慢慢就懂了。”孙秀轻描淡写几句话,就让董猛消除了戒心。他本来也不愿多管闲事,只拉住女彦的手说:“四皇女,咱们不说了,快跟老奴回去吧。”

女彦还不到八岁,虽然聪明,却哪里说得过老奸巨猾的孙秀。见连董猛都不相信自己,小女孩急得迸出泪来,高声哭道:“他们说神仙伯伯污秽,所以冲撞了祭礼,喝了那碗水会肚子疼。如果我喝了那碗水也会肚子疼,就能证明他们骗人是吧?”说着,一把端起供桌上还剩了小半碗的符水,仰头便喝了下去。

这一下事发突然,就连董猛的反应都慢了半拍。等他冲上去扶住女彦时,小女孩已经疼得小脸刷白,身子也抽搐了起来:“我肚子好疼……董公公,他们……他们骗人……”说完,竟是一口血呕了出来。

“四皇女!”潘岳休息了一阵,只觉腹中两股缠斗的力量渐渐退去,让他得以积攒出一些力气。此刻见董猛还在发愣,潘岳一把将他推开,紧紧将女彦抱在了怀中,大声朝太子吼道:“解药,快拿解药来!”

“解药呢,解药呢?”太子此刻如同挨了当头一棒,眼前金星乱冒,茫然无措地朝几个红衣术士叫道。

“解药在贾生天师那里,可是他人呢?”几个术士没头苍蝇般乱转,却不知化名为贾生的孙秀见势不妙,此刻已经趁乱逃出了东宫。只要将易容一抹,红袍一脱,世上就再也没有人能认出他就是太子曾经宠信无比的天师贾生。

“四皇女,你坚持住,解药马上就会找到的!”潘岳本来想将女彦抱起,却发现微微一动,女彦的口鼻中又渗出血来,吓得他再也不敢挪动。

而女彦听到潘岳的声音，用力睁开眼睛，空茫地问："我肚子好疼，会不会我也是……污秽之人？"

"不，四皇女冰清玉洁，是世上最纯洁干净的人。"潘岳心如刀绞，却努力撑出一个宽慰的笑容。

"那就好。"女彦似乎松了口气，朝潘岳甜甜地笑了笑："如果你是我爹爹就好了……我还想长大后嫁给你的，现在看来，是不成了。"

"只要你长大了，想嫁给谁，就嫁给谁。"潘岳连抱住小女孩的手臂都不敢使劲，生怕稍一用力，她就像柔嫩的花瓣一样被揉碎了，只能眨动着眼睛，将满眶的眼泪使劲往肚子里咽。

"不成的，我嫁给你，就成了金鹿的娘……我是她的好朋友，才不要……做她的娘……"女彦调皮地笑了笑，小小的身子猛地痉挛了一下，躺在潘岳手臂中再没有了声息。

"啊啊啊，四皇女，四皇女！"董猛撕心裂肺地哭喊起来，一把将潘岳推倒，抱起女彦就往东宫外冲去，"快宣太医，快去宣太医！"

潘岳瘫坐在地上，感觉周遭的哭喊和惊呼混杂成了一个旋涡，看不清，听不清，而他自己，则在这个旋涡的中心越陷越深。他听见了司马冏惊慌的呼唤，可是他没有回答，只是用最后的力气推开了司马冏的搀扶，颓然倒在地上。

五月的阳光明媚而温暖，照在潘岳惨白如死的脸上，让他觉得自己也仿佛成了落叶，和女彦一样慢慢枯萎、腐化，最终汇入一片黑暗的虚空，什么都不知道了。

站在潘岳家门口，司马冏撩起袖子擦去额头的汗珠，终于忐忑不安地敲响了那扇木门。

过了一会儿，木门吱呀一声打开，露出了门后杨容姬略显憔悴的脸。她认出了司马冏，惊讶地问："殿下怎么来了？"

司马冏心中有鬼，自然不敢直言，只随口问道：“怎么是杨婶婶来开门？李伯呢？”

“金鹿又发高烧，李伯到药店抓药去了。”杨容姬将院门拉开，“檀郎去东宫还没回来，殿下先进来坐吧。”

“原来金鹿也病了……”司马冏尴尬地回答了一句，终于不得不给杨容姬雪上加霜，“我把檀奴叔叔送回来了。”

“什么？”杨容姬一愣，还没有回过味来，已有两个齐王府的侍从抬着一张软床走到了门口。杨容姬一看软床上躺着的人，身子不由一晃，颤声问：“檀郎怎么了？”

“在东宫喝了些符水。”司马冏尽量淡化事情的经过，“应该没有性命之忧。”

“快进来。”杨容姬很快恢复了镇静，指引齐王府侍从将潘岳抬到了卧房的床上。邢老夫人原本正在照看病重的孙女金鹿，听到声音走出来询问情况。杨容姬生怕她再受刺激，便强笑着劝道：“檀郎只是喝醉了，娘不用心急，我来照顾他就好了。”

好容易半哄半劝地将邢夫人支开，杨容姬终于可以坐在潘岳床边，将手指搭在了他的脉搏之上。

室内寂静一片，司马冏不敢发出声音，只能站在床边静候。今日潘岳和四皇女接连中毒之后，孙秀趁乱逃之夭夭，太子则惊恐交加，失魂落魄不知所踪。司马冏知道太子怀疑到了自己头上，却也懒得辩解，只打发人请太医为潘岳诊治。无奈所有的太医都被紧急召入宫中抢救四皇女司马女彦，司马冏只能将潘岳先送回了家中。

看着潘岳依旧起伏的胸膛，司马冏心中暗暗后怕：孙秀那厮果然心狠手辣，即使对主子赵王司马伦，也没有坦白所谓符水其实是足以致命的毒药。若非自己早有准备，将鸩毒解药混在紫米糕中让潘岳事先服下，只怕潘岳和四皇女一样，缺了孙秀的解药就只有死路一条。如今太子和皇后虽然都发了严令捉拿“术士贾生”,可哪里会知道那不过是孙秀的伪装。如今鱼入大海,他们到哪里抓去?

正寻思着一会儿便到赵王司马伦府上逼问孙秀下落，向他讨要真正的解药,司马冏突然发现杨容姬不知何时停止了诊脉,正一瞬不瞬地盯着自己。他心中有鬼,顿时吓了一跳,结结巴巴地问:“杨婶婶,你看我做什么？”

“我记得檀郎说过,殿下今日是和他一起去东宫的。”杨容姬面沉如水,缓缓地道,“那殿下可知,檀郎在饮用那符水前后,还吃过什么别的东西？”

“不曾吃过什么。”司马冏不假思索地撒了谎,虽然说完之后心中也有些忐忑,却不好再改口。

“当真没有吃过别的?”杨容姬蹙眉,“我方才从脉象中探查到他身中剧毒,原本应该生命垂危,可不知为何有一种东西中和了大部分毒素,就仿佛已经服用过解毒的药剂。但这种解毒剂，我竟然平生从未见过，想必极为珍贵。”

“那……大概是我一时情急记不清了,我这就派人去查一查。”司马冏只觉得背后凉飕飕的,内衫都被冷汗浸湿了,口中敷衍道,“想不到,杨婶婶竟然对毒药也如此精通。”

“谈不上精通。只是当年你父亲因毒遇害,檀郎一直耿耿于怀,我就开始研究起毒药。二十年来,也有了些心得。”潘岳的情况还算稳定,杨容姬慌乱的心也渐渐平静下来。她略微思忖了一下,凑到书案边,迅速写下了一剂药方,交给司马冏:“烦请殿下马上派人去抓药,我在这里先为檀郎施针,压制住毒性。”

“好。”司马冏不敢再停留,一把抓起药方走了出去。

吩咐一个侍从去药房抓药,司马冏跨上马车,吩咐车夫马不停蹄地回到了齐王府。一进王府,他将所有从人都赶了开去,独自关上门,焦灼地来回踱步。

当齐王太妃贾荃叫人硬撞开司马冏的房门时，她看见自己的儿子依然在房内不停转圈。司马冏面色潮红，嘴唇干裂，后背衣衫上是大片的汗渍。哪怕听到贾荃的呼唤，他也只是茫然地转头看了一眼，似乎都没有认出来人是谁。

“发生什么事了？”贾荃从未见过儿子如此失魂落魄的样子，连忙关紧房门，厉声问道，“难道你是担忧太子识破了你的心思，从此不再信任你？”见司马冏依然惊恐不言，贾荃嗤笑一声道，“那个窝囊废太子，撕破脸就撕破脸好了。他那个人的性子，做得好功劳都是他的，做得不好就都推诿到别人身上。所以这么多皇室宗亲，都只冷眼看他笑话，没谁真正肯帮他一把。你耐着性子奉承了他那么久，如今终于解脱了。他无凭无据，还能把你怎么着？”

“不是因为这个。”司马冏摇了摇头。

“那就是因为四皇女的事？”贾荃又问，“虽说那小丫头是你骗进东宫的，但说到底也是太子害死了她，你怕什么？”

“四皇女那边，我安排得天衣无缝，不会有人知道。”司马冏终于停下了踱步，瞪着一双布满血丝的眼睛看着贾荃，“可是檀奴叔叔一旦醒来，我所有的谋划都会泄露了！”

“符水中既然有毒，四皇女都死了，潘岳还会没事？”贾荃奇怪地问，“为什么他醒了就能识破你的安排？事是在东宫出的，毒是‘贾生’下的。这一切事情里，你不是都把自己择得干干净净的吗？”

“我……我怕檀奴叔叔日后真的被孙秀控制，就骗他事先服了解毒丸。”司马冏急得都快哭了出来，“谁知道杨婶婶精通医术，竟然看出来了！”

贾荃一言不发，只是伸手扯开了司马冏的衣领，掏出那颗小小的银珠来。她看着内部空空如也的银珠，好半天才冷笑了一声：“这是我费尽千辛万苦给你留着保命的东西，你倒是大方，居然偷偷给了潘岳。可惜人家未必会领你的情呢！”

“母妃息怒！”司马冏扑通一声跪在贾荃脚边，伸手抱住了她的双腿，“我指望日后能得潘岳辅弼，所以不舍得他真的出事。”

“你是不舍得。”贾荃冷笑，“哪怕他这些年来对你不冷不热，甚至连你父亲的大仇都可以置之不顾，你的心里，是不是还把他当成半个父亲？”

最后这句话意思太复杂，司马冏不敢接，只能越发用力地抱住贾荃的腿，低低地央求：“母妃息怒，都是儿子的错。”

“我就不明白了，潘岳那点才学，怎么就值得你用保命的解药去换。”贾荃皱眉盯着儿子的头顶，“他的文才确实不错，但计谋方面也并非算无遗策。我想要为你寻的是姜子牙、诸葛亮那样的人物。潘岳的智谋，还当不起。”

“潘岳是比不了姜子牙、诸葛亮，可儿子如今，却只能靠他。”司马冏仰头看着贾荃，眼神清明，“撇开他与咱们家的渊源不说，单他那份承担实务的心思和历练，当今朝堂还能找得出几个人来？他做司空掾时参与修订律法；做县令时将穷乡僻壤变成鱼米之乡；做尚书度支郎时核算朝廷收支；做廷尉平时掌管刑狱；做贾谧幕僚时力排众议，以一己之力为晋书断限，这些经验和见识，哪里是那些只会空谈的世家子弟可以企及的？儿子要成事，自然需要的是能做实事做大事之人。更何况潘岳才名卓著，一支笔有颠倒乾坤的力量——这样的人虽然比不了姜子牙、诸葛亮，纵观当今朝堂，能为我用者也只有他了！”

魏晋时期，高门士族醉心玄学和清谈，以办理公务和实事为耻，导致朝政懈怠。而潘岳崇尚儒家经世济民的学说，对清谈不屑一顾，是难得的可以委以重任的人才。因此司马冏这一席话，说得贾荃暗暗点头——既然如此，那她不惜一切手段，也要将潘岳拉入儿子的阵营，绝不能放任他对贾南风贾谧等人尽忠。

“事已至此，我说什么都是没用。”贾荃下定了决心，一脚将司马冏踹开，“潘岳醒来，自然会猜到大难不死的原因，那你与孙秀联手害死四皇女的事也昭然若揭。他原本就看不惯你杀伐决断，如今你跟你父亲越发不像，他却对贾南风死心塌地，说不定真的会把你告到贾南风那里，让你去给四皇女陪葬呢。”

这番话说中了司马冏最恐惧的地方，当即又吓出一身冷汗来：“儿子担心的也正是这个。可又有什么法子，让潘岳想不起紫米糕的事情？”

“本来让潘岳就这么无声无息死掉最好，”贾荃说到这里，见司马冏脸上勃然变色，不由嗤笑道，“知道你不舍得，我也不舍得。所以，只能趁着他还没醒，让另一个人去死了。”

“谁？”司马冏心头突突乱跳，紧张地问。

“谁看出潘岳事先服过解毒丸，就让谁去死。”贾荃拨弄着自己长长的指甲，将心中的决断用力吐了出来，“只要在潘岳醒来之前处理干净，他就不会怀疑到你头上。”

轰隆一声，一道霹雳在齐王府上空劈过。司马冏一下子瘫在了地上。“万一檀奴叔叔知道了真相，他会恨死我的。”半晌，司马冏虚弱地道。

“既然要做，就把这件事嫁祸给贾南风。这样潘岳才会死心塌地地辅佐你！”贾荃看着司马冏怔怔大睁的眼，听着外面倾盆而下的大雨，忽然露出一个暧昧的笑容，“你放心，有一个人会帮我们的。”

恍惚之间，潘岳也不知道自己是活着还是死去，是醒着还是做梦。他朦胧听到身边有人来了又离开，喁喁说着他听不清楚的话，然后有人唤他“安仁”，有人唤他“老师”，有人唤他“檀奴叔叔”，却始终没有等到他想要听的那个称呼。

他究竟等待的是哪个称呼呢？潘岳一时想不起来，却本能地觉得那是世上最重要的东西。

体内那两股缠斗的力量已经消弭，似乎一方已经占了上风，终于将另一方从他四肢百骸中压制下去。他不再疼痛，只是疲累，仿佛全身都被泰山般的重量碾压了许久，沉得连眼皮都抬不起来。

虽然闭着眼睛，潘岳却看到一个身影朝着自己走了过来。那身影如此熟悉，又如此亲切，平素里哪怕想一想也会在内心满溢出温柔，此刻也不例外。

潘岳的嘴角，不经意地微微翘起："阿容。"

"檀郎，是我。"杨容姬的脸上也露出了一丝笑容，缥缈得如在风中颤动的花瓣。

潘岳的心下忽然一阵通明，原来他一直等待的称呼，就是这一声"檀郎"，从杨容姬口中吐出的这声"檀郎"。

"你怎么才来看我？我等了你好久。"他仗着她的情，有些委屈地嗔怪，"你方才口中所念的，是什么？"

"猗猗春兰，柔条含芳。落英凋矣，从风飘扬。"她温柔地回答，"我方才念的，是你的新作呀。"

"我的新作？"潘岳有些愣怔，想不起自己什么时候写过这样的句子，"这是哀悼少女早逝的诔文吧，可我是为谁写的呢？"

"为宫中的四皇女写的。"杨容姬忽然低下声音，"你听，宫中已经敲响了为她报丧的钟声。"

潘岳屏住呼吸，仿佛真的听到了幽远沉郁的钟声，一声，又一声，如同撞木直接击打在他的心上，让他心中一痛，竟是说不出话来。

女彦，那个聪颖可爱的女孩，真的已经像落英一样凋落，随风飘扬不见了吗？

"檀郎，怪不得世人都说你文章高妙，尤其以哀诔文最为打动人心。"杨容姬停顿了一下，似乎在回味潘岳以往所写的文字，"那些哀伤里都有一种珍珠般的光辉，好像黝黑的海底深处鲛人的泪水。我真幸运，不仅能感受到你心底那片黝黑的哀伤的大海，还是唯一可以在那片海底遨游的人。”

“是的，只有你。”潘岳伸出了手臂，想要将杨容姬揽入怀中，“阿容，其实幸运的那个人是我。”

“从我嫁给你算起，到今年正好二十四年了。这二十四年来，虽然经历了千辛万苦，但能和你一起担当，我始终是幸福的。”出乎潘岳的意料，杨容姬并没有像往常那样依偎进他的臂弯中，仍然若即若离地站在原处。她素白的脸上忽然落下了泪珠，嘴角却依然弯出一抹笑意，“檀郎，我一直好奇，若是我死了，你会给我写出怎样的文字呢？”

这个问题让潘岳心中一惊，脱口说道：“不会有那么一天的，因为我必定要死在你前面。”

“若是真有那么一天，你一定要好好照顾金鹿。”泪珠在杨容姬腮边莹莹闪动，那是黑暗中唯一发出的光，“檀郎，你思虑的事情总是太多，现在应该为你自己想想了！”

“你在说什么？”潘岳心头的不安越来越大，“你是金鹿的亲娘，你还要亲眼看着她长大的！”

“我舍不得金鹿，可我更舍不得你。”杨容姬的泪水忽然泉涌而出，“檀郎，这些年你过得那么辛苦，若是我也不在了，你要怎么活下去？我再也不会用吃醋胁迫你了，你再娶一个妻子吧，你好好对她，她就会好好对你，好好对金鹿……”

“你在说什么，我不明白。”潘岳心头的惊恐越来越深，想要走过去拉住杨容姬，却发现自己根本动弹不了分毫。看着杨容姬一步一回头地慢慢离去，潘岳终于失控地大喊起来：“阿容，不要走，不要抛下我一个人！”

“大厦将倾，非一人之力可以挽救。檀郎，我唯一担心的，是你不记得保护自己。”杨容姬的身影越来越远，声音也越来越轻，唯有那份斩不断挥不去的担忧，依然萦绕在潘岳身边，“只要你平安，我宁可你忘了我，永远不要再追究真相……”

“阿容，阿容！”潘岳拼命地挣扎着想要追上杨容姬，眼角也迸出了泪花，“阿容，不要走，不要抛下我……”

“老师，老师，你终于醒了！”一个声音在潘岳耳边响起，真实而清晰。

潘岳睁开了眼睛，看见的是床边一张年轻的关切的面容。他认出来，是自己的学生琅琊王司马睿。

用手帕轻轻拭去潘岳额头的冷汗和鬓边的泪水，司马睿从床边小几上端起一碗药：“再喝几服药，老师就会慢慢好起来了。”

潘岳费力地撑起身子，靠坐在床头的软垫上，方才的梦境依然不曾散去，他的心依然不安地跳动：“阿容呢？我想见她。”

司马睿的身子一僵，随即努力撑出一个笑容：“这药就是师母亲手开的方子。老师先喝了，再去看师母不迟。”

潘岳绝顶聪明，立刻敏锐地从司马睿的答话中发现了破绽——是他去看杨容姬，而不是杨容姬来看他！他一把推开司马睿的手，翻身就从床上坐了起来：“阿容呢，她出什么事了？”

“老师，你先喝药……”司马睿还想相劝，潘岳已经用力推开他，踉踉跄跄地站了起来。

“老师小心！”司马睿慌忙放下药碗，想去搀扶潘岳，门外却有人叹道，“既然迟早瞒不住，索性就说出真相吧。”说着，门外走进来一个人，却是东莱王司马蕤。

“檀奴叔叔，我带你去看杨婶婶。”司马蕤瞪了一眼司马睿，两个人便搀扶着潘岳，一步步地走出了房门。

饶是潘岳已经有了心理准备，待看到门外院中处处悬挂的白幡时，还是被晃得眼前一花，几乎一头栽倒，慌得司马蕤和司马睿连忙用力扶住。

然而下一刻，潘岳又重新稳住了步伐，缓慢却又坚定地朝着正房走了过去。正房里此刻已经布置成了一个灵堂，供桌上点着香烛，一口上好的楠木棺材静静地躺在铺天盖地的白幡之中。潘岳想要看清那灵位上的名字，奈何精力不济眼前发花，无论怎么用力也看不清楚。

一个人影此刻正跪在供桌前，低低抽泣着往火盆里烧着纸钱。他听到动静转过身来，一眼看见潘岳，终于忍不住号啕大哭起来："安仁，你终于醒了！可惜阿容她……她再也看不到了！"说着，用袖子胡乱抹着脸上的泪水，哭得伏到了地上。

潘岳定了定神，认出面前声泪俱下的人正是石崇。可是石崇说的话，他似乎却不怎么明白。

究竟是谁去世了，为什么要在他的家里设灵堂？潘岳恍恍惚惚地想着，忽然转头问："我母亲呢？"

"太夫人伤心过度，不敢来这里，在偏房陪着金鹿妹妹。"司马睿回答。

既然母亲和金鹿都还在，那是谁故去了呢？潘岳感觉自己的胸腔空了一大块，却不敢往那里细想，只怔怔地站在原地，觉得一颗心被一根无形的钢索勒得越来越紧，竟是气都喘不过来了。

见他原本惨白的面容越来越青，到后来竟泛起了骇人的死灰色，一旁扶着他的司马蕤再也忍耐不住，开口劝道："人死不能复生，檀奴叔叔，你就趁着盖棺之前再看杨婶婶一眼吧。"

潘岳的目光，终于落到了那口楠木棺材上。他木木地举步走到棺木边，伸手抠住棺沿，垂目往里面看去，正看见杨容姬安安静静地躺在里面，盖着一层薄薄的丝被，就仿佛睡熟一般——不，不是睡熟！若是真的睡熟，她的眼角和唇边为什么会有无法擦干的细小血痕，那血痕透着诡异的黑色，分明就是中毒造成的！

"阿容她，怎么了？"半晌，潘岳才听见了自己的声音，喑哑得几乎无法分辨，仿佛他方才虽然不曾开口，嗓子却早已不知不觉地撕裂了。

“我不知道，我不知道！”伏地痛哭的石崇哽咽着回答，“昨日我听说你中了毒，马不停蹄就从金谷园赶过来。谁知进门之后，正撞见你大哥潘释，他告诉我阿容中毒了，然后就跑了出去。我看见阿容倒在院子里，顾不得问他究竟，赶紧找大夫医治。可是大夫来时，阿容已经没了……”石崇用华丽的衣袖使劲擦着脸上的涕泪，“大夫说了，中毒已深，救不回来的……我没有办法，只能帮着张罗阿容的丧事，一定要给她一个风光大葬……”

“是谁害的阿容？”潘岳的手指深深陷进了棺木中，支撑着身子僵直地站立。他喑哑的声音让在场的众人瑟缩了一下，却都只能摇了摇头，没有人知道，为什么传出消息中毒的人是潘岳，中毒死去的人却变成了杨容姬。

“最后见到阿容的人是你大哥，等他回来再问问。”石崇撑着地爬起身来，见潘岳只是呆愣着，连忙吩咐一旁哭得不能自制的老仆李伯，“愣着干什么，赶紧帮你家郎君把衣服换了。”

按照礼制，妻子死后，丈夫应该为妻子服齐衰一年。石崇见潘岳如同行尸走肉般任凭李伯为他披上齐衰，知道他这股悲痛憋得越久，后果越是可怕，不禁劝道：“安仁，我知道你伤心，你伤心就哭出来吧。你自己也才捡回一条性命，要是毒气反噬，阿容走得也不能安心……”

潘岳此刻也早已觉得全身剧痛，似乎早先被克制的毒性又重新冲进了四肢百骸。他伸手摸了摸棺木之中杨容姬的脸，只觉触手冰冷，再不复往日的柔软温暖，只觉心中大恸，低低地道：“阿容之死必定与我有关。我一日不为她报仇，就一日没有资格伤心。”

“那……你坐下歇歇，你这个样子，我看着害怕。”潘岳越是平静，石崇就越能预感到后面的惊涛骇浪，连忙使个眼色，想让司马睿和司马蕤两个年轻人将潘岳硬扶到苫席上来。

就在这个时候,院外终于有人叫道:“潘御史来了!”

听到大哥侍御史潘释终于回来了,潘岳晦暗的眼中顿时燃起了光亮。他拂开身旁的手臂,跌跌撞撞地跑了出去,果然看见潘释脚步飘忽地走了进来。他双眸无神,似乎消失的一天一夜都不曾入睡,整个人就如同失去了魂魄一般。

“大哥……”还不待潘岳开口追问,潘释已经惊讶地后退了一步,“檀奴,你……你醒了?”

“大哥,阿容是怎么死的?”潘释这一走就是一天一夜,由不得潘岳不起疑。虽然平素两兄弟往来并不算亲密,但也算兄友弟恭,潘岳不相信潘释有什么事会瞒着自己。

“有些事情,不知道反倒更好。”潘释见潘岳双眼已然血红,吓得又后退了一步,后背抵在了院墙上,“檀奴,算我求你,这件事关乎我们整个潘家的命,你就别再问了!”

“不,我必须问。”潘岳平素对潘释十分尊重,此刻却如同疯魔了一般,伸手抓住潘释的胳膊就往自己卧房里拽。潘释想要挣脱,却发现潘岳的手居然硬得如同铁钳一般,只能任由他将自己拽进了卧房,一把关上了门。

“现在,你可以说了。”潘岳见其他人都被关在了门外,冷冷地说,“阿容的命,潘家的命,你说了,我会衡量。”

“好,我说。”潘释的脸色比潘岳还要难看,踌躇了半晌,终于道,“昨日我来你家看你,遇见了弟妹。我担忧地问起你的情况,她却说已经有了解药,让我不必担心。我奇怪地问解药是哪里来的,她却已经痛苦地弯下腰去,七窍中都涌出血来。然后,她跟我说了一句话……”

“什么话?”潘岳的左手下意识地抠进了自己的衣襟,似乎想要攥紧那颗不断抽搐的心脏。而他的右手,则依然死死攥着潘释的胳膊,疼得潘释眉目扭曲,却不敢叫出声来。

“弟妹说，说……”潘释似乎下了很大的决心，一咬牙说了出来，“皇后说，用她的命，换你的命。”

潘岳攥着潘释的手蓦地松了开去，步子也不由自主退了几步。潘释看着他的脸，又补充道：“这一整天，我拿着弟妹杯子里残余的毒药寻遍了洛阳城内的医馆，终于有个致仕的太医告诉我，那是金屑酒，是宫中专门赐死用的酒……檀奴，你能侥幸活下来，是弟妹用她的命向皇后换来的解药啊！”

“不对，皇后怎么会有解药？我中的毒，明明是孙秀下的。”潘岳用力摇了摇头，想要在日渐混沌的脑子里寻回一丝清明。

“你别忘了，四皇女和你中的是一样的毒。”潘释推测，“所有的太医都被召集起来为四皇女研制解药。只可惜解药制好的时候，四皇女已经薨逝了。她是小孩子，身子娇嫩，自然比不得你能挺得久些。”

“可是，皇后为什么要害阿容……”潘岳的指甲，已经抓破了胸口的衣服，带出醒目的血痕。

潘释看了他一眼，面色中含着无奈的怜悯：“皇后为什么害弟妹，连我这个局外人都明白，你还有什么不明白？”

“是啊，我还有什么不明白？”潘岳颓然靠着墙壁，蓦地哈哈大笑起来，“以前阿容不肯嫁给我，因为她早已料到做我的妻子就要承受无尽的代价。可惜她明知是火坑，最后还是无怨无悔地陪了我这么多年……”想起杨容姬当年写在退婚文书边角上的“宠辱不惊，贫贱不移。生死不顾，安危不惧”十六个字，潘岳蓦地捂住脸，泪水从指缝间汩汩涌出，“若是她不曾嫁给我，如今必定儿女绕膝，生活美满，又怎么会遭遇奇妒，无辜惨死……”

少女时藏在坐垫里的钢针，成婚前故意被召为宫女，怀孕时被罚入永巷的苦役，刚生产不久就被赶出洛阳长途跋涉的艰辛，还有夭折在半途的唯一的儿子……自始至终，皇后贾南风就一直对杨容姬怀有深深的恶意。甚至就在他和贾南风开诚布公地讨论政局,不计前嫌互相引为知己的末了,贾南风依然毫不掩饰她对杨容姬的嫉妒之心。那个心狠手辣的女人,连杀害宗室和老臣都满不在乎,又怎么会在乎杨容姬的性命?

他们的命运,原本一直就被玩弄在贾南风的股掌之间!

“檀奴,你要到哪里去?”见潘岳伸手就要打开房门,潘释惊慌地一把拉住了他,“这件事你知我知,绝不能泄露出去!难不成,你还想当面去质问皇后?无凭无据,她又怎么可能承认?”

“是,我不能去质问她。为了我的前途,为了我们的家族,甚至为了这个天下,我所有的血泪,都应该吞进肚子里。”潘岳惨然一笑,扶住了门框,那股在喉间起伏了许久的鲜血终于喷薄而出,将雪白的墙壁染上一抹艳色,“可是,有些东西,是咽不下去的啊!”

第 十 二 章

双 雕

寝兴目存形,遗音犹在耳。

——潘岳

齐王司马冏再次踏足潘家的时候,已是杨容姬的葬礼之后了。

开门的老仆李伯认得司马冏,看见他到来先是一怔,随即扯出了一个暗淡的笑容:“齐王殿下来了?”

“嗯,檀奴叔叔还好吗?”司马冏问。

“还是老样子,成日都没有精神。”李伯叹息,“余毒攻心,夫人下葬的时候又发作了。虽说是服过了解药,可怎么没起作用?”

“解药又不是仙丹,哪里一下子就能治好的。”司马冏不欲多谈此事,一仰头,身边的侍从便捧着各式各样的药材和补品走了过来,“这些鹿茸灵芝都是上好的,一会儿让人教你药膳方子,好好给檀奴叔叔调理身子。还有这十颗雪参丸,最是提神补气,也务必叮嘱檀奴叔叔日日服用。”

“齐王殿下对我家郎君是真好啊。”李伯用力擦了擦发红的眼眶,“本来出了那样的事,我都以为殿下不会再登门的……”

司马冏轻咳了一声,知道李伯又想起了当初他在潘家被宗师府抓走的事。实际上,他不仅后来再没有登过潘家的院门,连杨容姬的葬礼也称病没有参加。因为这件事,大哥东莱王司马蕤没少了对他冷嘲热讽,有一次两人甚至差点动起手来。

“我去看看檀奴叔叔,你们别来打扰。”司马冏眼神一暗,不再和李伯啰嗦,径直往前走去。

他熟门熟路地推开了潘岳卧房的门,扑面便闻见一股浓浓的药味。走进屋内,司马冏看见潘岳正安安静静地躺在床上,双目紧闭,似乎已经睡熟了。

司马冏坐在了潘岳床边,默默地打量着床上一动不动的身影。和他上一次看到潘岳相比,潘岳瘦了太多,连脸颊都凹陷了下去,眼下更是大片的青黑色阴影。他的眼睛紧闭,满额都是冷汗,就算再好的皮相,经此折磨也苍白憔悴如鬼魅。司马冏一时分不清他是余毒未清,还是因为杨容姬之死哀毁太过。

病房中的空气沉重而窒闷,但司马冏并没有离开的意思。他一言不发地守在床边,仿佛变成了一具木偶,丝毫感受不到时光的流逝。

守得久了,司马冏蓦然发现了一个事实:虽然毫无知觉,潘岳的身子却始终只占据着床铺的一半,就仿佛旁边还睡着什么人,连睡梦中也不会挤到对方。

他的身边,一直保留着杨容姬的位置。这个认知,蓦地让司马冏心如刀绞。

忽然,潘岳不知道梦见了什么,身体抽搐了一下,猛地睁开了眼睛。

"檀奴叔叔?"司马冏一惊,见潘岳翻身坐起,连鞋子都顾不得穿就往外走去,连忙拦住了他,"你要去哪里?"

"我去看金鹿。"潘岳明显没有认出司马冏,涣散的眼神焦急地扫视着虚空,"金鹿病了,阿容让我好好照顾她……"说着,他虚浮无力的脚步在门槛上一绊,整个人都摔了下去。

司马冏眼疾手快,一把扶住了潘岳,也正对上了潘岳的后脑。只一眼,司马冏就发现短短数日,潘岳的头发竟然白了一半,不由心痛地叫道:"太夫人已经带着金鹿住到你大哥那里去了,檀奴叔叔忘记了吗?"他用力扶着潘岳将他搀回床上躺下,这才发现自己不知什么时候已经泪流满面。

清凉的泪水打在潘岳的脸上,将他昏沉的神智再度拉回。他用力睁开眼,模模糊糊地看见一个人影坐在身边,忽然惊喜地唤了一句:“桃符,是你吗?”

司马冏一怔,才醒悟潘岳恍惚之中将自己错认成了父亲司马攸。他有心否认,却鬼使神差地伸手握住了潘岳冰凉的手,沉声道:“檀奴,是我。”

“你,你怎么来了?”潘岳茫然的眼中,忽然汇聚出一丝欣喜的光亮,“你见到阿容了吗?你们……都还好吗?”

“我们都好,倒是你,要好好保重……”司马冏模仿着记忆中父亲的口气,竭力安慰。

“我也很好……不,你们都不在了,我还怎么好……”潘岳哽咽了一声,似乎是怕眼前的“司马攸”消失,反手紧紧握住了司马冏的手腕。然而下一刻,他忽然推开了司马冏,嘶声道:“你不是桃符,桃符的手腕上有旧伤,可是你没有!”

“你的心里,从来就只有桃符吗?如果我不是桃符的儿子,你是不是连正眼都不会瞧我一眼!”司马冏的一颗心憋屈了太久,此刻终于炸裂开来。既然潘岳疯了,那他也就和他一起疯了吧!

从靴子里掏出随身的匕首,司马冏用力朝着左手腕上狠狠一划:“现在我的手腕上也有伤,你摸摸看,你摸摸看!”说着他举起鲜血横流的左手,抓起潘岳的手就按了上去,“你以为我父亲就是白璧无瑕的大圣人吗?他招揽人心的心机,他以退为进的虚伪,为什么你从来就看不到,还是看到了故意不肯承认?你用你心中的父亲来要求我,这本来就不公平。那个完美的齐献王,原本就只是你心中的假想!”

“住嘴!别人尽可以揣测诋毁他,你作为他的儿子怎么也敢这样说?”温热而黏腻的鲜血濡湿了潘岳的手掌,也让他涣散的神志终于恢复过来,厉声打断了司马冏。

“子不言父过,我说这些话,确实是大不孝。可我要是不说出来,只怕就会生生憋死! ”司马冏凄厉一笑,转身就走,手腕上的血淅淅沥沥,洒了一路。

“回来!”血色刺痛了潘岳的眼睛,让他下意识地大喝了一声。随即他翻身下床,熟练地翻出了杨容姬留下的药箱,取出金疮药和绷带,用力缠住了司马冏流血的手腕。

“我还以为我不是父王,檀奴叔叔就不管我的死活了呢。”司马冏木然地举着手任潘岳摆弄,冷笑着说。

若是平时,听到司马冏这种赌气的话,潘岳少不得像对待任性的孩子一样宽慰几句。可是今天,他只是默默地上好药缠好绷带,便踉跄着坐回了床上:“殿下没有别的要对臣说吗? ”

“说什么?说我父亲是完美的圣人,我不过是他脚下的尘泥?”司马冏轻轻抚摸着手腕上的绷带,在丝丝缕缕的疼痛中咬牙笑道。

“这个话题,以后不要再说了。”潘岳打断了他,一字一句地重复,“永远,不要再说。”

“好,我不说,反正你永远不会承认我的父亲也是人,也有私心,也有心计。”看着潘岳铁青的脸,司马冏冷笑着退让,“对了,确实有一个最新消息要告诉檀奴叔叔——皇后刚宣布有了一个男孩。”

“什么? ”潘岳果然被这个消息惊呆了。这段时间皇后贾南风并未传出怀孕的消息,怎么突然就生下了一个儿子?

“皇后说,这个孩子是在谅暗时生的,所以不好意思公布,一直拖到现在。”司马冏掐着手腕,自虐一般看着鲜血从绷带上慢慢浸出,“这个孩子叫作慰祖,过了年就八岁了。”

“谅暗”指的是武帝司马炎死后,继位者司马衷和皇后贾南风的三年守丧时期。按照礼制,这三年内司马衷作为孝子应该潜心哀悼父亲,不得饮酒，也不得召幸妃嫔，所以贾南风才说当年不好意思公布孩子的出生。

“那孩子叫慰祖吗？”潘岳恍惚地道，“我记得鲁国公的幼弟也叫作慰祖，年龄也差不多……”

“毋庸置疑，皇后所说的这个孩子，就是贾谧的弟弟韩慰祖了！”有那么一瞬间，司马冏只觉得潘岳的脑子真的被孙秀的符水弄坏了，否则为什么这么明显的事实都看不出来，“皇后把贾午和韩寿的儿子当作天子嫡子，偏偏宗室百官无一敢言。那么下一步，她就要废掉太子，立这个韩慰祖当新太子了！”

“这不就是你们想看到的吗？”潘岳慢吞吞地说。

司马冏一愣，看着潘岳渐渐清明的眼睛，后背忽然一阵发寒。

“四皇女，是你故意带进东宫的吧？”潘岳的语速依然很慢，说出一个长句，还会有微微的喘息，“我不知道你暗地里和她说了什么，竟然撺掇她喝下了符水……齐王殿下，你如今的手段，越来越让我佩服了……”话音未落，他蓦地抓起枕侧的手帕捂在唇边，殷红的血色顿时顺着布料的纹理蔓延开来。经历了杨容姬的死，潘岳以为自己的心肺早已硬成了铁石，对司马冏的失望却仿佛炽烈大火，将他的五脏六腑尽数融化。

“不，不是的……”手帕上的鲜红刺得司马冏眼睛生疼。他知道自己又惹得潘岳余毒发作，却只能下意识地反驳，“四皇女去东宫，只是巧合。”

“那天你陪同我一起走进东宫，也是巧合？”潘岳握着染血的手帕，惨然一笑，“这个世上，太过巧合的事，都不过是阴谋。”有些话他没有说出来，但是司马冏一定也明白——既然四皇女的死出于司马冏安排，那司马冏必定了解孙秀的阴谋，几乎可以说是眼睁睁地看着潘岳被灌下有毒的符水。他们两个，本就是同伙。而潘岳和太子一样，都不过是被他们利用的棋子。

“檀奴叔叔，对不起。”司马冏呆愣了一会儿，终于崩溃般地跪倒在潘岳脚边，痛哭失声，“我也不想的，可是我没有办法……”

潘岳的手抚上了司马冏的头顶，那冰冷却柔韧的触感，让司马冏稍稍有些安心——这么多年来，潘岳不就是一边对他失望，一边尽力帮助他的吗？只要他是司马攸的儿子，只要他还长着和司马攸酷似的脸，潘岳就永远不会真正背弃他。

“你的父亲，把我当作国士，所以我一直以国士报之。”潘岳摩挲着司马冏的手忽然停住，低低叹息，“可是山奴，你却只是把我当作死士啊！”

仿佛一道冰水从天灵盖灌入脑中，司马冏有一瞬间几乎失去了知觉。他忘记了哭泣，只是呆呆地跪在了地上，心中反复翻涌着一个念头：“原来如此，原来如此。我这一生，是再也比不上父王了！”

似乎这句话耗尽了所有的力气，潘岳身子一软，重新倒回了床上，那一直紧攥在他掌心的手帕，也如同中箭的白鹤，无力地垂落到了地上。

良久，司马冏撑住麻木的膝盖，一点点站起身来。见潘岳只是紧紧闭着眼睛不说话，显然是对自己下了逐客令，司马冏的心中，忽然生出了一股激愤。

“是，我对不起你，也对不起四皇女。”司马冏固执地站在潘岳身前，一字一字清凌凌地道，“可这一切是为了什么，还不是因为贾南风姐妹先害死了我的父王？如果父王还在，我又何须变成连我自己都厌恶的样子？”

“事情已经做下，我并不后悔。皇后和太子的仇恨已经不共戴天，就算她成功废掉了太子，贾氏的根基也折损殆尽。这个朝堂，又要换上一拨新的势力了！”司马冏咬着牙，露出一个睥睨的笑容，“而你呢，檀奴叔叔，你以为自己可以置身事外吗？太子掌握了你与皇后私会的证据，一旦他登上宝座，等待你的就是身败名裂，万众唾骂。而皇后呢？她不光害死了我父亲，还害死了你的妻子。但凡你还有一点廉耻和血性，你就不能看着她为所欲为！”

不出司马冏所料，一提到杨容姬，潘岳的脸色就变了。虽然他依然紧闭着眼一言不发，但一滴泪水却缓缓从他眼角浸出，顺着脸颊滑进了花白的鬓发之内。

“淮南王司马允马上就要进京了。他是先帝的亲子，一向对檀奴叔叔十分敬佩。”司马冏又道，“我和其他几个皇室宗亲已经商量好了，先撺掇皇后和太子斗个两败俱伤，一旦太子被废，皇后倒台，就拥立淮南王为皇太弟。淮南王英明果敢，若是他日后能掌控天下，对你，对我，对整个天下，都是莫大的幸事。”

“檀奴叔叔，到了这一步，你除了和我们联手，还有别的选择吗？”

潘岳依旧没有开口。但是司马冏却知道，这些话，他是真的听进去了。这么多年来，司马冏别的没有长进，却已经学会了如何抓住潘岳的软肋。他已经堵死了潘岳所有的道路，唯一留下的一条，是和自己站在一起。

“对了，我临来之前，母妃告诉了我一件陈年旧事。”司马冏狠了狠心，继续将无形的刀子插进潘岳的胸膛，“母妃和父王举行婚礼那天，贾午曾经问过杨婶婶一个问题，问她知不知道自己是怎么死的。杨婶婶自然回答不知，你猜贾午怎么说？”司马冏的脸上露出一丝阴冷的笑，“她说：‘杨姐姐，你要嫁给檀郎为妻，将来必定是被人嫉妒死的。’”说完这句话，司马冏朝着潘岳拱手告辞。

“呵呵，呵呵呵……”听着身后潘岳呜咽般的笑声，司马冏心头发紧，终究是狠了狠心，迈步而去。

元康八年，对于潘岳而言，是一个噩梦般黑暗的年份。这年八月，杨容姬逝世之后的第三个月，他的爱女金鹿，也因为感染了伤寒终告不治。

“爹爹,我不害怕……我会看到娘,还能和女彦一起玩。”弥留之际,烧得火炭一般的女孩攥着潘岳的手,眼中蓄满了泪水,“可是我舍不得爹爹啊,没有我,爹爹以后和谁玩呢……”

“你放心,过不了多久,爹爹就会来陪你和你娘了……”潘岳抱紧女儿慢慢冷下去的身子,用旁人听不见的声音喃喃,“等着我。”

接下来的日子,潘岳闭门不出,专心在家中为妻女守丧。他为夭折的金鹿写了一首哀辞,开篇便赞美女儿“鬒发凝肤,蛾眉蛴领。柔情和泰,朗心聪警”。又把自己比作一棵将要枯萎的树木,“既披我干,又剪我根。块如瘣木,枯荄独存”。其孤独萧索之情,令每一个来探望他的人都恻然动容。

潘岳最怀念的人还是杨容姬。他为她写下了情深意切的《哀永逝文》,字里行间,全是难以磨灭的哀思与追念。可是这样的哀诔文还是无法宣泄潘岳心中的悲痛,他又连续为杨容姬写下了三首悼亡诗,开创了以悼亡诗怀念妻子的先河,以至于后世所谓悼亡诗,都特指为悼念亡妻而作。

这些哀文与悼亡诗,一经写成就四处传颂,自然而然也传进了宫中。

“……如彼翰林鸟,双栖一朝只。如彼游川鱼,比目中路析。春风缘隙来,晨溜承檐滴。寝息何时忘,沉忧日盈积……”太极殿东堂内,皇后贾南风放下手中诗稿,怔怔地朝着虚空发了一阵呆,这才发现寺人监董猛侍立在一旁,顿时掩饰地笑了笑:“是我失态了。”说着,伸手取过了一份奏表,继续批阅。

“潘岳写的悼亡诗,老奴也读了。”见贾南风迟迟没有翻动奏表,董猛大着胆子应了一句,“别说皇后,就算是老奴这种无妻无子的废人,也忍不住心生悱恻呢。这样的诗,注定是要流芳百世的。”

“有史以来,潘岳是第一个为妻子书写悼亡诗文的人。千百年后,不知多少人会羡慕杨容姬啊。"贾南风轻轻吁了一口气,"潘岳还在家中为杨容姬守丧吗?"

"按照礼制,应该是守满一年吧。"董猛回答。

"一年太久,我等不及。"贾南风沉吟一下,吩咐董猛,"你告诉尚书台,让他们拟旨,召潘岳即刻回朝,继续履行给事黄门侍郎之职。"

"是。"董猛心领神会,自然明白贾南风所谓"等不及"的是什么。四皇女女彦丧期已毕,新皇子慰祖也推到了前台,接下来,自然是要收拾那个躲藏在东宫里的太子司马遹了。

回朝继任的诏书到达潘家的时候,潘岳原本恹恹地躺在床上,还是他的母亲邢夫人亲自将他唤起,才出门接的诏旨。

眼看儿子读过诏旨之后眼中蓦地点燃了神采,邢夫人疑惑地问了一句:"檀奴,你真的打算回朝做官?"

"朝廷既然已经下旨,岂有不遵之理?"潘岳有些诧异地看着母亲。自从杨容姬和金鹿死后,这个院子里就只剩下他和邢夫人,再加上一个老仆李伯料理家务。潘岳几次想劝母亲搬去与大哥潘释同住,至少那里孙辈绕膝,不像自己这里如此冷清。可邢夫人放心不下潘岳,执意要亲自照顾他。

"依我看,你还是上表辞谢的好。"邢夫人一向不过问潘岳的公事,这一次却难得地开口阻止,"连我这个老妇人都听说如今皇后和太子不和,你若是再入朝廷,少不得要卷进这场风波。"

"可是我此刻若不入仕,这一辈子就没有什么机会了。"潘岳淡淡地回答。

"你还要什么机会,你都当上黄门侍郎了还不满足吗?"邢夫人怒道,"你的官已经够了,还是趁早收手,别再钻营了!"

见母亲难得大动肝火,潘岳撩起衣袍,跪在了邢夫人面前。然而就在邢夫人以为他会听从自己的规劝时,潘岳却一字一句清晰地道:"请恕孩儿不孝。有些事情,我是一定要去做的。”说完,他走回房内,将自己闲置了多日的朝服从箱子里取了出来。

第二天,潘岳乘车入宫,再次见到了皇后贾南风。

在没有见到贾南风之前，潘岳无数次地练习过如何掩饰自己的情绪。可一旦真的见到了她,潘岳惊讶地发现,原来自己竟然真的可以掩饰住心底滔天的恨意，维持住表面的波澜不惊。她已经把他逼到了绝境,他后退一步便是万劫不复,所以,只能向死而生。

贾南风确实毫无觉察。就连潘岳向她感谢派遣太医的救命之恩时,她也只是习惯性地把这当作臣子的礼节。看着他形销骨立,恍如一夕之间老了十岁的模样,贾南风又忍不住想起了死去的杨容姬,心头微微发酸。

然而,此刻绝不是他们谈论杨容姬的时候。

“我读过了你为女彦写的诔文。”贾南风精心选择了这个开场,要让潘岳和自己站在同样的立场上,“写得很好。尤其是那句‘披揽遗物,徘徊旧居，手泽未改，领腻如初’，完全就是为我这个睹物思人的母亲而写。”说着,她取出袖中的手帕,轻轻拭去了眼角的泪痕。

“四皇女是为臣而死,臣只能用这点文字祭奠她,实在惭愧至极。”潘岳低着头,语带哽咽。尽管知道贾南风此言满含心计,依然不能不为司马女彦之死动容。

“女彦是我最钟爱的女儿,她死于非命,当然不能只用文字来祭奠。”贾南风止住悲声,忽然沉下了声音,“我还要,为她报仇！”

“找谁报仇？”潘岳冷静地问,“听说皇后已经下令缉捕术士贾生,但大海捞针,想要抓住他殊非易事。”

“贾生之流只是帮凶,真正的祸首……”贾南风朝着东方望过去,微微冷笑,“还在东宫里躲着呢。”

“听说太子已经上表请罪,废除了东宫所有的祭祀,也杀了当天参与降神礼的其余术士。”潘岳平静地叙说,“太子甚至自请废黜太子之位,是天子和皇后大度,下诏驳回了。”

“不驳回,还能怎样?”贾南风轻哼一声,“他那时是天子唯一的儿子,断没有因为公主的夭折就废黜太子的道理。更何况女彦年纪太小,甚至都不曾封过公主。”

“可是现在,太子已经不是天子唯一的儿子了。”潘岳回答。

贾南风有些不自在地挺了挺身子。虽然在将贾午之子韩慰祖硬充皇子时她已经做好了破釜沉舟的准备，可不知怎么的从潘岳口中听到这话,她还是有些心虚起来。“太子毕竟入主东宫多年,我知道你心里还有顾虑。”贾南风咬了咬牙,将致命的撒手锏抛了出来,“可是若不废黜他,一旦天子有个三长两短,太子就可以名正言顺地置我们于死地。他甚至还编造出种种不堪的流言,污蔑我们的名誉,那可是比死还要可怕的事!”

“所以,我们只能先下手为强!”贾南风知道潘岳最恐惧的是什么,忽然庆幸可以用这一点来逼迫他。

潘岳木然半晌,终于点了点头:“东宫有卫兵两万余人,太子又闭门不出,皇后打算怎么下手?”

“找个借口,将他骗出东宫。”贾南风道,“接下来的事情,就交给你了。”

“皇后是要臣亲自做断送太子的那把刀吗?”潘岳的手,在袖子里握成了拳头。

“不错,你既和我的利益绑在了一处,又有那个能力,”贾南风坚决地道,“事关重大,非你莫属。”

“原来,真的必须是我。”潘岳涩然一笑,心中忽然倍感荒谬。贾南风已经疯了,她竟然想不到一旦陷害太子,她作为皇后执掌朝政的合法性就从根子上被掏空。而他也已经疯了,面对可以预见的混乱,不仅不曾出手阻止,甚至还要成为推波助澜的凶手。

见潘岳只是静默,贾南风知道他心中还有顾虑,毕竟陷害太子无异于弑君犯上。这样天大的罪名,就算潘岳对太子再痛恨,从浸淫了数十年的君臣观念上也无法接受。

对这一点,贾南风早有准备。她站起身,拍了拍手:“还有一个人要见你。”

随着贾南风的掌声,太极殿东堂侧面的一席紫丝帷幕慢慢卷起,露出了一个人影。那人上穿玄衣、下着黄裳,上面绣着日月星辰、山龙华虫等五彩文章,头上所戴的冕旒垂下十二串雪白玉珠。虽然他藏在垂旒后的脸模糊不清,潘岳还是一眼就从这至高无上的装扮上认出了来人的身份——当今天子司马衷!

“臣潘岳见过陛下!”潘岳惊诧之下,连忙下拜行礼。

“爱卿平身。”司马衷走到方才贾南风所坐的地方,一屁股坐了下来,双手往前摊开撑在书案上,一副紧张的模样。

“谢陛下。”潘岳起身,却遵循礼仪,低头不去注视司马衷的面容。虽然上朝的时候常常会见到司马衷,但潘岳从未近距离地接触过这位当今天子。他就像是高高的宝座上一道模糊的影子,从未让臣下看清过真面目,甚至关于这位天子的诸多传言,潘岳都无法判断真假。

“方才皇后和你说的话,朕都听见了。”司马衷难得在贾南风在场时开口,“其实要废黜太子,也是朕自己的意思。”

“陛下?”潘岳大惊。太子乃是淑妃谢玖所生,贾南风要废黜他可以理解。可是天子司马衷只有太子这么一个亲生儿子,他却为何也要废黜他?难不成这位糊涂天子真的不通人事,连韩慰祖到底是不是自己的亲生儿子都分不清了?

“太子不孝,已经三个月没有到西宫给朕请安了。这些年,他来见朕的次数,一只手都能数得过来。”司马衷说到这里,小心地看了一眼身边的贾南风，见她含笑点头，心头有了底气，继续道，"爱卿可知道为什么吗？"

潘岳当然知道太子躲在东宫是害怕贾南风下手害他，却不能明说，只摇头道："臣不知。"

"因为，他从未把朕当成他的父亲！"司马衷顿了顿，似乎一时有些恍神，一旁的贾南风便小声提醒道，"就是太子初见陛下的那次……"

"是，他第一次见朕的时候，就不承认朕是他的父亲。"司马衷想起前事，不由眼眶都有些红了，"那时候朕还是太子，去濯龙池给先帝请安。先帝忽然指着一个四五岁的小孩说，他就是朕的儿子，是先帝的才人谢玖给朕生的。朕还没有想清楚谢玖是谁，那个小孩却哭了起来，说朕……说朕不是他的爹爹，他的爹爹应该是先帝那个样子的！"

仿佛一块大石头砸进井底，惊得潘岳以为自己已经死了心又大力跳动起来。童言无忌，太子司马遹定然想不到自己儿时的无心之语会给司马衷造成如此深重的阴影。谢玖原本就是武帝司马炎的才人，司马遹四五岁之前也一直被秘密养在武帝后宫，难怪司马衷虽然愚钝，被突然塞来一个儿子后，也会怀疑司马遹其实不是他自己的亲子而是他的弟弟。

或者，司马衷的这种怀疑，原本就是贾南风长年累月灌输出来的。久而久之，连他自己都信了。所以哪怕太子生下了皇长孙，司马衷也没有任何初为祖父的喜悦，不仅没有参加长孙的庆典，连皇长孙生病，太子上表请求为皇长孙封王冲喜，也断然拒绝。

怪不得，当初鲁国公贾谧在与太子发生争执后，会轻蔑地说出"谁知道你这个太子究竟是不是天子所生"这种大逆不道之语，看来贾氏早已在搜集太子真实身份的证据。可惜，他们什么都没有找到。而太子又是武帝司马炎亲自选定的继承人，他们根本就没有废黜太子的合理理由。所以，如今只能是硬来了！

“好了,朕给你说了这些,剩下的事情,你和皇后商量吧。”司马衷到底头脑迟钝,好不容易撑着说完了台词,也有些累了。他站起身,在潘岳的礼送之中,再度消失在紫丝帷幕之后。

“现在,你还有什么顾虑吗?”司马衷一走,贾南风便迫不及待地开口。

潘岳抬起头,看着那张高高在上的脸。那张绝对称不上美丽的脸,却透着不达目的誓不罢休的精明和强悍。这个可怕的女人,为了达到她的目的可以不惜一切手段,一路走来手上沾满了无数血腥,其中也包含了他最亲密的挚友和最深爱的妻子。那么她当初对他的承诺,又有几分是真的呢?或许真的需要将一切推倒重来,才能给日益崩坏的晋朝一个新生的契机,还世间一个朗朗乾坤。

而司马冏提到的淮南王司马允,武帝司马炎的第十子,沉静刚毅,忠孝笃诚,倒真真正正是一个更好的选择。

桃符,阿容,你们此刻一定要看着我。潘岳心中默默祝祷了一句,终于向着贾南风点了点头:“臣,谨遵皇后之命。”

自从四皇女司马女彦死于东宫,皇后贾南风推出“皇子”韩慰祖之后,太子司马遹知道,自己已经走到了生死边缘。面对冷眼旁观的宗室藩王、事不关己的世家大臣,势单力孤的太子不敢起兵一搏,却又不甘心坐以待毙。

太子知道,到了这个时候,能够拯救自己的可能性只有一个——天子司马衷暴毙,自己顺势登基称帝。

可是天子司马衷虽然脑子不好使,身体却一直硬朗得很。想要他暴毙传位,无异于登天之难。

恰在这个时候,太子司马遹遇见了一个人——五斗米道天师张林。

虽说四皇女死后孙秀逃遁,司马遹杀了其余参与降神礼的术士,但孤立无援之下，除了鬼神之外他还能从哪里借力？因此当张林号称可以行使秘术让人生病而亡时，太子司马遹的心思再度活络起来，秘密将张林请入东宫，实施诅咒法事。

诅咒的对象，自然是居住在西宫的天子司马衷和皇后贾南风了。

到了元康九年年底，张林的诅咒似乎真的生效了。皇后贾南风给东宫传来手书，说天子病重，思念太子，召太子前去探望。

前面一句话太子信，但后面两句话太子就不信了。他和司马衷虽然有父子之名，但他从小就对这个痴愚的父亲敬而远之，生怕一不小心就将嫌恶之情流露出来。住到东宫之后，他更是想方设法逃避去西宫觐见，对于用父子孝道来劝诫他的大臣，要么赏赐一袭藏满钢针的坐垫，要么直接扫地出门。所以司马衷要是真的生病，太子也绝不相信他会思念自己。

有两万东宫卫士护持，太子躲在东宫内还可以苟且偷安，可是一旦进入西宫，就是羊入虎口，任人宰割。所以虽然收到了贾南风的手诏，太子还是找了个借口，不肯出东宫半步。

过了几天，贾南风又送来一封手书，说天子病势加重，召太子速速探望。这一次，太子依然拒绝了。

就这样一日挨过一日，终于在十二月二十八日傍晚，西宫送来了第三封手书，却是天子司马衷亲手所写。在那张薄薄的纸笺上，司马衷用他歪歪扭扭的笔迹写道：朕已病危，若是太子再不前来，父子俩恐怕就见不到最后一面了。

拿着这封无法伪造的手书看了半晌，太子命人传来了张林，问他法事进展如何。张林也是个人精，哪怕知道太子命自己诅咒的是谁，也佯装不知，只说法术奏效，那人大约是活不过这两日了。

太子得了张林这句话，悬起的心终于放下了一半。这个时候，无论如何他都得离开东宫前去探望司马衷了，否则若是司马衷什么时候咽了气，他这个太子不孝的名声坐实了不说，难保贾南风会在遗诏中做什么手脚。根据自古以来的经验，太子必须日夜不离地守候在先帝的病榻前，才能挟先帝余威顺利登基接班。

权衡了一番利弊，太子终于决定入宫朝觐。第二天一大早，太子司马遹离开东宫，进西宫请求觐见父皇，在或明或暗的无数人的注视中，一步步地踏入了早已张好的罗网中。

进入西宫之后，司马遹并没有见到司马衷，而是被带到了皇后贾南风所居的明光殿中。他想要给贾南风请安，一个叫作陈舞的侍女却说："皇后从夜里开始就很不舒服，早上更是起不来床。还请太子殿下先在偏殿等待，皇后好些了再接见太子。"

这一番话说得太子心中突突乱跳，忧喜参半。忧的是被困在西宫前途难卜，喜的却是贾南风如今也身染重疾，难道是张林的咒术同时生效？

正忐忑不安之际，侍女陈舞忽然带来了一盘大枣和三升酒，说是天子吩咐赐给太子，命太子全部吃完喝光。

司马遹一看那骇人的三升酒，忽然意识到不好，赶紧推说自己一会儿要觐见天子，怕醉后失态，所以这酒就不必喝了。

"太子不肯饮酒，是怕这酒里有毒吧？"贾南风的声音忽然在殿外响了起来，慌得太子连忙跪下道："儿臣不敢。"

"要是真不敢，就把这些酒都喝了。"贾南风此刻神清气爽，哪里有半分身染重病的模样，"天子赐，不敢辞，更何况天子还是你的君父！你若是不喝，便是怀疑君父下毒的不孝之子！"

这个罪名实在太重，太子为了证明自己不曾怀疑天子下毒，只好不停地喝起酒来。喝了两升时，他实在撑不住，向贾南风求情把剩下的一升带回东宫去喝。贾南风却不依不饶，终于逼得他将三升酒全都灌入了腹中。

三升酒下肚，饶是太子酒量再好，也头昏脑涨，两眼发花，几乎就想一头伏在案上睡死过去。然而就在这个时候，侍女陈舞又走了过来，在他耳边大声禀告道：“太子殿下，陛下命你抄写这份文书。”

“什么文书？”太子用力撑起脑袋，晕乎乎地问。

“为陛下祈福的祷神文。”陈舞说着，在太子面前的书案上放下了两张纸，一张白纸上写好了密密麻麻的文字，另一张专用来书写祷文的青纸则是一片空白。

“麻烦太子快些誊写，陛下急着用呢。”陈舞将蘸好墨的毛笔塞进太子手中，不断催促着，“要是耽误了时辰，我们都担待不起。”

太子被催得心慌意乱，来不及细细辨别白纸上的草稿，就握笔在青纸上誊写起来。他醉得实在厉害，虽然文稿上的字数不多，写到最后也头晕眼花，完全不知道自己写了些什么。等到好不容易誊写完了，陈舞收起青纸交给贾南风，这才安排人将醉得不省人事的太子送回了东宫。

拿到太子誊录的青纸之后，贾南风从后宫的明光殿径直奔赴太极殿东堂，而潘岳，则早已在那里等候了。

“这是太子方才写的。”贾南风将青纸交给潘岳，而陈舞则将太子方才用过的砚台和毛笔都放在了书案上。

潘岳将青纸铺在书案上，细细看了看，见后面有些字迹模糊难辨，便取过毛笔在上面勾连了几下。因为墨色和笔触都一致，看上去就和太子亲自书写的毫无二致。

贾南风等潘岳修补完了，又满意地看了一遍青纸上的内容：

“陛下宜自了，不自了，吾当入了之。中宫又宜速自了，不自了，吾当手了之。并与谢妃共要，刻期两发，勿疑犹豫，以致后患。茹毛饮血于三辰之下，皇天许当扫除患害，立道文为王，蒋氏为内主。愿成，当以三牲祠北君。”

这封以太子语气所写的祷神文，明确表示了期待天子和皇后去死的诅咒,还有上天保佑他以宠妃蒋俊做皇后、蒋俊之子为王的妄想。贾南风已经可以想象,一旦她将这封手书展示给朝臣,将会掀起多么惊人的滔天巨浪。

“多亏了你,太子是过不了这个除夕了。”她看着潘岳,得意地笑了起来。

潘岳也微微一笑。太子确实是过不好这个除夕了,可贾南风向太子下手之日,也是贾家败亡之时。一箭双雕,放出去的那支利箭,恰正是自己手中所握的毛笔。这样的复仇方式,真是适合他。

元康九年十二月三十日,天子司马衷不顾今日是除夕,紧急召集群臣来到式乾殿。在这次临时朝会上,司马衷亲自向众臣展示了太子所写的祷神文,并宣布了自己的意见:“司马遹写下这种东西,应该赐死!”

此言一出,群臣大惊。然而他们大多出自世家大族,一心只想保全家族的势力,对司马家骨肉相残并不怎么关心,于是衡量过利弊之后,一个个只是装聋作哑,并不作声。反倒是贾南风信任的司空张华和尚书仆射裴頠挺身而出,质疑这封手书究竟是不是太子亲手所写。

贾南风早有准备,当即命人搬出了太子平素所写的各份奏疏,让大臣们核对笔迹。张华、裴頠核对之后,发现那份反书果然是太子亲笔所写,顿时灰了保全太子的心思。不过即使如此,他们依然坚持不能擅杀太子,否则会伤害天子慈和仁孝之名,于国不祥。

贾南风原本一心要置太子于死地,却万料不到跳出来反对的竟是自己最倚重的心腹大臣。她拿两个铁骨铮铮的大臣无法,只好后退了一步,同意只是将太子废为庶人,送入金墉城关押。

为防止太子拒不奉诏,纠结东宫护卫作乱,贾南风特地命大将军梁王司马肜、太子太傅赵王司马伦、镇东将军淮南王司马允、前将军东武公司马澹等人一同领兵前往东宫。而太子司马遹似乎早已料到这样的结局，未做丝毫抵抗，顺从地走出东宫，被押解到了专门关押皇族重犯的金墉城中。

太子被囚，贾南风还不解气，当即命人将太子的生母淑妃谢玖、宠妾蒋俊一同赐死。等到一切都尘埃落定，元康九年的最后一个夜晚也过去了。

根据之前颁布的诏书，新一年的年号改为永康。在贾南风看来，“永康”预示着一个新的美好的开局。但与此同时，那标志着贾南风政绩的“元康之治”，在绵延九年之后，彻底走到了终点。

治世终结。乱世在呼啸的北风和漫天的雪花中，悄悄拉开了帷幕。

第十三章

复仇

奈何兮繁华，朝荣兮夕毙。

——潘岳

永康元年元月初九，洛阳城迎来了第一场大雪。硕大的雪片飘飞了一夜，将整个大地覆盖得晶莹无瑕，却随即被晨起的人们陆续踩成了一片泥泞。

位于寿丘里的赵王府内，此刻也是一片繁忙景象。刚升任为右军将军的赵王司马伦不顾雪地冻脚，颠颠儿地指挥着仆从们搬运着一箱箱上好的银丝木炭。等到把几只大木箱都塞得满满当当，司马伦又猛地一拍脑袋，高声吩咐："把本王最近新得的那个紫金小手炉拿出来。对了，还有宫里赐下来的几根虎骨，也包好了一并拿上。"

"王爷这么用心，是要给谁送礼啊？"一个声音忽然响了起来，伴随着踩踏雪地的簌簌声。

司马伦转头一看，唬得连忙拉着来人躲到了角落里："你怎么来了？进门的时候，可被人看见了？"

"王爷放心，没人认出来。"那人摘下遮住大半张脸的风帽，露出一张俊美得有些妖异的脸来，正是从东宫逃脱后一直潜藏的孙秀。

"你还是小心些。虽说太子倒了，没人认得出你，可宫里那个女人厉害得很，不可不防。"司马伦一提到贾南风，仍然有所顾忌。

"宫里那个女人，怕是也厉害不了多久了。"孙秀搓了搓手，和司马伦一起走进烧着火盆的暖阁里。他熟稔而自然地在暖阁里坐下，又端起新煮好的热茶喝了几口，这才笑眯眯地对司马伦道："王爷可知，我方才去了哪里？"

"本王也奇怪，这么大雪，你跑到哪里去了？"司马伦方才见孙秀一张脸冻得青白，鞋子上也满是雪泥，显见是在户外走了许久。

"我方才去了一趟伊水。"孙秀回答。

"伊水，你去那么老远做什么？"司马伦吃了一惊。伊水是洛水的支流，位于洛阳城北三十里外。天寒地冻，往来这一趟可要费不少力气。

"废太子今天出城，我去看看情况。"孙秀捧着温暖的茶杯，虽然鼻尖依旧冻得红通通的，眼中却燃烧着热烈的火焰。

"你不说本王还忘了，皇后把废太子迁到许昌囚禁，就是今日启程。"司马伦点点头，复又不解，"不过废太子都树倒猢狲散了，你还巴巴地跑去看他做什么？"

"我不是看他，是看送他的人。"孙秀笑道，"皇后不许人相送，但还是有些不怕死的东宫属官连夜守在路边，痛哭流涕，里面甚至还有琅琊王氏的人。看周遭的反应，有些人对废太子，还是满怀同情呢。"

"同情有什么用，给废太子定罪时，琅琊王氏还不是连屁也不敢放一个。"司马伦轻蔑地道，"甚至废太子的岳父王衍也赶紧逼着女儿王惠风和太子离异，生怕沾染到一点晦气。"

"王爷的话固然有道理。但这点同情心，还是可以利用的。"孙秀凑近司马伦，压低声音道，"根据我们布置在禁军中的线报，禁军将领普遍认为太子被废是遭人陷害，特别是右卫督司马雅、常从督许超和殿中中郎士猗几个人，他们以前在东宫任职，现在更是公然表示对贾皇后的不满。那几个人虽然官职不高，但掌握殿中禁军的实权。若是我们能与之联手，推翻贾皇后不在话下。"

"推翻皇后，再把太子迎回来？"司马伦舔了舔嘴唇，紧张地问。

"若只是为了拥立太子，就不费这么多周折了。"孙秀笑道，"在太子眼里,王爷可是一直在讨好贾皇后一党。就算以后王爷帮他复位,以太子那种刚愎自用的性子,只怕对王爷也不会有什么恩赏。”

“那你的意思是?”司马伦知道自己脑子不够灵光,索性什么也不想了,只询问孙秀的主意。

“太子被废已经引发了禁军的不满,若是太子死了呢?”孙秀的脸上蓦地闪过一丝狠绝,“贾皇后以前凭什么杀死汝南王司马亮和卫瓘满门,还不都是靠禁军的力量!”

“你要杀死太子?”司马伦吓了一跳。虽然他满心向往孙秀为他描绘的美妙前景,但真要他下手杀太子,他还没那个胆子。

“当然不用我们动手。”孙秀朝皇宫的方向望了一眼,胸有成竹地道,“只要我们散布有人暗地里策划兵变解救太子的消息,宫里就会有人急着除掉太子永绝后患。到那个时候,”他得意地一笑,“王爷只要振臂一呼,吊民伐罪,自然有无数人愿意追随在王爷左右。捉拿贾皇后,不过两个宦官的力气就够了!”

“军师高见!”司马伦恍然大悟,朝着孙秀竖起了大拇指。他还想说些什么,门外已有仆从高声禀告:“启禀王爷,礼物都收拾好了,是要现在送过去吗?”

孙秀这才想起初到之时,司马伦正兴致勃勃地搜刮着王府里的好东西,不知要去讨好什么人。以前司马伦送礼的对象是贾南风和贾谧,现在用不着了,他又换了什么目标?

见孙秀探究地望着自己,司马伦摸了摸脑袋,不好意思地嘿嘿一笑:“军师不要生气。我是看天气骤冷,檀郎的身子又一直不好,所以送几百斤木炭过去……”

“檀郎,檀郎,王爷到现在还对那个潘岳念念不忘!”孙秀果然生出了怒气,“王爷别忘了,潘岳是贾氏死党,废太子也有他一份罪责。一旦贾氏倒台,他可是死罪难逃!”

“军师又唬我了。檀郎的底细，齐王司马冏不是都告诉我们了吗？”司马伦略带些讨好地笑着，“他若不是我们一伙的，军师又怎么会把符水的解药交给齐王，让齐王藏在雪参丸里送给了檀郎？”说着，脸色沉下，再度端起赵王的架子，“以后大家要和衷共济。你再私底下去害他，休怪我不讲情面！”

“潘岳确实答应齐王反对贾氏，可那并不代表着他会效忠王爷。”每次提到潘岳，孙秀都忍不住要和司马伦争执一番。

“所以本王这不是在拉拢他吗？”司马伦涨红了脸，据理力争，“上次檀郎的夫人去世，本王还亲自去灵堂祭奠，檀郎对我的态度，比以前缓和多了！”

“那王爷就试试吧。”孙秀冷笑，“不过王爷要记得，潘岳这个人心思深沉，若是不能为王爷所用，那就留不得了！”

从永康元年正月到三月，洛阳街头开始流传起各种不祥的传言。有人说尉州地区下了一阵怪雨，雨点落在地上竟然都呈现血色；有人说天师们夜观天象，看见有妖星出现在南方天空；又有人说洛阳刮大风的那一夜，鲁国公府中贾谧的朝服被卷上天空百余尺，落下来时已经损毁得不能再穿。

种种传言，都是孙秀惯用的老路子。他知道人们最害怕什么，也最想听到什么，所以这一切天降异象，末了都会与皇后陷害太子的事件联系在一起。

而这些传言中，最可怕的还是关于殿中禁军密谋兵变，废黜皇后，复立太子的消息。皇后贾南风以前就是靠操纵殿中禁军兵变起家，如今以其人之道还治其人之身，贾南风就如同被猛兽环伺的笼中之鸟，其惊恐无助可想而知。

除了贾南风，贾谧也惶惶不可终日。他召集“二十四友”询问对策，大家却也无计可施,只建议贾氏彻查禁军将领。可是禁军将领上至司马氏诸侯王,下至地位低微的殿中中郎,总共有一千多号人,怎么彻查得过来?最后,还是贾谧不耐烦地说了一句:“扬汤止沸,不如釜底抽薪!”

此言一出,所有人都寂静无声,然后一个个借故告辞。贾谧这一生中习惯了前呼后拥、一呼百应,从未遇见过这样孤立的场面,满心惶恐之下立刻进宫求见贾南风。

贾南风这些日子也受够了流言蜚语,听了贾谧的建议之后思索了很久,终于决定一不做二不休,召来了她多年的心腹——太医令程据。

潘岳是在废太子司马遹死后的第二天得知这个消息的。那时候他照常去鲁国公府议事,一进厅中就发现气氛不对,号称“二十四友”的各位幕僚们三三两两地聚集在一起,小声而迫切地讨论着某件事。

“哎呀,安仁,你听说了没有?”石崇一见潘岳进来,连忙急吼吼地将他拉到一旁,在他耳边低声道,“废太子死了!”

“怎么死的?”潘岳大惊,连忙追问。

“当然是被……害死的了。”石崇虚虚地指了一下皇宫的位置,把自己打听来的信息一股脑儿灌进潘岳的耳朵,“皇后让太医令程据配制了‘巴豆杏子丸’,让内侍孙虑带到许昌,想要混进废太子的饮食之中……”

潘岳默默点了点头。巴豆和杏子都有催泄的功能,看来贾南风是想制造废太子患痢疾而死的假象,从而让人抓不住把柄。这样的手段,和她当初无形中毒死司马攸如出一辙。

石崇不知潘岳心中所想,自顾自说下去:“谁知废太子为人精明,到许昌后饮食都亲力亲为,孙虑根本找不到下手的机会。于是孙虑找看管废太子的治书侍御史刘振帮忙,把废太子的住处迁到了一处死巷之中,封锁入口,断绝饮食。怎奈总有人同情废太子,暗中送进食物,孙虑的打算又落了空。”

“那太子究竟是怎么死的?”虽然自司马遹被废,潘岳就预测到了他的死亡，但此事究竟与自己有关。潘岳心情激荡之下，连“废太子”的“废”字都忘了说。

“唉，死得惨啊。”虽然身为贾氏一党，石崇提起司马遹之死，还是面露恻隐之色，“孙虑心急之下，竟然率兵直接冲入废太子住处，要将毒药灌入他的口中。废太子年轻力壮，竟然被他挣脱开去，逃进了茅厕之中。那孙虑竟然追入茅厕，用制药用的石杵将废太子活活砸死。据说废太子临死时的惨叫传出数里远，许多人也因此得知了实情……”

“她这样行事，也太明目张胆了。”潘岳低叹了一声。虽然当初的本意就是要贾南风自掘坟墓，但当她真的这样做的时候，潘岳还是感到了一阵惋惜。那个一向精明冷硬的女人，气数将尽才会做出这么疯狂的事情来。

“是啊。废太子都倒了，为什么一定要赶尽杀绝。”石崇也摇着头道，“听说才到许昌的时候，皇长孙就因为患病不得医治而夭折了。废太子这一脉，是真的绝了。”

“季伦，我想跟你说一句话。”潘岳忽然打断了石崇的慨叹，严肃地道，“从今天开始告病，躲到金谷园里专心去做你的富家翁，这个地方不要再来了。”

“你这是什么意思？”石崇脑子还没转过弯来，忽然旁边有人开口道，“安仁兄，季伦兄，小弟特来向你们告辞了。”

潘石二人回过头去，发现说话之人正是“二十四友”中的左思。

“太冲兄要去哪里？”潘岳与左思一向关系亲密，不由关切地问。

“退居宜春里，专心去写我的书。”左思淡淡地道，“我的辞呈，已经交给鲁国公了。”

“太冲，好好的为什么要辞官？”石崇不解地问。

“现在还‘好好的’，以后就未必‘好好的’了。”左思颇有深意地望了一眼潘岳和石崇，“见一叶落而知岁之将暮。两位是聪明人，也不必在下多说,还望善加珍重。”说完,向众人拱手作别,竟是挂冠而去。

见左思就这样走了，剩下的众人面面相觑，心中都各自有了盘算。而素来与潘岳不睦的陆机则远望了潘岳一眼，冷冷地说了一句话:“辞官固然可以远离是非,可有些人泥足深陷,就算想抽身也走不得了吧。”

“喂,你说谁呢！”石崇一向无条件维护潘岳,当即冲着陆机嚷了一句。

见陆机哼了一声,转过头去不理睬石崇,潘岳伸手拦住石崇,针锋相对地道:“泥足深陷,自然比不得有人见风使舵。听闻士衡兄最近新得了一方宝砚,不知何时可以带给我们观赏观赏？”

此言一出,陆机顿时面红耳赤,想要争辩,却又自觉无趣,便再度哼了一声,拂袖而去。

潘岳微微一笑,也不点破。他早已从司马冏那里知道,赵王司马伦热衷于结交洛阳名士,与陆机早已暗通款曲。那方宝砚,就是司马伦送给陆机的礼物。虽说陆机所做的事情表面上与自己并无二致,但能在口头上压他一筹,潘岳还是觉得心中畅快了不少。

“唉,安仁,都这个时候了,你还有心思和陆兄斗嘴。”刘琨等人无奈地摇了摇头。倒是石崇抢着为潘岳辩护道,“陆家对安仁有害岳父之仇,安仁别的做不了,也只能靠斗嘴来报仇了。”

听了石崇的话，潘岳并不反驳。陆机之父害岳父杨肇被免为庶人,几乎丧命,他确实只能靠口头上这点优势来报复。不过那害死杨容姬之人,就不会有陆机这样的好运了。

“对了安仁,刚才你劝我回金谷园去做富家翁,就是让我学左思吗?”石崇不傻,此刻早已回过味来,低声问道,“你是怕贾氏会出事吗？那你要不要也辞掉官职,和我一起到金谷园去暂避一时？”

“我会找机会的。”潘岳点了点头,心中却想起陆机方才那句话——他早已泥足深陷,想置身事外怕是已经来不及了。

为了缓和天下人对太子被害的愤怒，皇后贾南风故意降下诏旨，将已被废为庶人的司马遹以广陵王之礼下葬。可是无论她此刻的姿态多么真诚和哀痛，一切都已经无法挽回。

太子下葬之后不到十天，永康元年四月四日，兵变发生了。除右卫督司马雅、常从督许超和殿中中郎士猗，孙秀暗中还联合了省事张衡、殿中侍御史殷浑、右卫司马督路始等人一起发难。这些人的官阶都不高，却全都是环伺在帝后身边的“殿中之人”，皇宫的护卫再严密，也挡不住变生于肘腋之间。

赵王司马伦召来了麾下的前驱、由基、强弩三部司马，假称奉了天子司马衷的诏书，要废黜皇后为太子报仇。这些原本就属于司马伦统帅的禁军将领面对司马伦的威逼利诱，自然不敢不听从，只是疑惑地询问司马伦：“王爷要亲自统率我等杀入宫中吗？”

司马伦自己装腔作势一下还行，要他真刀真枪地带人去捉拿贾南风，他还真没有这个胆子。正尴尬之间，孙秀适时地为他解了围：“王爷坐镇中枢，怎么能亲自涉险？统帅你们进宫的，自然另有其人。”

“谁？”众人有些惶恐地问。贾南风统治天下十余年，积威甚重，不要说他们这些低阶将领，就算是王公大臣、宗室藩王，都无不震慑于皇后的威严。若是没有一个足以抗衡贾南风的领袖，别说带兵捉拿她，只怕贾南风一声怒叱，他们都会被吓得双腿发抖，下意识地跪拜叩头了。

“我。”随着这声回答，一个年轻人从幕后走了出来。他面目清秀，虽然不像一般武人那样身材魁梧、膀大腰圆，却自有一分从小浸淫而成的尊贵之气。他此刻一身戎装，腰佩宝剑，显然早已为今日一战做好了准备。

见众人面露疑惑，孙秀笑道：“你们有眼无珠，竟然不认得这位鼎鼎大名的齐王殿下？齐王殿下身份高贵，又与皇后和贾谧有不共戴天之仇,由他统领你们,自然是万无一失!”

“原来是齐王殿下!”众人大惊,连忙俯身下拜。齐王司马冏虽然被罢黜了官职,但他是齐献王司马攸之子,平素便以仁孝之风闻名当世。所以众人虽不知司马冏为何与姨母贾皇后和表弟贾谧有不共戴天之仇,却满心信服,当即簇拥着司马冏走出帐外,点齐兵马,趁夜向皇宫奔去。

有了宫中内应,他们的军队到达皇城时,宫门已经偷偷开启。司马冏为了这一刻已经蛰伏了太多年,因此有条不紊地带领士兵进宫,头一个目标就直奔在寝殿呼呼大睡的天子司马衷,将这位懵懵懂懂的皇帝从被窝里揪了出来,强行穿戴上天子衣冠,簇拥到了太极殿东堂之中。

“齐王,你、你、你要干什么?”司马衷坐在皇位上瑟瑟发抖,甚至不敢大声斥责司马冏欺君犯上,只是略带求饶的模样看着他。

司马冏心中一哂,表面上却竭力恭敬地道:“贾谧作乱,臣特地前来保护陛下。请陛下即刻下诏,召贾谧前来问罪。”

“贾谧怎么会作乱?”司马衷嘀咕了一句,却一眼瞥见满殿禁军出鞘的兵刃,吓得不敢再说什么,命人写下诏书,盖上玉玺,召贾谧即刻入宫觐见。

贾谧半夜接到宫中紧急诏书,不知底细,只能睡眼惺忪地赶了过来。来到太极殿东堂外,他一眼看见顶盔贯甲、满眼杀气的司马冏,不由大吃一惊,连最后一丝睡意都吓得烟消云散,脱口问道:“齐王意欲何为?”

“意欲杀你。”司马冏冷笑了一下,腰间宝剑出鞘,正正地指住了贾谧。

“齐王表哥!”贾谧察觉到渐渐围拢上来的禁军,深知自己已是瓮中之鳖,下意识地想要乞求司马冏饶命,“我们是嫡亲的表兄弟,就算看在齐王太妃和我母亲的面上,也请表哥放我一条生路!”

“正是看在你母亲面上,今日我非杀你不可!”不提到贾午还好,一提到这个亲手害死自己父亲的名字,司马冏怒火中烧,连脸侧的肌肉都扭曲得变形了,“你放心,过不了多久,贾午就会来陪你了!”

“那就烦请表哥告诉杀我的缘由,哪怕我死,也能做一个明白鬼。”贾谧双目含泪,楚楚可怜地望着司马冏。

想到父亲的惨死,司马冏脑中一滞,竟不知从哪里说起。就在他一恍神的工夫,贾谧已经偷觑到一个空位,撒腿就往远处跑去,一边跑还一边大声喊道:“皇后救我!”

见贾谧想要逃跑,司马冏蓦地清醒过来。他一边呼喝手下禁军包抄贾谧,一边举起宝剑快步追了上去。就在太极殿西边的钟楼之下,司马冏就像他在王府花园中练习了无数次那样,奋力挥剑斜劈而下,竟将贾谧由肩至腰斜劈成了两半。

如瀑的鲜血扑面而来,沿着司马冏铁青的面孔淋漓而下。他看着贾谧倒下的尸体,接过手下递来的手帕抹了抹脸,蓦地将滴血的宝剑朝天举起:“去皇后寝殿!”

太极殿东堂离后宫甚远,因此这里发生的动静完全不曾波及皇后所居的明光殿。当司马冏冲进寝殿时,被惊醒的贾南风拥着被子坐起,惊讶地问:“齐王,你为什么在这里?”

“奉诏抓捕皇后。”司马冏按着剑柄,冷冷地道。

贾南风此刻已经看到了司马冏脸上残存的血迹,本能地预感到大事不妙。但她毕竟久居上位,此刻也不曾堕了气势,站起身冷冷地道:“天子的诏书都出自我手,你又哪里来的诏书?你矫诏行事,就是谋反!”

司马冏知道贾南风口齿伶俐,自己未必辩得过她。于是他也不回答,只朝身后禁军挥了挥手,立刻有两人上前钳制住贾南风的双臂,将她架出明光殿,一直带到了太极殿东堂之中。

东堂正中,天子司马衷还在呆呆地坐着。待见到贾南风被推了进来,司马衷下意识地想站起身迎接,却最终尴尬地坐在原地,满头都是吓出来的冷汗。

见司马衷一言不发,贾南风对这个窝囊丈夫的气再也忍不住了,远远地朝着司马衷大声道:“我是陛下的妻子,若是我被废掉,下一个被废的就是你了!”

司马衷求救般看了看齐王司马冏,见司马冏不发话,便只嘴唇颤动了几下,终究只是用双手捂住了脸。

下一刻,有人从鼓楼之下拖回了贾谧的尸体,正正扔在了东堂门口。

贾南风认出了贾谧,见他死得如此之惨,不由扑过去哭出了声音。她一边哭一边大声问:“今天究竟是谁领头造反?”

司马冏知道自己资历不够,便搬出了两个辈分最大的诸侯:“梁王和赵王。”

“那是谁杀的贾谧?”贾南风双眼血红,愤恨地问。

司马冏本能地瑟缩了一下,却重新鼓起勇气,昂首回答:“是我!”

“你?”贾南风见贾谧几乎被一剑劈断,知道杀他之人若非有惊世骇俗的力气,便有不共戴天的仇恨。待听到司马冏自己承认,贾南风盯着他看了一会儿,忽然笑了笑:“拴狗应该拴住狗头,我却只拴住了狗尾巴,怪不得会有这个下场!”

“毒妇,到这个地步你还不知悔改!”司马冏见她到现在都没有一丝忏悔之色,越发怨愤,却苦于她的身份不敢亲自动手。他用手指着外面拥进来的一群人,冷笑着对贾南风道:“看看,那都是谁来了?”

贾南风转过头,正看见禁军们扭着几个人走了过来。虽然天色幽暗,她还是借着火光认清了被绑成一串的几个人:妹妹贾午、太医令程据、寺人监董猛、武帝夫人赵粲、内侍孙虑……全都是她最信任的心腹之人。

“姐姐!”贾午奋力挣扎着想扑到贾南风身边,却蓦地看到了台阶下儿子贾谧的尸体,不由惊恐地尖叫起来。

“闭嘴!”司马冏毫不客气地一脚将贾午踹倒在地,“你们作恶多端,活该有这样的下场！”

贾午生生受了司马冏一脚，却似乎没有感觉到疼痛，依然爬到贾谧身边，徒劳地想用手捂住他身上深而长的伤口。她四下张望，蓦地看到了司马冏被火光映得发红的脸，陡然叫道：“齐王殿下，求求你救救谧儿！齐王殿下，我知道你最是心善，求你救救我的儿子吧！”

“我？救他？”司马冏顿觉有些好笑，贾午这个女人，是吓得疯傻了吧。

“齐王殿下，是我害死了你，你要报仇就冲着我来，谧儿他什么都不知道啊！”贾午此刻已不复平日精心保养的美艳形象，披头散发地跪在血污之中，不住地向司马冏磕头。

“你看清楚，这是司马冏，不是司马攸！”贾午的疯状连贾南风都看不下去了，她一把拉起贾午，将她揽在怀中，“司马攸早就死了，根本不会活回来的！”

“是啊，我父王早就死了，就是被你们害死的。他死得有多痛苦，我会要你们十倍百倍地还回来！”说着，他命人从贾南风怀里将贾午硬拽了出来，冷酷地道，“把贾午关进掖庭暴室，杖毙！”

“不！”贾南风眼看妹妹要以最痛苦的方式赴死，不由大喊起来，“齐王，她毕竟是你的小姨，你就给她一个痛快的死法吧！”

“你们毒死我父王的时候，可有想过他是你们的姐夫？”司马冏甩出这句话，报复的欲望终于得到了满足，“奉诏废皇后贾氏为庶人，解往金墉城囚禁！”

说完，他凑近贾南风的脸，恶毒地笑道：“杨太后就是被你关在金墉城中活活饿死的，听说到现在她的鬼魂还在那里徘徊不去。有她做伴，想来你也不会寂寞了。”说着，他一扬下颌，手下士兵立刻拥上，将贾南风押了下去。

等到司马冏将最棘手的几个人清理干净，赵王司马伦终于有胆子踏进皇宫。他装模作样地朝吓得呆若木鸡的天子司马衷行了礼，随即吩咐起草诏书，将以往得罪过他的司空张华、尚书仆射裴頠、尚书解结、前雍州刺史解系全都抓捕到宫门前，阖门斩首。

司马伦此举，一是为了报私仇，二是为了杀人立威。当司空张华被拖到前殿马道旁行刑时，这位三朝老臣发出了最后的慨叹："臣先帝老臣，中心如丹。臣不吝惜一死，惧王室之难，祸不可测也。"

晋室朝廷的中流砥柱，至此尽数折断。

一夕之间，天翻地覆。当第二天早上潘岳得知消息时，宫门前的血水已肆意横流，无法挽回。而听说张华、裴頠阖门遇害的消息，原本准备进宫查看情形的潘岳脚下一滞，眼前一黑几乎摔倒下去。

"我家主人说，现在赵王掌控天子，那个死了的孙秀居然又冒了出来，让潘侍郎小心些，最近不要去宫里了。"石崇派来报信的仆从扶着潘岳，无措地说着，"我家主人还说，请潘侍郎先去金谷园避避风头，日后再做打算。"

"那淮南王呢？"政变已生，潘岳现在全部的希望都寄托在了淮南王司马允身上。没有了太子和贾南风，作为天子司马衷亲弟弟的淮南王司马允就是距离皇位最近的人，也是迅速终结这场混乱的最佳人选。当初齐王司马冏说服他结盟，就是以共同推举淮南王司马允为皇太弟作为条件。

"主人暂时还没有淮南王那边的消息。"石家仆从摇了摇头。

"多谢你家主人好意。金谷园距离洛阳尚远，我还是在家中等待消息吧。"潘岳推开仆从的搀扶，慢慢站直身子，露出一个苍白无力的微笑，"告诉你家主人，以后洛阳无论发生什么，都让他明哲保身，绝不要插手。"

孙秀既然敢现身，就说明赵王司马伦已经掌控大局。潘岳现在只剩下石崇这个最好的朋友了，绝不能再连累他。

石家奴仆走后,潘岳无力地在台阶上坐了下来。他空茫的眼睛一直紧盯着大门,因为司马冏说过,事成之后第一个就会来跟他报信。

可是就连石崇都派人来了,司马冏还是杳无音信。潘岳派老仆李伯前往淮南王府附近打探情况,李伯回来说淮南王府清清静静,既没有参与昨日的政变,也没有任何王公大臣前去拜会。

听到这里,潘岳越发觉得不安——一切都没有按照司马冏向自己承诺的那样发展。难道,司马冏一直都在骗自己?

想到这里,他陡然觉得浑身发冷,就连李伯询问要不要去齐王府打听动静,他也摇摇头拒绝了:“齐王若是不愿见我,你去了也打听不出什么。”

“齐王应该只是很忙吧。”李伯疑惑地说,“毕竟,他一直对郎君都那么好的。”

“是啊,很忙。”潘岳苦笑了一下。司马冏怎么可能不忙呢?他亲身犯险,率领禁军杀死了贾谧,捉拿了贾南风。这样的大功,还不知要受到怎样的封赏呢。此时此刻,他要么在追剿贾氏的残余势力,要么在和赵王司马伦争抢功劳。不论哪一件,都足够他忙得不可开交了。

“既然齐王不来,郎君就先回屋去歇歇吧。”李伯见潘岳一直坐在冰凉的石阶上不动,担忧地劝道,“郎君身子才好些,不要着凉了。”

“好。”面对老仆的关心,潘岳不忍拂逆,点了点头。谁知他正准备回屋,院门外忽然传来了一阵杂沓的脚步声,人数众多,竟连地面都微微颤动起来。

潘岳所居的德宫里并非达官贵人聚居之处,平日安静清幽,从未经历过这样大的阵势。他站起身朝院门走去,刚打开门,就看见大队的禁军士兵拥到自家附近,而一辆朱轮青盖的马车则缓缓从人群中驶了出来。那马车上用金粉涂抹成各种纹饰,正是皇太子和封王的皇子们才能使用的安车。

“赵王殿下到,宣黄门侍郎潘岳觐见!”一个跟随在安车旁的侍从高声道。看样子,是要潘岳在车前行礼,迎接赵王驾到了。

“别喊别喊,本王亲自去见檀郎。”潘岳还未应声,车中已传来司马伦急切而又愉悦的声音。下一刻,车帘一掀,身穿藩王服色的司马伦迫不及待地钻了出来。他动作略有些笨拙地扶着侍从下了车,一眼正看见潘岳站在门口看着自己,不由大喜过望,“安仁,你来迎接本王了?”

“见过赵王殿下。”潘岳进退不得,只能躬身行礼,却被司马伦一把扶住:“本王有些话要对你说。走,我们进屋去。”

“听闻赵王刚刚扫灭了贾氏一党,事务烦冗,潘岳不敢耽误殿下时间,有话便在这里说吧。”潘岳不想让司马伦进屋,尽量客气地推脱道。

司马伦没有听出潘岳语气里的拒绝之意,只顾着自己喜滋滋地道:“檀郎说得对。现在朝中什么事都来找本王决断,确实不胜其烦。不过我特地过来找你,肯定是有重要的事情,我们还是进去说吧。”说着,用力揽住潘岳的肩膀,固执地挤进了潘家的院门。

潘岳无法,只好跟着司马伦走进屋里。司马伦大大咧咧地往簟席上一坐,笑眯眯地看着潘岳:“安仁,这次你可要好好谢谢我了。”

“哦?潘岳无知,还请赵王赐教。”潘岳远远地坐在司马伦下手,不明白他究竟是何用意。

“咳咳,贾氏逆党伏诛,一应党羽尽皆处死。可是本王却听到一些传言,说安仁你也是贾氏一党。”司马伦故意咳嗽了两声,偷眼打量潘岳的表情。

“潘岳确实是贾谧幕僚,受他提携甚多,因此说是贾氏一党,也不为错。”潘岳看着司马伦,哂然一笑,“原来赵王殿下是来捉我归案的?”

“当然不是。虽然你是贾谧‘二十四友’之一,可其他二十三个人我们也没动一根毫毛。”司马伦说到这里,忽然身子朝潘岳倾过来,神神秘秘地道,“不过有人说你和贾南风有什么不清不楚的干系,虽然是空穴来风,对安仁你却很不利啊。”

潘岳脸色一沉。他忽然想起来,孙秀似乎是抓住了自己与贾南风私下相见的某种证据，否则当初在东宫，他不会用符水威逼自己招认此事。虽说他们缺乏有力的证据,但孙秀善于操控司马伦,一旦他们以此事大做文章,自己无论怎么辩白都无济于事,那可真的要声名扫地、身败名裂了。

潘岳一生之中最害怕的莫过于此,当下惊出了一身冷汗。他见司马伦依旧笑吟吟地看着自己,知道眼前这个人虽然讨厌,却是唯一可以求援的对象,便振作精神问道:“赵王殿下方才说我该好好谢你,莫非是有了破除谣言的好办法?”

“安仁一向是这么聪明。”司马伦竖了竖大拇指,“若没有救你的好办法,本王怎么会扔下那么多政事,巴巴地跑上门来?”

“哦,那殿下打算如何救我?”潘岳问。

“你之前和贾谧他们走得近,免官做做样子是肯定的。不过你放心,有本王在,过不了多久就会起复你做个更大的官儿。”司马伦挺起胸膛,用手掌在胸口拍了拍,“只要你与贾南风撇清干系,什么都好办。”

潘岳点了点头,等着司马伦继续往下说。

“这个办法,是本王自己苦苦思量了一夜才想出来的。”司马伦有些骄傲地道。实际上,他知道孙秀憎恶潘岳,也没敢像往常一样去请教孙秀。

“朝廷已经决定,废贾南风为庶人,并赐死。”司马伦终于说出来意,“明天，尚书刘颂就会带金屑酒入金墉城。若是你和刘颂一起前往赐死贾南风,就证明你与贾氏已经一刀两断,别人就不能再说什么了。”

见潘岳沉吟不语,司马伦有些焦急地追问:“我这个主意,究竟怎么样?”

“殿下所言极是。”潘岳虽然平素瞧不起司马伦愚钝,却不得不承认愚者千虑，必有一得，司马伦这个主意，确实很有道理。

“那就这么说定了！”得了潘岳首肯，司马伦顿时兴奋起来，“我这就吩咐人告诉刘颂，让他明日带你进金墉城。”

司马伦刚刚大权在握，事务烦冗，虽然心底恋恋不舍，还是不得不起身离开。待潘岳送到院门口，司马伦忽然转头暧昧一笑：“安仁，本王这次救了你的命，你以后怎么感谢我呢？”

见潘岳脸色一僵，半晌不知该如何回答，司马伦故作大度地哈哈一笑：“不着急，不着急，安仁你慢慢想好了。”说着，在侍从的搀扶下登上金碧辉煌的安车，扬尘而去。

第二天，果然有人上门来接潘岳。潘岳上了车，从洛阳南部宣阳门沿着铜驼大街直达尚书台，与尚书刘颂见了面。他和刘颂并不熟，两个人互相见了礼后寒暄两句，随即无话可说，只默默地同车前往金墉城。

金墉城为三国时魏明帝曹叡所筑，位于洛阳城西北角，原本是为了拱卫洛阳城而修筑的戍守小城。但自曹魏嘉平年间司马师废魏帝曹芳后，由魏至晋，凡是被废的皇族几乎都被迁入此地居住，其中不少人命丧于此。因此，任洛阳城再是繁华盛世，金墉城中永远都是一派愁云惨雾。

潘岳以前从未进过金墉城，仅在外面见到这里高墙严垒，易守难攻，果然是拱卫洛阳城的一大屏障。不过相应的，被关押在里面的失势皇族也断绝了逃脱的希望。

下车之后，刘颂和潘岳便从难得打开的城门进入了金墉城，他们身后，则跟随着一个手捧黄陶青釉鸡头壶的侍从。不消说，那酒壶之中，便是皇家专门用来赐死的金屑酒了。

金墉城是用邙山上的黄土烧砖垒成，里面又没有种植任何草木，因此眼见之处，无不一片死气沉沉的土黄色。看管之人领着刘颂和潘岳绕了几个圈，终于在一间简陋的夯土房门前停下。他掏出钥匙打开门上的挂锁,朝刘颂和潘岳施了一礼,随即退了出去。

房门一开,狭小的屋内情形便一览无遗。只见屋内除了一张草席、两个水罐,几乎一无所有。而唯一的那张草席上,则靠墙坐着一个女子——正是废后贾南风。

此刻她身上原本华丽的衣裙已经变成了粗糙的麻衣,头发也有些凌乱。但当门打开后,她朝门外投来的眼神,依旧和以前一样凌厉。

“奉天子诏令,赐死庶人贾氏!”刘颂并不愿在这个晦气的地方多待,直截了当地宣布了诏命。

“诏书呢,拿来我看。”贾南风似乎早已料到了这样的结果,也不慌张,只是朝刘颂伸出手来。

刘颂犹豫了一下,还是将诏书递了过去。此时此刻,贾南风已是砧板上的鱼肉,就算多挣动两下,也改变不了结局。

贾南风接过诏书看了看,忽然冷冷一笑:“这是伪诏。”

“胡说!这上面有天子玉玺,怎么会是伪诏?”刘颂怒道。

“天子虽然不敏,却知道谁才是真正对他好的人。除了我与他夫妻同体,其他人都只是威逼利用他。”贾南风轻蔑地将诏书扔在地上,“逼迫天子写下的诏书,自然是伪诏!”

“照你这么说,当初饿死杨太后,又杀害太子,都是你逼迫天子下的伪诏了。”刘颂料不到贾南风死到临头,气焰竟还如此嚣张,“不论你说什么,今日都是你的死期!”

“母非其母,子非其子,很快天下也非其天下。我就不信,有这样的天子在,谁还可以比我做得更好。”贾南风说完,见刘颂身后的侍从捧着酒壶和酒杯走了过来,不由笑道,“要我喝下这酒,只有一个条件。”

“你死到临头,还有资格讲什么条件?”刘颂冷笑道,“看在你父亲的分儿上,我不会让人强灌你。但你自己,难道不想死得体面一点吗?”

“这酒,我自然会喝。”贾南风的眼光,终于从刘颂身上移开,落到了一直一言不发的潘岳身上,“不过,我要潘侍郎亲自倒给我喝。”

“你……”刘颂正要发作,潘岳却轻轻开口,“刘尚书,下官想与贾庶人单独说两句话。”

刘颂只知道潘岳是赵王司马伦特意安排来的,却不知这背后有什么曲折,便点了点头:“请潘侍郎快些。”说完,带领侍从走了出去。

门一关,狭小的屋子里光线顿时阴暗下来,而贾南风方才凌厉的气势,也在不知不觉中变成了怨恨:“想不到,你会亲自来。”

“难道,我不应该来吗?”潘岳摩挲着黄陶青釉的酒壶,冷冷道,“你惯于以毒害人,如今死在毒酒之下,正是天道昭彰。”

“是啊。我杀了那么多人,落到今天,也算不冤。”贾南风笑了笑,忽然口风一转,恨声道,“可就算我罪该万死,也轮不到你来落井下石!就算我对不起千万人,可没有对不起你!”

“没有对不起我?”潘岳见贾南风此刻仍不知忏悔,胸中怒火升腾而起,“太康四年你毒死了齐献王,如今又毒死了我妻子杨容姬。我不手刃你已是最大的克制,何来落井下石之说?”

“齐献王挡了我的路,确实是我毒死了他。可是杨容姬又是怎么回事?”贾南风激怒之下口不择言,“一个无足轻重的妇人,哪里轮得到我对她动手?”

“我在东宫中毒的那次,难道不是你让阿容以命换命,才赐给了我解药的吗?”潘岳此刻也觉得哪里不对,却抓不住头绪。

“我要有解药,怎么会救不回我家女彦的性命?”想到爱女之死,贾南风眼中全是血丝,“何况我那时一心想笼络你为我所用,平白无故去害你妻子做什么?我虽然心狠,却不愚蠢,对自己不利的事情,为什么要做?”

见潘岳闻言如遭雷劈,贾南风乘胜追击:“看你聪明一世,却偏偏在杨容姬这件事上犯了糊涂。必定是有人趁你中毒之后头脑昏沉,故意害死杨容姬栽赃给我。只要你想想谁从此事中获利最大,真凶自然就水落石出了。”

“原来,是这样……”潘岳脑子中此刻已经乱成一团,无数过往的画面如同走马灯一般在脑中乱转,让他头晕目眩,几乎站立不稳。他后退两步扶住门框,就想开门离去,贾南风却突然大喝了一声:“站住!你答应要给我倒酒的,不能言而无信!”

“你放心,我一定会查出害死阿容的真凶。”潘岳说着,果真慢慢折回身,举起黄陶青釉鸡头壶,满满地斟了一杯金屑酒。酒如其名,哪怕在晦暗阴森的囚室之内,依然闪动着丝丝缕缕的金色光芒。

“傻子,杨容姬是你的妻子,你跟我说放不放心干什么?”贾南风扑哧一笑,随即从潘岳手上接过了酒杯。她几步走到房门前,一把拉开了那扇木门:“你走吧。我本来就长得不好看,若是喝了毒酒就更丑了,你不会想看的。”

第十四章

图穷

仗信则莫不用情，无欲则赏之不窃。

——潘岳

潘岳走出房间后，刘颂便带领侍从走了进去。他奉诏前来赐死贾南风，自然要确认她已经气绝，才能回去复命。

潘岳则没有这样的任务。他也不等刘颂，一个人踏着单调坚硬的土砖路，走出了金墉城。

他来时乘坐了刘颂的马车，此刻站在金墉城门口，一时只觉前方道路纵横，却没有一条是自己可以选择的归路，竟有些迷茫起来。

不知是不是久病初愈，潘岳在日头下发了一会儿呆，便觉得头晕目眩，对于周遭来来往往的路人，都有些看不清了。

一阵马蹄声由远及近，在距离潘岳不过五尺远的地方停了下来。见潘岳依然站在城墙下不动，马车上有人高声斥道："大胆潘岳，见到中书令还不下拜？"

"中书令，哪位中书令？"潘岳茫然地抬起头，望着那辆豪华威风的马车。

"是我。檀郎不认得了吗？"随着一个得意扬扬的语声，马车的车帘被侍从掀开，露出一个端坐在马车中的倨傲身影。潘岳揉了揉眼睛，蓦地浑身一僵——那身穿官服、头戴官帽之人，赫然便是孙秀！

凭借赵王司马伦的地位，如今的孙秀不仅公然露面，还一步登天了！

"既然亲见了中书令，为何还不下拜？"孙秀的侍从见潘岳只是直勾勾地盯着孙秀，便狐假虎威地再度呵斥了一声。

"就算你家主人是中书令，下官也是给事黄门侍郎，品秩虽低，却断无下拜之礼。"潘岳的脑子被孙秀脸上的阴冷表情一激，渐渐清醒过来。

"谁说你现在还是黄门侍郎？"孙秀冷笑一声，朝车后吩咐，"陆参军，请宣读诏旨吧。"

陆参军，这又是谁？潘岳再度恍惚起来，贾氏一倒，天翻地覆，这个新的人间，忽然陌生得可怕。

一个人从后车上走了下来，一直走到孙秀车前，先朝他行了礼，这才取出一卷黄绢圣旨，朝潘岳说了声："潘岳接旨！"

待这人面朝自己，潘岳才认出了这位"陆参军"的身份——竟是当初与自己同为贾谧门下"二十四友"的陆机！与自己并称为"潘江陆海"，文采举世闻名、并驾齐驱的陆机！

"陆参军，敢问你是何人的参军？"潘岳不待陆机开口宣读圣旨，就颤抖着声音问。所谓参军，乃是丞相或军府的属官。那么贾谧倒台之后，陆机投靠之人究竟是谁？

"自然是相国府参军。"陆机看着满脸惊愕、冷汗涔涔的潘岳，不由有种报复的快意，"你还不知道吧，方才天子下诏，已经封赵王为相国，都督中外诸军事了！"

原来陆机投靠的，果然是赵王司马伦，怪不得他会和孙秀同路。潘岳脑子里掠过这个想法，随即被更大的消息震惊——司马伦竟然自封为"相国"了！相国就是丞相。自东汉初期废除这个官职之后，寥寥几个称为相国之人都心怀叵测：东汉的相国是董卓和曹操，而魏国的相国则是司马懿。司马伦如今自称相国，其野心已经昭然若揭！

"潘岳接旨！"见潘岳只是出神，陆机忍不住又唤了一声。这一次，潘岳总算是清醒过来，顿时双膝跪地，恭听圣旨。

这道圣旨原本就是陆机所写,自然是文辞华美、气势盎然,而最终的意思却不外乎是清算贾氏党羽,将潘岳、石崇、欧阳建等人尽数免职为庶人。至于“二十四友”中投靠了司马伦的那些人,不但不曾免职,还封赏有加。就连陆机本人,也因为讨伐贾谧有功,被赐爵为关内侯了。

“小民领旨,谢恩。”潘岳磕了一个头,随即端正跪起,伸手将自己头上象征品秩的帽冠取了下来。他站起身正想离开,高坐在车厢内的孙秀却闲闲地开了口:“怎么只摘了帽冠,还有官服呢?”

潘岳一滞,随即朝孙秀道:“待小民归家之后,自会去除官服,交还孙令。”

“圣旨既下,你此刻便是庶人,岂有庶人穿着官服之理?”孙秀用手摸了摸下巴,玩味地盯着潘岳,“你是自己脱,还是本官叫人帮你脱?”

“孙令还记得当年我们是如何周旋的吗?”见孙秀的眼中露出一丝淫邪之气,潘岳联想起在琅琊时那段不堪的记忆,心头发冷,却也燃起了一股潜伏已久的斗志。当年在琅琊时,不论孙秀使出什么诡计,自己都不曾上钩。事隔三十年,自己也不能轻易认输。

“中心藏之,何日忘之!”孙秀吟诵出当年潘岳所题写的那句古诗,伸手在自己的胸口上摸了摸。那里,至今还残留着潘岳留下的三道鞭痕。无论怎样报复,都无法平息孙秀蛰伏了三十年的屈辱和怨毒。

“好,我脱。”潘岳心知不免,何必再受一次侮辱,索性伸手解开腰间革带,将身上那件黄门侍郎的官袍脱了下来,抛在地上。去掉厚重的官袍,他此刻仅身着白色中衣,越发显得形销骨立。

孙秀眯着眼睛欣赏着眼前的一幕,眼角的余光却发现金墉城大门开启,却是尚书刘颂出来了。他眼珠一转,对着侍从吩咐:“去告诉刘尚书,潘岳此刻已是庶人,没有资格与尚书同车,让他自己走回去。”

这句话,潘岳听得清清楚楚,他甚至知道,孙秀原本就是说给自己听的。从洛阳西北角的金墉城到城南的德宫里,需要穿越整个洛阳城。孙秀让他身着中衣徒步回去，原本就是对当年掷果盈车的檀郎新一轮的羞辱。

有那么一瞬间，潘岳恨不得自己死了的好，哪怕暂时晕过去，也好过应对前方漫漫长路。可是，他的心底却始终有一个声音在告诉他：不能死，不能晕去，他还有很多事情没有做。相比那些更重要的事情，眼前这点预料之中的羞辱又算得了什么呢？

想到这里，潘岳挺了挺脊背，举步沿着通往城南的道路走了下去。经过孙秀豪华气派的马车时，他没有一丝踌躇，就仿佛他不过是在清风徐来的洛水河边散了会儿步，现在要神清气爽地回家去了。

“孙令……”陆机看着潘岳的背影，忽然生出一种兔死狐悲的同情。他想恳求孙秀给潘岳送上一件外袍，但一对上孙秀阴鸷冷酷的眼神，就嗫嚅着再也不敢开口。

潘岳看似步履如常，实际上却几乎连呼吸都不敢，生怕只要一呼气，就再也撑不起全身的力气。他加快脚步，想要尽快离孙秀、陆机这些人越远越好，却不料前方忽然冲出来几个官员，为首之人面貌依稀熟悉，正是素来看不惯潘岳的平乐乡侯阎缵。

十年之前，杨骏倒台，阎缵就上书朝廷，说潘岳阿附杨骏，应该一同治罪。不料那奏疏却被皇后贾南风轻飘飘地扣下，不仅没有治潘岳的罪，反倒任命他为长安令，后期更是大加重用。阎缵为人刚直，对潘岳这种改换门庭的做法十分不齿。如今贾氏倒台，潘岳居然也仅仅落了个免官的结果，阎缵更是不愤，便纠结了几个同样看不惯潘岳的同僚，守在铜驼大街边拦截他。

见潘岳走来，阎缵第一个冲上去骂道：“无耻潘岳，你平素谄媚贾氏无所不用其极，现在就想一走了之吗？上有湛湛青天，下有巍巍黄土，看你能躲到哪里去？”

潘岳面无表情地看了阎缵一眼，绕开他想要继续行路。他此刻心乱如麻,所有的力气都用来支撑自己不要倒下,实在没有精力和阎缵作口舌之争。

见潘岳想要离开,阎缵背后的几个人也冲上来,将潘岳拦在路中间。他们用手指着潘岳,满脸激愤,口沫四溅,一条条数落着潘岳的罪状:

“衣冠不整就招摇过市,真是不知羞耻二字为何物!”

“他怎么会知道羞耻? 要是知道,当初也不会望拜路尘,见到贾谧就像只断了脊梁的狗!”

“当初投靠杨骏,后来投靠贾氏,如今全身而退,看来又投靠了赵王是吧? 不知道过些时候,赵王又会封你个什么官职?”

“那就要看他伺候得赵王如何了。谁知道当初他是怎么伺候那个妖后贾南风的,听说贾南风还专门为他在城外建了别业……”

“对啊,太子就是因为发现了他们的奸情,才被他撺掇妖后一起陷害的……”

潘岳原本只是木然地面对他们的指责,但这些人越说到后面越是荒谬淫邪,终于忍无可忍地开口:“诸公都是朝廷命官,何必如此信口雌黄?”

“空穴来风,如果你行得正坐得端,又哪里会来这些闲言闲语?”阎缵见潘岳拨开一个拦路的官员就要走,情急之下一把攥住了他的肩膀,“贾氏党羽尽数伏诛,就连死掉的韩寿也被夷了三族,你凭什么只落了个罢职归家?”

“那阎公的意思,究竟要我如何?”潘岳转过脸,冷冷地望着阎缵。

阎缵一愣,过了一会儿才勃然怒道:“你害死了太子,还害死了张华、裴頠诸位大臣。我们要你在这里跪下,向冤死的诸公磕头谢罪!”

“太子之死是贾皇后所为,张华、裴頠诸位大臣之死要问赵王,为何要我磕头谢罪?”潘岳反问,“何况阎公当年和我同在杨骏府中任职,杨骏死后你不也投靠了河间王为司马? 为何我是三姓家奴,你自己却不是？”

“当世风气，改投别主本是寻常，可谁会像你那样谄事贾谧，为了高官厚禄不择手段？”阎缵怒道。

“哈哈，我高官厚禄？”潘岳大笑，“我谄事贾谧，却也不过当了个黄门侍郎。而阎公你呢，还在河间王手下封了侯呢。如此说来，也不知是谁更不择手段，讨得府主的欢心？”

“你！”阎缵被潘岳几句话堵得张口结舌，面红耳赤之下振臂一呼，“死不悔改的无耻小人，一定要让他跪下认错！”说着，几个人一拥而上，抓住潘岳就往地上按去。

“哈哈哈……”潘岳放声大笑，只觉人生荒谬无过于此，竟是笑得泪水都顺着眼角流了下来。挣扎间他瞥见不远处那辆豪华的中书令马车，知道孙秀正在那里得意扬扬地欣赏着自己的狼狈相，可惜，此刻的他根本没有了反抗的力气。

就在几个人要将潘岳摁跪在地上的时候，忽然远处传来一声大呼：“住手！”随即便是杂沓的马蹄声旋风一般横扫过来，瞬间从马上跳下几个人，正是石崇、欧阳建和刘舆、刘琨兄弟。

“你们都是什么东西，也轮得到来欺侮我家安仁？”石崇首当其冲，一手拽住一个官员就往外掼，激愤之下口不择言，“若非安仁一直规劝贾南风和贾谧，这天下还不知道是不是已经姓贾了！”

“哈，怎么规劝，在床上规劝吗？”阎缵怒道。

话音未落，刘琨一拳打在了他的颧骨上，顿时把阎缵半边脸都打得青肿起来。

“你是何人？竟敢殴打朝廷命官！”另外几个人被刘琨的气势吓到，只能虚张声势地大喊起来。还有机灵的见势不妙，偷偷跑向孙秀所在的马车，想要向那位新上任的中书令求援。

“行不更名，坐不改姓，我乃汉中山靖王之后、光禄大夫刘蕃之子，刘琨是也！”刘琨轻蔑地将凑到自己面前的官员推开，朝着孙秀所乘马车的方向望过去，指桑骂槐地道，“你们若是不服，尽管去向赵王告状！看赵王是处罚我，还是处罚你们这种跟着主人一步登天的鸡犬！”

刘琨是赵王世子司马荂的内兄，哪怕是孙秀也不敢与他正面冲突。因此孙秀虽然在车内恨得牙根痒痒，此刻也只能暂时忍了这口气，掀开车帘朝众人端起架子道：“既是朝廷命官，就要知道体统。都散了吧，别让平头百姓看了笑话。”说着，自顾催着车夫驾车离开。

孙秀一走，阎缵等人顿时落了下风，只能撤走。临走之前，阎缵转头朝潘岳恨道：“陷害太子，罪不容诛。我这就去上书朝廷，斩你之头，以谢太子在天之灵！”

“你去写吧！空口无凭，谁会听你的谣言？”石崇冲着阎缵的背影狠狠吐了一口唾沫。

潘岳披上欧阳建送来的外衫，闻言苦笑了一下。他勾画太子反书之事本是机密，如今贾南风一死，更是无人知晓。因此石崇固然理直气壮地信任自己，阎缵那边也查不出任何真凭实据。不过外部虽然无法定罪，自己心中的罪，却已是无法祛除了。

“安仁，你没事吧？”石崇骂完了，赶紧回过身，关切地询问。见潘岳摇头，石崇又道：“我早说了这洛阳待不得，你还是赶紧搬到我的金谷园去吧。”

“季伦兄说得是。现在朝中孙秀掌权，就连赵王自己都被他架空，以后的情势实在难以预料。”刘琨也点了点头，“金谷园离洛阳太近，也未必安全。依我之见，你们还是去江东、淮南等地远游，等到洛阳局势明朗，再做打算。”

“说得对，我正打算收拾行装，前往江东一游呢。江东若是不行，蜀中也可以。”石崇的外甥欧阳建连忙点头。当初他在担任冯翊太守时任用马敦，大大得罪了司马伦和孙秀，因此早已做好了外出避祸的准备。

“安仁，你得罪孙秀最厉害，处境也最危险，赶紧点个头吧！”石崇见潘岳始终不发一言，着急地催促，“孙秀那家伙当上了中书令，以后整个洛阳都会是他的天下了！”

“我还有些事情必须办。”潘岳拢住外衫沉吟了一下，终于点头道，“烦请再给我三天时间。三天之后，我给你们一个确定的答复。”

回到家中，潘岳所做的第一件事，就是让老仆李伯去请大哥潘释。

潘释时任朝廷的侍御史。他平素为人中庸，和几股大势力都没有什么瓜葛，因此就算是贾氏倒台赵王掌权，他也照常每天到官署点卯，似乎所有的一切都与他无关。

听李伯说潘岳有事要见自己，潘释有些不耐地道：“有事他为什么不能亲自前来？他现在被免官在家，岂不空闲得很？”

“请大郎君跟老奴去一趟吧。”李伯恳求道，“今天不知道发生了什么事，郎君回来之后气色很不好，老奴只担心他体内的余毒发作了。”

潘释与潘岳毕竟是嫡亲兄弟，听李伯这么说，只好随他一起前往德宫里。半路上，潘释还和李伯闲聊起潘岳的生活，叮嘱他说：“你有机会也劝劝檀奴，弟妹的丧期已满，他可以考虑续弦了。现在他无儿无女，身边冷清，多个女人等于多个照应。”

到了潘岳所居的小院，潘释独自走进了潘岳的房间。他原本以为潘岳身体不适正躺着休息，却不料潘岳已换了一身白衣，正忙着在屋内布置灵堂。他小心地用抹布将一块灵牌抹了几遍，这才郑重地将它放置在供桌的正中央。

潘释看得清楚，那块灵牌上用隶书一笔一画地写着“爱妻杨氏之灵”。

“檀奴，你这是在干什么？”潘释心中一震，皱眉问道，“弟妹已经去世一年多了，你的丧期也满了，现在又把灵堂重新布置起来做什么？”

“沉冤未雪，阿容的在天之灵肯定不能安生。”潘岳摆好灵位，又亲手点燃了几炷香烛，这才转头看着潘释，“大哥，你就没有什么要对我说的吗？”

潘释见潘岳脸色青白，站在阴影里散发着森森的寒气，不由后退了两步：“你要我说什么？”

“说出害死阿容的真凶。”潘岳紧盯着潘释的眼睛，一字一句地道。

“你在说什么，我听不懂！”潘释惊恐地回答了一句，仿佛随时想要夺路而逃。

“大哥，其实你一向不擅作伪。若非我那个时候中毒方醒，神志昏沉，也不会轻易相信了你的话。”潘岳抢上两步，堵住了潘释身后的房门，“阿容她，不是贾皇后害死的。”

“不是贾南风还能是谁？”潘释忽地大声叫道，“贾南风一向嫉妒弟妹，当然会趁机害死她！”

“我只是奇怪，究竟是什么人，竟能说服大哥联手，将阿容之死栽赃给贾皇后。”潘岳没有理会潘释的无谓反驳，只是紧紧地盯着他，没有放过他脸上任何一点细微的变化。

“没有，没有！”面对潘岳通透而怨愤的目光，潘释根本没有招架之力，然而他却紧咬牙关，死死守住心中的防线。“你不是一向自诩聪明吗？”潘释惊恐到极致，反倒笑了起来，“那你自然知道究竟是谁害死了弟妹，我怎么说又有什么关系？”

“阿容临走之前，曾经进入我的梦中。我那时还奇怪，她既然可以显灵，为什么不曾直接告诉我真凶。”想起当初在梦中杨容姬不断提醒自己明哲保身，却绝口不提为她报仇，潘岳的泪水止不住滚落下来，“是我昏了头，违背了她的意思，才心甘情愿成了别人的棋子，铸成今日大错。”

“大哥，你走吧，好好照顾母亲。”潘岳说完便让开道路，不再理会潘释。他走到杨容姬的灵位前，无力地跪伏下去，将头深深地埋在了双臂之间。

齐王司马冏再次来到潘家，是在听说潘岳即将远离洛阳，出游江东的消息之后。他顾不得一向推说事务繁忙，独自乘了一匹快马，风驰电掣般来到了潘家的院门外。

“郎君身体不适，正卧床休息，齐王殿下请进吧。”李伯没有料到司马冏这么快就到了，满脸惊讶地打开了门。

司马冏也不客套，径直走进了潘岳的房间。但见帘帐半合，潘岳果真躺在床上。

司马冏初时以为潘岳睡着了，特意放轻了脚步，不料距离床还有一尺远，潘岳已经开了口：“齐王殿下来了？”

听潘岳的语气虚弱无力，似乎病得不轻。司马冏走到床前，关切地道：“叔叔哪里不舒服？有没有请大夫？”

“余毒发作，吃药也是没用的，只能靠自己熬过去。”潘岳用力撑起身子，司马冏则眼明手快地将一个软枕塞在了他的背后。

见潘岳脸色青白中萦绕着一股灰暗之气，司马冏心头一跳：“怎么好好的余毒又发作了？叔叔不是说要远去江东吗，这个样子怎么能上路？”

“贾皇后死前，我见了她一面。”潘岳没有回答司马冏的问题，自顾说道，“人之将死，其言也善。她说，她没有害你杨婶婶。”

司马冏的手一抖，随即佯装无事，继续为潘岳整理被角，口中淡淡道：“贾南风诡计多端，她的话，未必能信。”

“是啊，未必能信。”潘岳闭了闭眼睛，忽然虚弱地道，“山奴，你靠近些。”

“是。”司马冏只当他有什么机密之言要告诉自己，听话地凑近了潘岳。

“啪”的一声，一个响亮的耳光已落在了司马冏的脸上。司马冏捂着脸颊尚未反应过来，潘岳已指着他颤声道：“这一下，是代你杨婶婶打你！”

“为什么？”司马冏的心骤然一沉，顿时有一种天翻地覆之感。可是这些年他遭遇的变故太多，早已练就了一番面不改色的本事，依然可以清醒地提问。

“我可以容许你把我当作棋子，当作死士，可是不能容许你害阿容，更不容许你为了自己的野心把整个天下陷入危险之中！”潘岳指着司马冏，手臂颤抖，“为了挑拨皇后和太子做鹬蚌之争，你暗中与赵王、孙秀结党，逼我喝下符水，又害死了四皇女。因为我有维护皇后之处，你们索性害死阿容嫁祸皇后，终于逼得我与皇后为敌。如果阿容没有死，我的金鹿……我的金鹿也不会死……”

“皇后与太子原本就水火不容，就算没有叔叔，他们也会斗得你死我活。”司马冏放下捂住脸颊的手，避重就轻地回答，“所以叔叔也不要太过自责。”

“若是阿容不死，我一定会劝说皇后谨慎行事，而不是把她和太子一起往死路上引……”潘岳见司马冏仍然坐在自己床边，激愤之下伸手将他往外推去，“你们还杀死了张华、裴頠两位贤臣，害得当今朝廷落在了孙秀那个邪恶小人手中。这样的罪过，你万死难赎！如今你父亲大仇得报，我们无论生死再不来往。你走吧！”

“原来你今日叫我来，就是专门为了和我绝交的。”司马冏只觉得被潘岳打过的半边脸火辣辣的痛，只觉一生之中从未受过如此侮辱，一气之下站了起来，“好，我这就走。”说完，他头也不回地走出门去。

世人一向都会合理化自己的行为，司马冏更是如此。他只觉得自己一片丹心却被潘岳误会，满腔委屈之下，一出门眼泪就扑簌簌地滚落下来。他无声无息地站在廊下哭了一会儿，心中忽然觉得有些不对，蓦地一转身推开门又冲了进去，赫然发现潘岳整个上半身都倾倒在床沿边，手指紧紧地捂住嘴，暗红色的血正淋淋漓漓地沿着指缝流在地上，在床边汇聚成浅浅一摊。

此情此景，蓦地与司马冏记忆中父亲临死时的画面重合在一起，让他惊恐得什么都忘了，哭着扑了过去："檀奴叔叔，是我不好，是我不好，你别再生气了！"

潘岳此刻头晕目眩，冷汗将全身衣衫都浸湿了，心知以孙秀手段的狠辣，以往所服的解药不过是暂时压制了毒性，只怕以后还会发作得越来越厉害。他说不出话，只费力地指了指床边的手帕。司马冏连忙取过来，小心地擦去他唇边和手上的鲜血，又扶着他轻轻躺回床上。

"我以前给叔叔的解药，叔叔都吃完了吗？"司马冏此刻再不掩饰与孙秀的关系，又急又怒，"难不成我被孙秀骗了，他给我的，根本不是真正的解药？"

"没事……"潘岳见司马冏急得满头大汗，轻轻摆了摆手，"他不会让我死得这么容易……当然，我也不会让他好过。"

"孙秀这个无耻浑蛋，总有一天，我要亲手杀了他！"司马冏给潘岳端来一碗水，小心地喂他喝下。他端碗的时候衣袖滑下，露出了左手腕上一道明显的伤疤。那是潘岳初中毒时，他为了模仿父亲司马攸而亲手划下的。

看到那道伤疤，潘岳的眼中露出了无限的悲凉："山奴，我知道有你母亲在，你很多时候是迫不得已。如今大错已经铸成，我只望你能改过自新、匡扶朝政，绝不能让天下大权落在孙秀手中。"

"叔叔对不起，杨婶婶的事……是我母亲做的决定，我当时百般反对，却被母亲打了一顿，关了起来。"司马冏说着眼眶发红，又落下泪来，"我知道叔叔自责，我又何尝不自责？我也想一心为公，为朝廷分忧，为百姓纾难，可惜……"

"可惜孙秀掌权之后，只封了我做游击将军。我有所抱怨，他竟然对我起了杀心！”司马冏见潘岳果然脸色一变，继续说道，“如今孙秀为了收买人心，奴仆小厮也拜官封侯，连他的党羽张林都封了卫将军！如此滥封官爵，做官帽的貂尾不足，只能以狗尾充数。他势力庞大，要杀我易如反掌。我原本还想请教叔叔，现在该怎么办才好。不过叔叔既然病着，就不要再劳神费力，先休息几日再说。孙秀就算要杀我，也不会在这几天。”

司马冏这种以退为进的姿态，潘岳早就熟悉了。可就算明知他在跟自己耍心计，潘岳却悲哀地发现自己不能不管他。就算他不是齐王司马攸的儿子，他也是当今司马氏宗室里数一数二的人物。要终结司马伦和孙秀带来的乱象，必须依靠他齐王的身份与号召力。

这就是司马冏的过人之处。他将自己与天下的命运绑定在一处，不论潘岳是喜欢他还是厌憎他，都不得不帮他。

“等我歇一下有点力气，就去见赵王，让他将你逐出洛阳，外放为官。当初你父亲在洛阳举步维艰，为了保护我，也是这样做的。”潘岳喘息了一会儿，攒起力气道，“你到了外面，尽可结交当地豪强大族。他们部曲众多，却因为世家把持官位，仕途上一直难以出头。只要你笼络到他们，就算你以后要反攻洛阳，也不愁没有兵源。”

“太好了，我正愁没有兵力呢！”司马冏眼前一亮，随即又是一暗，“可是万一孙秀不同意怎么办？赵王不过是个傀儡，脑袋都长在孙秀的脖子上呢。”

“赵王虽然事事听从孙秀，遇见我就未必。”潘岳自傲地笑了笑，咬牙忍过骨髓深处又一阵毒发的痛楚，“何况，我会留在洛阳，作为放你离开的人质。”

“檀奴叔叔！”饶是司马冏再会做戏，此刻也忍不住感动得泪水涟涟，“叔叔你不是要去江东的吗？你留在洛阳就是投靠了赵王，你不怕阎缵那些人又说你趋炎附势，另攀高枝？”

“这一次，他们骂不了我的。”潘岳笑了起来，努力撑起身体，朝司马冏耳语了一句，“你临走之前，一定要把我引荐给淮南王。”

“叔叔想要联络淮南王？”司马冏惊道，“淮南王虽说曾有做皇太弟的希望，但现在这份希望却早就破灭了。何况淮南王除了手下的一千来个死士，没有其他力量。叔叔和他联络万一被孙秀发现，岂不是更加危险？”

“这个你就不用管了，我犯下的错，总要我自己来弥补才行。”潘岳轻轻地拍了拍司马冏，“你好好在外面积蓄力量。等到赵王和孙秀恶贯满盈之际，就是你大展身手的时候了。”

“好，叔叔保重。”司马冏跪在潘岳面前，坚持以后辈身份磕了一个头，“万一我带不走母妃，也请叔叔想办法保护她。”

“你母妃是齐献王之妻，赵王不敢动她的。”潘岳略略偏开头，再次不放心地嘱咐，“山奴，记住你今天说的话，一心为公，为朝廷分忧，为百姓纾难。你父亲、杨婶婶和我，都会看着你的。”

最后一句话隐约透出不祥之意，让司马冏心惊肉跳。他蓦地抬头盯着潘岳，发誓般地道：“檀奴叔叔，无论发生什么，你一定要好好活着，看我如何实现自己的诺言！若是你死，我必血洗洛阳！”

“胡说！”潘岳怒道，“天下苍生，也是你可以用来发誓的吗？”

“那我用自己发誓，总可以吧！”司马冏倔强道，“若是你死，我必……”

“住口，住口！”潘岳气急之下，几乎又要呕出血来。他捂住嘴强忍了半天，终于推了推逡巡不去的司马冏，“你走吧。我只能送你到这里，再远……我就走不动了。”

永康元年六月，天子司马衷下诏，复司马遹皇太子之位，谥号“愍怀”，并诛杀谋害太子诸人。在赵王司马伦的亲令下，潘岳并未被牵连其中。孙秀虽然不甘，却失去了堂堂正正杀潘岳的机会。

同月，齐王司马冏奉诏，出洛阳担任平东将军，镇守许昌。虽然有个将军的名头，司马伦和孙秀却没有给司马冏一兵一卒。离开洛阳的时候,司马冏除了身边几个亲随,一无所有。

此时赵王当政,朝中人事全部由孙秀做主,因此司马冏离京之时,几乎没有几个亲朋故旧前来送别。他在长亭之处徘徊良久,终于看到远处有一辆马车行驶过来,不由眼前一亮,满脸都是欣喜。

“齐王殿下是在等檀奴叔叔吗？”马车停下,车厢里传来一个略带讥讽的声音。接下来,一个高个子的年轻人走下马车,正是司马冏的大哥东莱王司马蕤。

“原来是大哥。”司马冏一向对司马蕤也把潘岳称为“檀奴叔叔”十分不满,不由淡淡道,“难为大哥也来为我送行。”

“是啊。我来恭喜你逃脱洛阳,从此蛟龙入海,虎入山林。”司马蕤的话虽是恭维,语气却依然带着讽刺,“哪怕你眼前的自由,是檀奴叔叔用他自己换来的。”

知道大哥司马蕤是特地前来嘲弄自己,司马冏也不恼怒,只淡淡笑道:“大哥可听过曹植所写的《野田黄雀行》？”

“什么意思?”司马蕤不爱读书,这首曹植的名篇虽听过名字,却记不清写了什么。

“高树多悲风,海水扬其波。利剑不在掌,结友何须多?不见篱间雀,见鹞自投罗。罗家得雀喜,少年见雀悲。拔剑捎罗网,黄雀得飞飞。飞飞摩苍天,来下谢少年。”司马冏自顾吟诵了一遍这首诗,眼神望向远方苍茫的原野,“这首诗,还是父王在世的时候亲自教我背的。那个时候他自己身陷重围,却放檀奴叔叔离京避祸。如今檀奴叔叔让我走,其实也是一样的道理。”

“你的意思,是檀奴叔叔欠了父王,所以要还在你身上?”司马蕤一向不得司马攸喜爱，对于司马冏这种炫耀父子亲情的口吻十分不满,“你在这里等着檀奴叔叔前来送你,可你却知不知道,檀奴叔叔如今已被赵王囚禁在家，就连他的母亲和兄长一家，都被赵王抓去做人质了！”

“哦？”司马冏心头一惊，面上却仍是淡淡的，“赵王一向对檀奴叔叔不薄，为何会这样做？”

“还不是孙秀那厮搞的鬼？”司马蕤怒道，“他对赵王说檀奴叔叔打算逃出洛阳，联络外面的藩王带兵前来讨伐他，赵王就下令将檀奴叔叔关了起来！”

“知道了。”司马冏点了点头。

见司马冏依然不为所动，司马蕤又道：“还有那个阎缵，受了孙秀的指使，一直在上书要求将檀奴叔叔作为贾氏党羽明正典刑。虽然朝廷暂时没有理会，但他这样不断地闹下去，檀奴叔叔的名声就会一日比一日坏下去了！——难道你就打算这样一走了之吗？”

“我不走，留下来能做什么？”司马冏冷冷看了一眼司马蕤。

“你——”司马蕤气得发抖，“我真是为檀奴叔叔感到不值！”

“成大事者，不拘小节。昔日赵高贵为赵国公子，为替国复仇不惜净身入秦，最终颠覆秦国天下。”司马冏慢悠悠地道，“潘岳受父亲半世恩惠，哪怕暂时名声有污，我日后也自当为他澄清。”

“日后？”司马蕤怒极反笑，盯着司马冏上上下下打量了半天。看得司马冏都有些不自在起来：“大哥是什么意思？”

“我是看你，白长了一张和父王相似的皮囊，骨子里却一点都不像。”司马蕤绕着司马冏转了一圈，恨声道，“你的骨子里，就是一头吃人不吐骨头的狼！”

“我若是狼，大哥又是什么？”司马冏并不发怒，用他一贯温文尔雅的语气笑道，“对了，大哥应该是条蛇吧？只有你毒蛇一样的亲娘，才会忍心对父王下毒！”

“不许你说我娘！”亲生母亲胡姬之死是司马蕤一生的阴影，他跳起来挥起拳头想揍司马冏，却被齐王府的侍从董艾等人死死抱住。伴随着司马冏的笑声，齐王府众人纷纷上车上马，朝许昌而去。荒凉的原野上，只留下了司马蕤一个人。

“啊啊啊啊啊！”看着司马冏一行扬起的漫天沙尘，司马蕤蓦地跪倒在地，以手握拳，大力地捶打着地面。这个世间，实在太不公平了！他和司马冏都是父王的儿子，可是不论任何人，都只看得见司马冏，却无视他的存在。就连他一心讨好的潘岳，也总是在关键时刻选择司马冏，甚至不惜牺牲自己来成全司马冏。为什么，为什么每个人都厚此薄彼？要到什么时候，他们才会正视他司马蕤的力量？！

第 十 五 章

匕　现

彼知安而忘危兮，固出生而入死。

——潘岳

被囚禁在德宫里的家中数日之后，潘岳再一次见到了赵王司马伦。

看守潘岳的禁军士兵们见到司马伦，慌忙跪伏行礼，而锁住大门的沉重铁锁，也在铁链的叮当撞击中应声而开。

“安仁，我来看你了！”司马伦亲热地唤着潘岳的字，带着几个从人大摇大摆地走进了潘家宅院。自从当上相国之后，他脸上神色倨傲了许多，身上的衣服也越发隆重华贵，腰上围着四五寸宽的金带，头上戴着金光闪闪的金漆笼冠，一派富贵逼人的景象。

见到司马伦，原本在院中抚琴的潘岳默立了一瞬，随即嘴角挑起了一分无奈的笑容。他放下琴走上几步，躬身见礼：“小民潘岳，见过赵王殿下。”

“安仁，不必如此拘礼。说起来，我们可是多年的老朋友啊。”司马伦哈哈笑着，一把将潘岳扶起，亲热地拍了拍他的手背，倒仿佛他们真的是故交好友一般。

潘岳迅速地抽回手，面上却不露声色地笑了笑：“不知赵王殿下夤夜来访，有何贵干？”

“没什么没什么，只是来告诉你一声，太夫人和令兄一家一切安好。”赵王大剌剌地在院子里转了转，在菜畦边一个石凳上坐下来，满脸堆笑，“我知道你是个大孝子，告诉你太夫人身体无恙你就会安心一些。”

“若是赵王殿下肯放我母亲和兄长回家，潘岳就会更安心一些。”潘岳淡淡地回答，看不出喜怒。

赵王“哦哦”两声，似乎没有听懂潘岳在说什么，口中自顾扯着闲话：“谁让你宁死不肯进我的赵王府，我只好请太夫人他们去小住几日了。你看看你家宅院如此简陋，太夫人住在这里，哪有住在王府里舒服？啧啧啧，你跟了贾家这几年，鞍前马后出谋划策，他们居然也没给你什么高官厚禄，当真是刻薄寡恩得很啊。”司马伦悠然地看着潘岳，似是不肯放过他脸上一丝一毫的表情，“听说就连你母亲，也因此常常责骂你？”

“附逆贾家，确实是我的罪过。潘岳不孝，有愧家母的教导。”潘岳垂下眼，语调依旧平淡。

“贾南风当皇后时权势滔天，满朝公卿有谁敢不附逆贾家？安仁所做的也是人之常情。”司马伦打了个哈哈，摊开右手手掌，身后侍从连忙将几封奏疏放入他的手中。司马伦右手握住奏疏，闲闲地在左手掌中敲了几下，见潘岳仍是垂着眼不言不动，便笑了一声：“不过朝中确实有些人不晓事，轮番上书指斥你是贾家党羽，只是罢官回家太过轻纵，要本王依法严办。更可恶的是那个阎缵，十年前就上书要处死你，今天又老调重弹，本王费了好大的口舌才将他弹压回去。你要不要看看？”一边说，一边将手中奏疏递给潘岳。

然而潘岳并没有接。他只是抬眸看了司马伦一眼，淡淡问道：“不知殿下要如何处置潘岳？”

司马伦挥了挥手，几个侍从便安静地退了出去，还随手关上了院门。此刻小院之中，就剩下了司马伦和潘岳两个人。

“安仁这话可就见外了，说起来，我们也是几十年的老交情了。你想想看，哪一次我不是用心回护你？偏偏是你每次都不肯领情。”赵王眯缝着眼睛笑了笑，眼中却闪过几分狡黠，话锋顿时一转，“不过这一次不一样了，阎缵似乎抓住了一些你卷进愍怀太子案的证据，按律就是夷三族也不为过。所以就算我要保你平安,也不是那么容易的事情。如今朝堂上好多人成天对你喊打喊杀,我也难办得很啊……”

“赵王殿下说得是。”潘岳低头听着,不动声色。

“看看,又见外了。”司马伦故意沉下脸,摆了摆手,“我以前不是说过,让你就像至交好友一样,称呼我的字‘子彝’吗?”

潘岳似乎没有听出司马伦的刻意示好,仍旧垂目回答:“潘岳不敢。”

“是不敢,还是不愿?我的耐性,其实是有限的。”司马伦的脸真的沉了下来,眼睛一横,先前刻意隐藏的暴戾便清清楚楚散佚开来。

“赵王殿下身份尊荣,日后更是……贵不可言,潘岳怎么敢僭越?”潘岳似乎并没发现司马伦神情的变化,依然低着头,看在司马伦眼中,颇有俯首帖耳的顺从。

“你也看出我日后贵不可言?好个‘不可言’!”司马伦不知联想到什么,转怒为喜,伸手拉住潘岳,让他坐在身边的石凳上,“安仁,我这次来,其实是想让你帮我做一件事。只要你做成了,我不仅保你性命,日后还可以给你任何想要的东西。高官厚禄,荣华富贵,贾家给不了你的,我通通都可以给你!”说到这里,他忍不住哈哈一笑,仿佛天下都在自己手掌翻覆之间。

“潘岳如今一介草民,不知还有什么地方可以帮到赵王殿下?”潘岳看着司马伦得意扬扬的表情,意态萧索地回答。

“安仁太过谦了,谁不知道你除了无双的容貌,还有无双的文才。本王这次想要借重的,就是你的一手好文章!”见潘岳面露疑惑,司马伦哈哈一笑,忽然低声说了四个字——

“禅位诏书。”

听清这四个字后,潘岳一惊而起,却再度被赵王拉住:“安仁意下如何?这个忙你到底是肯帮,还是不肯帮?”

月光之下,司马伦脸上表情变幻不定,时而殷切,时而赞叹,时而猜忌，时而狠戾。潘岳犹豫了一下，终于道：“要我写禅位诏书可以，先烦请赵王将我门前的守卫撤走，再将我母亲和兄长等人放回，还我潘家一门自由之身！”

“放了你们？”司马伦眼中寒光一闪，打了个哈哈，“安仁不要多心，我不是要拘禁你在洛阳当人质，不过是因为现在外面想杀你的人太多，我把你们一家保护起来而已。”

潘岳懒得拆穿司马伦的谎言，只是不卑不亢地笑了笑：“要让当今天子传位给赵王殿下，这禅位诏书便是新帝对天下人的第一个交代，势必要冠冕堂皇、名正言顺，记载于史书之中才能确定您的正统。难道赵王殿下觉得，一个被拘于方寸之间的囚徒可以写得出如此雍容端方的文字吗？”

“若是我宁可找别人写这份诏书，也不答应放你们呢？毕竟天下的才子，可不止你潘岳潘安仁一个！”司马伦发狠道，“潘江陆海，别忘了和你齐名的陆机此刻正在相国府任职！”

“赵王殿下自然可以找别人来写。”潘岳微微一笑，目光扫过被随手抛掷在地上的几份奏疏，“不过我既然不能为赵王所用，那留着潘岳一命，对赵王殿下有害无益。”

“你……”司马伦一时无言以对，气急败坏道，“你明知道我舍不得杀你，我还不是怕你写了诏书就跑了！”

“只要我为殿下写了这封诏书，便是上了你赵王的船，天下之大，又能跑到哪里去？”潘岳微微苦笑。

“那倒是。只要你写了，天下就都知道你是我的人了，赖也赖不掉。”司马伦点了点头，“而且你要记清楚，是本王把你捞上了船，否则只怕那些人的唾沫星子都可以把你淹死。”见潘岳神色转黯，司马伦有些狎昵地拍了拍他的手，哈哈一笑，“放心，安仁这种绝世人物，本王怎么舍得让你淹死呢？既然你连贾南风那种又丑又妒的毒妇都能侍奉，此番侍奉我又有何妨？”

听到赵王最后两句话，潘岳再是淡定也忍不住脸色一变。他迅疾地转过身朝屋内走去，不愿让司马伦看见自己压抑不住的屈辱神情：“那就请殿下下令吧。小民磨墨以候。”

“好！”司马伦眼珠一转，心道先拿到诏书，之后再把潘岳重新看管起来不迟，便朝外面大声吩咐，“传本王的令，将潘家一门老幼都放了，把这里的门禁也撤掉！”说完，疾步跟着潘岳进屋去了。

一阵锁链声响，大门外的卫兵们果然撤掉了门锁，离开了德宫里。潘岳心头一叹，点亮屋内灯光，用笔蘸着墨思索了一会儿，随即奋笔疾书。

司马伦之所以逆着孙秀的意思留下潘岳的性命，一方面是因为觊觎他无与伦比的容貌，更多的却是看重他足以颠倒乾坤的文才。他虽然不学无术，却也知道文字对于当今天下的力量。新的皇位更迭，就是从潘岳笔下这一句句假天之命、雍容典雅的句子上开始的。

不知过了多久，潘岳终于直起腰来，将毛笔搁回砚台上。而司马伦抻着脖子看了半天，终于露出了张扬的笑声：“安仁果然文才高妙，这一番文字文不加点，却字字珠玑，算是为本王立了一个大功！放心，本王以后绝不会亏待你的！”

“多谢赵王殿下！”潘岳淡淡回应。

“我现在是你的主上了，你也应该有所表示吧？”司马伦不满于潘岳的态度，开口督促。

“多谢——主上。”潘岳僵持了片刻，终于矮了下去，朝司马伦跪拜。他明显感觉得到，这一次司马伦的态度强硬了许多，不知是因为掌握大权心气儿高了，还是孙秀的耳旁风终于起了作用。

“哈哈哈，太好了！”司马伦没有急着扶潘岳起身，反倒背着双手，志得意满地欣赏着面前驯服的身影，“从见你的第一面起，本王就发誓迟早有一天让你臣服在我的脚下，如今终于是等到了！”这句话虽然声音不大，但其中满蕴的得意忘形却毫无遮掩，刺得地上的潘岳微微一颤。

司马伦还想说什么，守候在外面的侍从却忽然拍了拍门，大声禀报：“中书令有急事要见殿下，请殿下速速回宫！”

“又是孙秀那个没眼色的，这时候来搅什么局？”司马伦虽然满脸不豫，却无法拒绝孙秀的请求，便握着潘岳的手将他从地上扶起，神色暧昧地告别，“不着急，以后本王与安仁相处的时日还长着呢。”说着，他收好潘岳写的禅位诏书，走出了房门。

“恭送赵王殿下。”潘岳送到院中，再次躬身对着赵王的背影行礼。突然，他只觉得心口中被人放了一把火，疼痛顿时顺着火势蔓延到四肢百骸，让他连动一动的力气也没有了。

孙秀故意留下的余毒，不知道最终会发作成什么样子。不过潘岳到了现在，也没有心思去寻求根治的办法了。破釜沉舟，鱼死网破，他的前路，已经别无选择。

“快起来吧。这么卑躬屈膝，你新主子反正也看不到！”忽然，一个满是嘲讽的声音在不远处响起。潘岳勉强直起身子，却看见一个身穿劲装的少女跳下墙头，迅雷不及掩耳地一剑挥了过来。

潘岳躲闪不及，只能默然看了一眼横亘在自己咽喉前的短剑，又抬眼盯住了眼前的少女。

见潘岳打量自己，少女脸一红，连忙将短剑剑刃又在他脖子上贴近了一分，再度发散怒气：“赵王司马伦要谋权篡位，让你模仿当今天子口吻给他写诓骗天下人的禅位诏书，是也不是？”

“姑娘既然刚才都听见了，又何必问我？”潘岳索然回答，似乎并没有感受到剑刃上的冷意与杀气。

“那你是决定要帮那头大野猪了？”少女怒不可遏地问。

潘岳一愣，随即反应过来她口中的“大野猪”指的正是赵王，不置可否。

少女以为他没有听懂，愤怒地解释：“那个赵王蛮横粗鲁，可不就像山林中横冲直撞的大野猪！”不可否认，与其说她愤怒于司马伦篡位的阴谋，毋宁说她愤怒于面对赵王暧昧举动时潘岳的逆来顺受。

“我听闻了赵王最机密的计划，若不顺从他，马上就会有性命之忧。”潘岳的眼睛越过少女，望着天空上的一轮皓月，“而我，还不想死，也不想被关在这高墙之中。”

“你当然不想死！谁不知道你潘岳贪生怕死、趋炎附势，为了往上爬什么事情都做得出来！”少女看不得面前这个人苟且偷生的样子，冷笑着手上轻轻一压，短剑剑刃顿时割破了潘岳颈上肌肤，渗出细小的血珠。

“看来姑娘对我很是了解。”潘岳冷冷回答。

“我当然了解。齐王、杨家、贾家，现在又是赵王。你一辈子投靠过那么多主子，哪一个不是主子得势时你厚着脸皮逢迎，主子败亡了你就翻脸走人，另攀高枝？只是这些也就罢了，可你还毫无廉耻地排挤同僚、陷害太子，让赵王那头大野猪得以把持朝政，如今还要助他谋权篡位！潘岳潘安仁，你这般反复无常厚颜无耻，根本当不起名字里的这个‘仁’字。我看你还是把‘仁’字去掉，改名叫作‘潘安’算了！”少女的这番斥责，很显然早已打了无数遍腹稿，就等着今日可以一吐为快。

“智者不惑，仁者不忧，勇者不惧。我确实当不起那个‘仁’字。也罢，今后就称我‘潘安’好了。”潘岳苍白着脸听少女骂完，却没有辩驳，只是自嘲地笑了笑。

见他此刻还一副云淡风轻不知悔改的样子，少女心中更怒，手上加劲想要把短剑压得更深。潘岳却忽然伸手架住了她的手腕，用力想把短剑撑开。

“你以为逃得掉吗？”少女武功高强，根本不把潘岳的这点反抗看在眼里,冷笑着继续道,“我小时候就听师母说起你的事情,那时候我心目中的潘岳风采绝世、洁身自好、事母至孝、对妻专情,简直就是天下一等一的完美之人。可没想到人人倾慕的檀郎,后来却会变成人人喊杀的奸佞。早知如此,你为什么不早死了的好?!”

“是啊。我这辈子最大的错误,就是一直不死。哪怕我敬的人、我爱的人都死了,我还一直苟延残喘……”潘岳的脸上,终于露出了一直掩藏着的哀恸神色,低沉地咳嗽起来。然而他的手,却更加用力地架住了少女的短剑,“可是既然那时候没有死,现在我就更不能死……姑娘,我求你暂时留我一命,等我做完一件事情之后,再任凭你处置。”

说最后那些话的时候,潘岳的脖子因为短剑的逼迫而微微后仰,但他的眼睛却努力地正视着少女,让少女忽然有一种被月光映射而无可遁逃的错觉。不可否认,潘岳凄楚的表情和诚恳的哀求打动了少女的心,让她陡然松懈了强提而起的杀气,追问了一句:“你要做什么?”

“实现我对一个人的承诺。”潘岳一字一字地说着,脸上哀恸的表情骤然散去,目光灼灼,竟刹那间盈满了不可侵凌的坚定凛然。

仿佛天上的明月坼裂成了碎片,纷纷扬扬从他身边散落,少女握剑的手不由自主地一松。是了,她十几年中所幻想的潘岳,应该就是这个样子的。这样的自信,这样的磊落,让她想起师母口中描述的那洛阳道上翩翩少年的炫目光芒。

“对谁的承诺?”看着他孤独萧瑟的身影,少女只觉一颗心渐渐下沉,划过冰冷无波的井水,最终陷落在一片柔软的泥沼之中,“你为大野猪写下禅位诏书,是否也有什么不得已的苦衷?”

“无论有什么苦衷,我犯下的罪都无可饶恕,除非拨云见日,扭转乾坤,才能稍稍清洗。”潘岳望着天际,目光明灭,“不过你放心,我刚才给赵王写的诏书,他绝不敢采用。潘岳这一生就算恶贯满盈,也绝不会与司马伦同流合污!”说完,他笑了笑,神色中慢慢浮现出深藏的傲然。

“为什么不敢用？难道你真的想要拨云见日，扭转乾坤？”少女迷惑了。尽管她刚才在墙头上观察了半天，还是觉得潘岳这个人如同大海，无论怎样测量也不知道他究竟有多深，有多广。

少女名叫郗宁，来自江东，而她口中的师母，正是当年远嫁江东的卫瓘之女卫瑾。郗宁从小听卫瑾讲着潘岳的故事长大，心中一直对潘岳充满了景仰，却不料这一路行来，听到的都是关于潘岳的风言风语，让少女的心大受摧折，竟存了杀掉潘岳以存他晚节的心思。不过经过和潘岳的一席交谈，郗宁完全改变了对潘岳的恶感，反倒下定决心要帮助他扭转乾坤。

至于如何扭转乾坤，潘岳选择的人是淮南王司马允。原本司马允长期驻守淮南，潘岳只听说这位藩王治军严谨、礼贤下士，是武帝司马炎诸多皇子中最出挑的一个。等到亲眼见到司马允，潘岳赞叹名不虚传之余，还有一丝隐隐的惊诧——

司马允的言谈举止，和他早逝的兄长秦王司马柬实在太过相似。当年若非武帝司马炎因为私心，一意孤行要扶持痴愚的司马衷，同是皇后所生的秦王司马柬本该成为晋朝新一任的天子。那样的话，后面这一场接一场不曾休止的阴谋和杀戮，就通通不会发生。

如今，秦王虽被贾南风害死，却出现了一个和他极为相似的淮南王司马允。难道是上天垂怜晋室，重新给了他们一个从头再来的机会？

淮南王司马允原本离皇太弟的位子只有一步之遥，却因为受到司马伦和孙秀排挤猜忌，贾氏倒台后不仅没有得到任何利益，连掌管了十余年的淮南兵权也被孙秀下诏免除。他早已憋了一肚子的怒火，如今得潘岳相助，无异于久旱之人得遇甘霖，对潘岳以先生之礼相待，谦恭非常。

司马允此时虽名义上担任中护军，有掌管禁军之权，实际上早已被孙秀架空，真正能够指挥的，无非手底下豢养的死士八百人而已。当司马允将自己的真实实力坦诚相告时,他看见潘岳皱起眉头,露出了为难的神色。

“我也知道自己实力不济,否则不会一直隐忍至今。”司马允苦笑,“抱歉,让先生为难了。若是先生觉得事不可为,自可离去,小王绝不拖累先生。”

“听说殿下的八百亲随都来自淮南,个个以一敌十,可是真的?”潘岳问。

“他们都是我在淮南时招揽的江湖中人,武艺精湛,为人忠义。说是以一敌十,并不为过。”提起自己这八百亲随的实力,司马允十分自信。

“既然如此,只要我们妥善筹划,事情就会有成功的可能。”潘岳点头,“这样吧,殿下若还有哪些信得过的人,麻烦将他们的官职姓名一一列出,在下看看如何行事为妥。”

“那先生那边,是否也有值得信赖之人?”司马允热切地问。

“有。”潘岳沉吟了一下,缓缓说出三个字,“东莱王。”

“我?”东莱王司马蕤惊异地瞪大了眼睛,“檀奴叔叔,你说让我和淮南王一起,起事推翻赵王和孙秀?”

“不错。”潘岳平静地点了点头。

“那琅琊王司马睿呢?还有石崇、欧阳建他们呢?”司马蕤追问。

“欧阳建会襄助淮南王。至于睿儿和石崇,我没有让他们知道此事。”潘岳坦诚回答。欧阳建担任冯翊太守时得罪孙秀太深,迟早难逃一死,因此他必须奋力一搏。可琅琊王司马睿和石崇,与司马伦、孙秀并无恩怨,这样冒险的举动,还是不要让他们卷进来的好。

“那山奴呢?他知道吗?”司马蕤继续问。

“齐王也不知情。”见司马蕤不断打听情况,潘岳忍不住道,“若是殿下不愿意,在下绝不勉强。”

“愿意，愿意，我当然愿意！”司马蕤蓦地用力点头，脸上露出大大的笑容来，“檀奴叔叔吩咐的事情，我怎么可能不愿意！”

“好。”潘岳见司马蕤神情真诚，想起这孩子这些年来一直追随在自己身边，不禁心中宽慰，“那殿下务必记好，待淮南王举事之日，殿下便火速赶往宫中，与中书侍郎陈淮接应。到时候一举荡平赵王和孙秀势力，就都靠殿下了！”

“檀奴叔叔放心，我一定竭忠尽智，不负叔叔所望！”

“也不负你父王的在天之灵。”潘岳补充道。

司马蕤用力点头，直到潘岳离开，心潮依然起伏不已。这是第一次，潘岳越过了司马冏而直接联系他，他终于可以比司马冏更亲密地与潘岳站在一起了！更何况，此次计划牵涉极大，可以说潘岳把身家性命都交托到了自己手上。这样的信任与重托，让一直渴望建功立业的东莱王热血沸腾。

只要协助淮南王扫平赵王和孙秀的势力，他司马蕤就是匡扶社稷的功臣，终于可以压过他趾高气扬的弟弟司马冏一头了！

也不知是不是司马蕤时来运转，就在潘岳与他商定大计之后不久，他一贯冷冷清清的东莱王府内，又来了一位身份特殊的客人。

这位客人身材高大，仪表堂堂，一部微微卷曲的络腮胡子颇为显眼，虽然穿着汉人衣冠，却明显是西域胡人的长相。司马蕤虽然不熟悉来人，却从他递来的名刺上知道了此人的身份——前五部大都督、匈奴王子刘渊。

“原来是刘都督，失礼了。”司马蕤的母亲胡姬就是匈奴人，因此对这位匈奴王子并不排斥。何况刘渊自幼在洛阳当人质，对于汉人的诗书礼仪极为熟稔，与洛阳诸多世家子弟也来往密切。

“在下已被免去都督之职，殿下唤我刘渊就好。”刘渊礼貌地向司马蕤行礼。

“哦，敢问王子何故被免职？”司马蕤惊讶地问。

“匈奴人入关者甚众，因此在下难免有管束不周之处。前些日子有族人叛逃出塞，因此朝廷便免了在下五部大都督之职。”刘渊虽然与司马蕤不熟，但言谈磊落，不卑不亢，让司马蕤心中生出了好感。他甚至暗暗打算，若是刘渊也心怀忠义，说不定可以拉拢他作为淮南王和潘岳的帮手。

想到这里，司马蕤故意问：“那王子这官免得有些冤枉，不知王子可否想过官复原职？”

“能不能复官，在下也不强求。”刘渊看了看司马蕤带有匈奴人特征的脸庞，笑了，“倒是殿下英姿伟岸，却一直明珠在匣，无法大放光彩，在下常常为殿下不平。”

“王子的话，小王不懂。”司马蕤警惕起来，这个刘渊，究竟是什么目的？

“殿下是贤王之子，天潢贵胄，所以中书令想要邀请你共襄社稷，辅佐赵王。不知殿下意下如何？”刘渊笑着道。

“中书令，你说孙秀吗？”司马蕤心头一惊，渐渐又生出了怒意，“想不到王子今日前来，是为孙秀做说客的！是不是你说动了本王，孙秀就能让你官复原职了？”

“在下这一点私心都被殿下看出来了，见笑见笑。”刘渊口中虽然自嘲，面上却没有一点羞愧的意思。就在司马蕤想要下逐客令之时，刘渊忽然道，“为了能说服殿下，在下颇费了一番苦心，却不料竟无意中得知了一个事关殿下的大秘密。不知殿下是否想知道？”

“有什么话就快说，本王不想听你卖关子！”司马蕤的脾气一向火暴，听刘渊啰唆半天，终于失去了耐心。

“殿下少安毋躁。我带了一个人来，殿下一见便知。”说着，刘渊拍了拍手，外面果然响起了一阵轻轻的脚步声，显然那个人已经在门外等候了许久。

司马蕤不知刘渊在玩什么把戏,漫不经心地朝门外看了一眼。然而一看到从门外走进来的那个身影,他的瞳孔便猛地一缩,下意识地用衣袖擦了擦自己的眼睛。

缓缓走进来的是一个女人,一个苍老的匈奴女人。她花白的头发和深刻的皱纹无一不在诉说着生活的艰辛,却磨灭不去她残存的年轻时的美貌。哪怕她昔日高大丰美的身体已被岁月压榨得干瘪佝偻,司马蕤依然从她身上找到了年少时最依恋的影子。

司马蕤只觉得喉咙被一只无形的大手掐住了,他发不出声音,甚至无法呼吸,只能直勾勾地盯着那个越走越近的女人,仿佛看到命运的洪流在抛下他越走越远之后,忽然转了个身,以排山倒海之势朝他猛扑了过来!

“海奴……”老女人干瘪的嘴唇中,喃喃吐出了这两个字。虽然声音不大,却仿佛惊雷,将司马蕤的耳朵炸得嗡嗡作响。

在他什么都听不清的时候,他已经张开口,下意识地唤了一声:“娘。”

这个女人,赫然便是昔日齐王府的侧妃、司马蕤的亲生母亲——胡姬灵襄。

刘渊已经悄悄地退了出去,将所有的时间和空间都留给了久别重逢的司马蕤母子。当在肮脏破败的贫民窟中找到胡姬的时候,刘渊就知道,自己找到了一个宝贝,而他蛰伏多年深深隐藏的复国之梦,也终于看到了曙光。

刘渊信任胡姬。一个死里逃生,与儿子天渊相隔的匈奴女人,更明白身为匈奴人的屈辱。所以后面的话,就让她亲自去对司马蕤说吧。

刘渊一走,司马蕤就放下了最后一点矜持,扑通跪在胡姬面前,双手紧紧抱住了母亲的双膝。“娘,娘,我不是在做梦吧……”他喃喃地说着,泪水打湿了胡姬粗陋的衣裙，“你不是已经死了吗？我亲眼看见，他们把你裹在草席里抬了出去……”

“是啊。我也以为自己死了，却不知道为什么又活了。”想起当年自己给司马攸下毒未遂、被逼自缢的往事，胡姬也满是伤感。她蹲下身紧紧抱住司马蕤，等到哭够了，才哽咽着道：“当年我被扔在乱葬岗，幸亏不曾被掩埋。后来天上下了大雨，浇在我身上，我就慢慢醒了过来，想是当时上吊时间不久就被人发现，所以并没有真正死透。”

“那娘这些年是怎么过的，为什么不来找我？”司马蕤像个孩子般追问。多年来的憋屈愁苦翻涌而上，让他终于在胡姬面前暴露出自己软弱的一面。

“一个上山砍柴的樵夫救了我，我就嫁给了他，还给他……生了三个孩子……”胡姬说到这里，感觉到司马蕤靠着自己的身子陡然僵硬，心中发苦，泪水又扑簌簌地流了下来，“你问我为什么不来找你，我怎么敢啊！你是王爷，我却是仆妇。若是王妃知道我还活着，肯定还要再杀我一次，而且还会牵连到你……这些年来我连洛阳城都不敢进，只是让人打听了你王府的方向，天天对着上苍为你磕头祈福……”

“是。这件事绝不能让王妃知道！”想起贾荃的偏执和狠辣，司马蕤心有余悸。可是要怎么做，才能既和母亲团聚又不惧怕消息泄露呢？

“只要有齐王妃在一日，我们母子就不能光明正大地相见。除非有能够压制齐王妃的人。”胡姬显然思考过这个问题，有条不紊地回答。

谁可以压制住贾荃？司马蕤心中一动，却不敢往下想。

“海奴，你这些年的境况，刘渊王子都告诉我了。是娘连累了你，你受苦了。”胡姬抚摸着儿子的脸庞，心疼地道。

“跟娘没有关系。只要我不是王妃亲生之子，他们所有人都不会瞧得起我。”司马蕤勾起多年的旧恨，咬了咬牙关，“不过很快就会不同了。我一定会证明自己比司马冏更出色！”

“海奴,你要做什么?”胡姬预感到什么,有些焦急地道,“为娘不指望你出人头地,只要你平平安安就好。”

“没什么。”司马蕤自然不会将与潘岳等人的密谋泄露出去,反倒想起了一个多年来百思不得其解的问题,“当年,娘是真的要害父王?”见胡姬骤然变了脸色,司马蕤知道了答案,不禁惊问,“娘为什么要这么做?”

“你是不是觉得我曾想谋害你的父亲,所以是个十恶不赦的坏女人?”胡姬盯着司马蕤,见他也定定地望着自己,眼神从方才的欣喜渴慕渐渐变成了疑惑警惕,不由苦笑了一声,“如果我告诉你,齐王根本不是你的亲生父亲呢?”

“什么?”司马蕤被这个消息砸得蒙了,果然忘了追问其他,只愣愣地问出一个问题,“那我的父亲究竟是谁?”

“我那时只是武帝府中一个女奴,若是被客人看中,就绝无推脱的道理。所以当武帝把我送到齐王的床上时,实际上我已经怀有了一个多月的身孕。”胡姬没有立刻回答司马蕤的问题,只是用手指描摹着儿子的脸,不无庆幸地道,“你虽然提前出生,却幸亏长得与齐王有几分相像。因此齐王就算怀疑,也没有证据说你不是他的儿子。”

“但他的心里毕竟是怀疑的,所以才对我那么冷淡。无论我怎么努力,他都不会放在眼里!”多年苦思不得的谜题终于得到了破解,司马蕤只觉浑身都被冷水浇透,而更大的恐慌也接踵而至,“齐王爱面子,虽然没有把这事公开,但他身边亲近的人肯定知道。比如贾荃、比如潘岳……怪不得他们都轻视我,从不肯把我和司马冏相提并论……不对不对,檀奴叔叔这次交代我的事,明明是看重我的……”

听司马蕤不知不觉说出声来,胡姬惊恐地问:“海奴,你是不是要做什么危险的事情?如今山奴不在洛阳,他们是不是要利用你去为他做牺牲?”

“为司马冏做牺牲?”司马蕤仿佛被这句话点醒,心头一阵乱跳——

母亲说得不错，此番淮南王以八百死士想要推翻赵王司马伦，本身就是以卵击石的冒险。若是失败，所有人都难免杀身之祸，反倒是早已远离洛阳的司马冏毫发无损。可就算侥幸成功，淮南王掌权，潘岳也重新得势，自己又会得到什么呢？以他们平素对司马冏的看重，势必要封赠他高官重权，势必还是要让他凌驾于自己之上。自己为了他们亲冒矢石冲锋陷阵，但在潘岳眼中，不过就是个马前卒而已！他的眼里，从来就只有司马冏。因为只有司马冏是齐王司马攸的儿子，而他司马蕤，不过是个来历不明的野种！

“海奴，他们到底要让你做什么？你不要犯傻，一定要为自己打算呀。”胡姬见司马蕤脸上神色几变，最后凝固成一种深深的悲哀和绝望，不由更是着急。

“娘，我的父亲究竟是谁？”司马蕤全身发软，只觉陡然失去了生活的意义。他唯一还想知道的，只剩下自己的身世。

“你的父亲是……”胡姬咬了咬牙，似乎用力吞咽下多年前的苦水，艰难地吐出两个字，“赵王。”

“什么？”司马蕤只觉全身的血都往头顶上冲，连自己的声音都听不清了。不，不可能！他的父亲可以是世上任何一个人，却为什么偏偏会是赵王司马伦，那个他立刻就要全力以赴、以命相搏的罪魁祸首？

“就是他，让我在武帝府中怀孕的人就是他。只是他只当作一时兴起，不仅抽身便走，日后相见也完全不记得我是谁了……”胡姬擦了擦眼角迸出的泪花，惨淡一笑，“难道你不曾发现，赵王若是瘦下来，其实眉眼和齐王十分相像吗？正因为这样，你才能在齐王府安安稳稳过了这么多年……”

“那这件事，现在赵王知道吗？”司马蕤颤声问道。一边是亲生父亲，一边是潘岳和淮南王，他忽然不知道自己该如何选择。

“听刘渊王子的意思，应该是知道了。”胡姬竭力回想着，“因为刘渊王子提过一句,只要你愿意,可以随时去赵王府。”

“去赵王府做什么?上赶着去认那个根本不知道我存在的父亲?”司马蕤不知怎么生出一股怒气,伸手抓住桌案上的一卷文集猛地向下一砸,文卷散开,露出里面的字迹,恰是齐献王司马攸生前所著的《太子箴》。

“哈哈哈,哈哈哈!”想起自己这些年来不仅苦苦钻研司马攸的著作,言谈举止还刻意模仿他的风格,只求能让潘岳和其他人夸赞一声“子肖其父”,司马蕤就觉得无比讽刺。更可怕的是,如果潘岳他们其实早已知道他是赵王之子,那么拉拢他入伙去攻杀赵王,岂不是将他陷入弑杀生父的大罪之中?想到这个恶毒至极的可能性,司马蕤猛地站起身,将桌案上更多司马攸的著作抛在地上,然后用脚狠狠地踩踏上去。

见儿子骤然像疯了一样踩踏着地上的字纸,胡姬吓得连忙抱住了他,边哭边道:“海奴,你怎么了?娘知道你心里苦。可是赵王毕竟是你的亲生父亲,又执掌了朝廷大权。你就算不去辅佐他,求他护佑你平平安安也好啊!”

“是啊,他毕竟是我的亲生父亲。”司马蕤依然在狂笑着,可泪水已止不住从眼眶中汩汩涌出。这一天,他寻回了母亲,也寻回了父亲。可是除此之外,所有支撑他活过二十多年的东西,全都在刹那之间崩塌,灰飞烟灭,再无踪迹。

急迫地逼潘岳撰写好禅位诏书后,赵王司马伦篡位称帝的计划紧锣密鼓地进行起来。负责谋划整件大事的中书令孙秀为了防止意外,在永康元年八月派人下诏,解除淮南王司马允中护军之职,改封为太尉。

太尉品秩虽高,却是一个虚衔,经常是作为荣誉奖赏给归家养老的老臣的。淮南王司马允此刻年方二十八岁,正是年富力强的时候。孙秀这个时候让他从掌管禁军的中护军变为太尉,不仅明升暗降,还是对他极大的侮辱。因此司马允听从潘岳的建议，只是在家装病，不上朝，也不接受诏令。

一切都已准备妥当，他们所等的，只是一个契机。

很快，急不可待的孙秀就将这个契机双手奉上。

见司马允一直装病不肯奉诏，孙秀再也按捺不住，派遣御史率领诸多军曹前来淮南王府，声称司马允若是再不接旨，就要逮捕王府各级属官，以谋反之罪弹劾司马允。司马允等的就是这一天，当即命令将王府大门紧闭，将御史和他的手下都关押了起来。

夺过御史手上圣旨，司马允打开一看，不禁又怒又喜，怒的是这道写在青纸上的诏书只有中书令孙秀的手笔，根本没有天子司马衷的玉玺，地地道道是一封伪诏；喜的是他们等了这么久，终于抓住了孙秀矫诏的证据，只要将这道矫诏公布天下，他们起兵围剿赵王和孙秀就师出有名了。

想到这里，司马允赶紧派人去请潘岳。等潘岳到达之时，他手下的八百淮南壮士也已经集结完毕了。

潘岳看了司马允收缴的诏书，不由大喜过望："证据确凿，名正言顺。这是天助殿下啊。"

"那我们现在就出发，出其不意包围相国府，一举擒拿赵王！"司马允慷慨道。

"相国府虽然比不上皇宫守卫森严，但赵王有禁军兵权，殿下也要提防宫中和城外的禁军前来支援赵王。"潘岳想了想，将手中的伪诏交给司马允，"除了通知中书侍郎陈淮、太子左率陈徽和东莱王之外，还烦请殿下选派几个死士，在洛阳街头跑马造势，就说赵王和孙秀矫诏谋反，请天下军民共击之！"

"这样就可以震慑住禁军吗？"司马允问。

"即使震慑不住，也能扰乱他们的军心。谨慎的禁军将领一定会先进宫打探消息，再决定是否出兵。这就为殿下争取了时间。"潘岳分析，"兵贵神速。只要拿下赵王，一切都在掌控之中了。"

"先生所言甚是！"司马允大喜，连忙和潘岳走到王府院中，而他的八百死士已经整整齐齐等候在那里了。

"赵王谋反，想要杀我全家，你们意下如何？"司马允高举手中矫诏，对手下死士大声喊道。

"誓死追随殿下！"八百死士振臂高呼。

"好！愿意帮助我淮南王府者袒露左臂，随我一起攻打赵王！"司马允大喝一声，率先扯下左边衣袖，露出了肌肉强健的左臂。西汉时吕氏专政，匡扶汉室的周勃也正是靠这一招召集士兵攻灭吕氏，迎立了汉文帝。

这八百死士平素承蒙司马允恩惠，个个齐心用命，当即袒露左臂，随着司马允一起冲出了王府。临出门之时，司马允对潘岳道："先生是文人，便请在此运筹帷幄，等我的捷报吧。"

"战场的情况瞬息万变，我还是和殿下一起去吧。"潘岳不知怎么，心头有隐约的不安，"特别是宫中布满赵王和孙秀的眼线，只怕不会那么顺利。"

"宫中有中书侍郎陈淮和东莱王，都是信得过的人，应该不会有事吧。"司马允倒是比潘岳乐观得多。见潘岳执意要跟随，司马允便点了四个死士，叮嘱他们道："你们四个要像保护本王一样保护先生。哪怕你们死，也绝不能伤到先生一根毫毛，明白了吗？"

"是！"四个死士齐声答应，顿时像人盾一样将潘岳保护在队伍当中。

淮南王府举兵之际，洛阳城中已经传遍了赵王孙秀谋反、淮南王发兵讨逆的消息。因此八百死士一走到街头，立刻受到了洛阳百姓的热烈欢呼，还有不少青壮年也袒露左臂，加入了淮南王的队伍，很快就发展到了一千多人。而驻扎在东西宫和城外的禁军，虽然名义上都是赵王司马伦统领，却奇迹般地没有任何行动。也难怪，这些年来司马氏宗室之间内斗甚多，世家和军队事不关己，早有坐山观虎斗之势。

而潘岳，正是算准了这个形势，才敢用淮南王区区八百人与如日中天的司马伦一搏。只要他们攻破司马伦的相国府，作壁上观的世家和军队就会转而支持淮南王。躲在宫中的孙秀，自然不值一提。

所谓四两拨千斤，正是这个道理。

司马伦的相国府位于宫城承华门处，有大约两千府兵驻守。他们虽然单兵战斗力远不及司马允的淮南死士，但依靠相国府坚固的外墙和角楼，还是勉强守住了大门。

相国府内，司马伦和他的属官们骤逢大变，都吓得六神无主。倒是参军陆机不甘心坐以待毙，派人翻越后墙去向离得最近的东宫卫队求援。却不料东宫左率陈徽是司马允亲信，早按照潘岳的吩咐将赵王的使者来一个扣一个。因此司马伦前前后后派了无数求援使者，却始终等不到救援的军队。

内无强兵，外无援军，司马伦眼看着自己手下官兵死伤大半，这相国府迟早就要完蛋了。他吓得拉住陆机的手，抹着眼泪道："陆参军，若是相国府破，我们大家都活不了。麻烦你再想想办法吧。"

陆机身为司马伦属官，也知道覆巢之下焉有完卵的道理。他往四周看看，其他人都是一副畏缩模样，只好硬着头皮道："那下官冒死出去，与淮南王谈谈。"

司马伦见陆机肯挺身而出，感激得连连点头，当即命人用盾牌将陆机重重遮挡，护送他登上了相国府的角楼。

从盾牌边缘小心翼翼地探出眼睛，陆机先将墙外的情形浏览了一遍。除了正奋力厮杀的士兵，他看到淮南王司马允全身戎装，正站在一辆马车上指挥作战。而在马车之后，则有一个文士打扮的人站在街边，身旁簇拥着几个精壮的护卫。

陆机莫名地觉得那文士有些眼熟,再仔细一看,顿时吃了一惊——那不正是免官在家的潘岳吗?赵王司马伦曾经得意扬扬地宣称潘岳已经投靠了自己,只待时机成熟就恢复他的官职。可是现在,潘岳怎么和司马允混在了一处?

虽然吃惊,陆机毕竟记得自己的使命,当下朝着楼下大叫道:“淮南王殿下,下官是相国府参军陆机,有几句话想对殿下说。”

陆机文名卓著,在洛阳是和潘岳齐名的人物。淮南王司马允听到他喊话,倒也十分重视,驱赶马车朝角楼靠近了一些:“陆参军有何话说?”

“殿下所说矫诏一事,实乃孙秀所为,赵王并不知情。若是殿下肯息兵罢战,赵王愿将相国之位拱手让与殿下。不知殿下意下如何?”陆机知道此刻不是饶舌的时候,索性言简意赅地抛出了来意。

“既然如此,你让赵王将孙秀绑缚出迎,我就罢兵!”司马允笑道。

陆机脸色一僵。孙秀此刻正躲在宫中,赵王上哪里去绑他?明知司马允是在戏耍自己,陆机还是不得不赔笑道:“孙秀暂不可得,但迟早是殿下囊中之物。殿下若有别的要求,请一并提出,下官好回禀赵王。”

“让我想想……”司马允摸了摸下巴,真的思考起来。一旁的潘岳生怕司马允上当,连忙走过来低声道,“殿下如今起事,与赵王已成水火。穷寇不追,必有后患!”

“我知道,所以只是想把赵王引出来。”司马允点点头,对着高处的陆机叫道,“陆参军毕竟不是赵王。事关重大,还是烦请赵王亲自出面相谈。”

“若要赵王出见,殿下须答应手下士兵暂停攻势。”陆机也是个聪明人,除了恳求,还有适时的威胁,“相国府坚固,殿下一时也攻打不下。若是再拖延下去,城外禁军赶到,形势对殿下就未必有利了。”

司马允此刻担心的,确实是城外禁军的态度。一旦有个别禁军将领决定倒向司马伦,他区区八百人根本无法抵挡。见潘岳也微微点头,司马允便道:“好。为表诚意,我现在就命令我军暂停攻击。烦请陆参军速速邀赵王出见。”

陆机得了司马允的承诺,连忙奔下角楼,禀告了司马伦。司马伦先是怕得要死,后来听陆机说潘岳也在,不禁生出了一丝幻想:“你说,安仁他会不会是假意投靠淮南王,实际上是来帮我的?”

陆机心中暗叹了一口气,却不好点破,只道:“殿下与淮南王谈和时,无论淮南王什么要求都先答应下来,事后再筹谋不迟。”

“我明白,我明白,先保命要紧。”司马伦连忙点头。为壮声势,他特地将相国府的属官们全部带在身旁,一行人浩浩荡荡地登上了角楼。

此刻围墙处的战斗已经暂停,司马允仍是站在马车上,眯着眼睛打量司马伦。说起来,司马伦还是他的叔祖父。不过对这个颟顸愚钝偏又野心勃勃的叔祖父,司马允满心只感到鄙薄和厌恶。

“淮南王,本王在此,你有什么要求,就说吧。”司马伦颤声开口。他眼睛一扫,恰好看见了站在司马允不远处的潘岳,不禁心中大是悲痛,竟是要流下泪来。

司马允只当司马伦是吓得哭了,心中更是鄙夷,冷笑道:“赵王信任奸佞孙秀,在关中引发胡人民变,至今已经死伤上百万人。犯下如此滔天大罪,赵王却不仅不悔罪,还自立为相国,所有待遇一律比肩景皇帝和文皇帝。你的野心,当天下人看不出来吗?”

“那都是孙秀搞的鬼,与本王无关啊。”司马伦觍颜哀求,“只要淮南王放本王一条生路,本王这就亲自将孙秀擒来,交给淮南王治罪。”

“哦,你要如何捉拿孙秀?”司马允似乎对这个提议有些兴趣,“我最恨的便是孙秀。至于赵王你与我同气连枝,我没有必要为难。这样吧,只要你现在就写一封捉拿孙秀的手书,我就保你日后做个太平王爷如何?”

“是啊是啊,我们都姓司马,我父亲宣皇帝还是你的曾祖父,当然同气连枝。”司马伦没有料到司马允这么好说话，顿时高兴起来，连忙招呼手下属官，“快取纸笔来，本王要写字！”

众属官一直提心吊胆，此刻见危机即将解除，紧绷的神经也骤然放松下来。然而就在一片乱哄哄布置笔墨之际，一直站在司马允身边的潘岳却蓦地举起手中弓箭，一箭就朝着角楼上的司马伦射了过来。

司马伦虽有侍卫无数，但所有人都紧张地盯着司马允和他手下的死士，根本没有料到文质彬彬的潘岳会骤然放箭，更没有料到他的箭术竟是如此精准。等到司马伦听到惊呼，看到一点寒光朝着自己直飞过来时，他眼中定格的景象，是潘岳眼中冰冷的杀意。

仿佛被那眼光刺中，司马伦一时僵在原地，竟忘了闪避。他的心头，来来回回只滚过一个念头：“潘岳，本王一向待你不薄，你却要亲手杀我，竟然要亲手杀我！”

扑哧一声，箭头入肉，血花飞溅。司马伦眼前一黑，骤然跌倒在地，耳边响起了一片惊恐的尖叫声。

“我这是要死了吗？”司马伦伸手想摸摸胸口，触手却是一个人沉重温热的尸体，鲜血还在不断地从他身上涌出，濡湿了司马伦的手掌。等到有人终于将那尸体移开，司马伦勉强爬起身来，这才发现方才是主书司马眭秘扑在自己身上，才救下了自己一条性命。而眭秘自己，则被潘岳那一箭射穿了后心，眼见是不活了。

“赵王殿下，快走！”参军陆机反应过来，搀扶着司马伦就往角落下冲。

“全军，放箭！”眼见潘岳一箭竟然没能射死司马伦，司马允大是懊恼。他此刻一心只想速战速决，不再顾忌相国府内其他人的死活，断然下令。

所有的淮南王死士都身背弓箭，此刻万箭齐发，如同瓢泼大雨一般朝着相国府内降下。司马伦和陆机等人来不及进屋，只能躲在几棵大树后，眼看不到一会儿工夫每棵树干上都中了几百支箭，众人心中都是一片绝望——相国府，支撑不了多久了。

就在司马允和潘岳率军前往相国府与司马伦鏖战之时，东莱王司马蕤按照事先与潘岳约定的计划，快速到达了天子司马衷所居住的西宫宫门处。他只是个闲散藩王，并没有入宫的特权，不过这次接应他的中书侍郎刘淮打开宫门，放司马蕤入了宫。

司马蕤入宫之后，和陈淮直奔天子司马衷的所在。见司马衷正饶有兴趣地逗弄着罐中的蛐蛐儿，司马蕤和陈淮连忙跪倒行礼，大声禀告："启禀陛下，大事不好，淮南王和赵王打起来了！"

"怎么又打起来了？"司马衷这些年已经被宗室和外戚之间杀来杀去的事情吓破了胆，连心爱的蛐蛐儿也顾不得了，哭丧着脸坐在地上，"皇后不在了，朕该怎么办？"

陈淮此刻最担心的是孙秀入宫挟持天子，因此也顾不得向司马衷解释，直截了当地道："为今之计，陛下应该派人持白虎幡交给淮南王。白虎幡是息兵止战的信号，淮南王收到了，就不会再与赵王相斗。"

"好像确实有这么回事。"司马衷点点头，模模糊糊地记得当初楚王司马玮杀汝南王和卫瓘时，自己也是派人送去一面什么幡，结果楚王的军队一见到就纷纷放下兵刃回归营地，先前还威风凛凛的楚王顿时成了孤家寡人，只能束手就擒。因此司马衷转愁为喜，立刻命人去取来白虎幡："那派遣谁持白虎幡去调解的好？"

"臣愿往。"东莱王司马蕤按照计划，主动请缨，一旁的陈淮也连忙赞同，"东莱王身为宗室，前往调和淮南王与赵王的矛盾最为合适不过。"

"既然如此，你就拿去吧。"司马衷命人将白虎幡交给司马蕤，无奈地道，"你去告诉淮南王和赵王，不要再打了。朕现在听不得喊打喊杀。他们再打下去，朕就要被他们吓死了！"

“臣奉诏。”司马蕤恭恭敬敬地接过白虎幡，和陈淮一起退出了大殿。才一出殿，陈淮紧张的表情顿时放松下来，忍不住笑道：“幸亏赶在孙秀前面，居然这么容易就把白虎幡骗了出来。这一次，赵王死定了！”

司马蕤拿着白虎幡，没有作声。陈淮欺司马衷生性愚笨，才骗他说白虎幡是解除争斗的标志。实际上，代表天子意志解除争斗的是驺虞幡，上次让楚王兵变失败的也是驺虞幡。而白虎幡的作用恰恰与驺虞幡相反，它代表的是冲锋战斗的命令。一旦将这面白虎幡送到淮南王司马允手中，无异于降旨鼓励他攻打赵王的行为。而赵王手下士兵一见天子都支持淮南王，势必再无斗志，会和当初楚王的士兵一样作鸟兽散。

这个严密的计划，正是潘岳当初拟订的。唯有借助天子的威严，淮南王才有可能凭借八百死士战胜赵王，取得最后的胜利。

“东莱王殿下，接下来的就看你了！”陈淮还要留在宫中观察动静，因此将白虎幡托付给了司马蕤。只要司马蕤手持白虎幡到达相国府，这场兵变的胜败就几乎可以决定了。

“陈侍郎放心，我这就去。”司马蕤与陈淮告别，拿着白虎幡径直走出了宫门。

宫门外，早已等候着一队禁军骑兵，领头之人乃是司马督护伏胤。司马蕤见了伏胤，连忙走过去低声问：“都准备好了？”

“已经准备好了。方才孙令还给了我这个。”伏胤从怀中掏出一卷圣旨模样的青纸，打开看里面却是一片空白，“孙令说，有了这个加上白虎幡，不愁淮南王不上当。”

中书令孙秀这个人，果然是老奸巨猾，何况空白圣旨这种东西，孙秀那里真是要多少有多少。司马蕤心情有些郁闷，不想多说什么，跨上一匹骑兵牵来的战马，当先朝着相国府方向疾驰而去。

白虎幡甚是抢眼，因此司马蕤还未驶近相国府外的战场，就听到淮南王手下的士兵们一阵欢呼。他们早已得知，一旦代表天子意志的白虎幡到来，就是他们大获全胜之时。

司马允和潘岳也望见了白虎幡，也望见了持幡而来的司马蕤。想起一切都按照计划顺利进行，两个人对望一眼，都露出了如释重负的笑容。

“奉天子诏，赐淮南王白虎幡！淮南王上前接旨！”司马蕤等伏胤和其他骑兵到齐，大声宣布。

“臣司马允接旨！”眼看胜利在望，司马允心情大好，一下子跳下战车，快步朝司马蕤和伏胤方向走去。而他身边的护卫，也早与其他死士一样，跪地大呼：“陛下万岁万岁万万岁！”就连潘岳，也在欣喜之中一同跪了下去。

此刻司马蕤和伏胤已经下马。司马蕤将白虎幡交给一旁的侍卫，自己则展开了伏胤带来的那卷空白诏书。司马允见他马上就要宣读诏书，连忙跪倒在地，深深俯首聆听。

伏胤一直蓄势等待的就是这一刻。和司马蕤眼神一碰，他猛地抽出腰间佩刀，用尽全力砍向了司马允毫无防备的脖颈。刹那之间，鲜血四溅，司马允的头颅齐根断裂，骨碌碌地滚到了一旁。

“杀无赦！”就在司马允的手下还未反应过来之际，伏胤一跃上马，向带来的数百骑兵下达了攻击令。而相国府的守军也在同一时刻发起了反攻。群龙无首的八百死士还未从震惊中清醒过来，已纷纷倒在了兵刃之下。

电光火石之间，生死已定，胜败已分。在东莱王司马蕤的脑海中，则永远定格了潘岳望向他的难以置信的眼神。

“檀奴叔叔，你终于正视我的存在了。”司马蕤一把抹去司马允溅到自己脸上的血，疯狂地大笑起来。

第 十 六 章

同 归

投分寄石友，白首同所归。

——潘岳

潘岳是在淮南死士们的掩护下杀出重围的。他没有回德宫里，而是直接奔向了大哥潘释的居所。

为防万一，他嘱咐母亲和潘释一家早早备好了两辆马车，一俟情况有变，就赶紧逃离洛阳，随女侠郗宁一起南下避祸。

四个淮南死士把潘岳安全送达之后，就与他拱手告别。潘岳虽然惋惜，却无法挽留。主人淮南王虽死，这些死士们彼此却都以兄弟相待。所以明知是死地，他们还是会回到相国府外的战场，与那八百弟兄死在一起。

“檀奴，我们非走不可吗？”母亲邢夫人在郗宁的搀扶下走过来，担忧地看着潘岳，“或许你一个人逃走就够了，齐王那里一定会收留你的。”

“娘，你不能留下。赵王和孙秀这次必定不会放过我，也不会放过你们。”潘岳想起自己孤注一掷，却最终因为司马蕤的叛变而彻底失败，心中一痛跪倒在母亲脚下，“都怪我当初不听娘的规劝，把全家逼上了如此绝路……”

“当初是娘误会你，才会那么说。如今知道你想为国除贼，娘也懂得大义，怎么还会苛责你？”邢夫人叹了一口气，又望向郗宁，“姑娘，既然要走，老太婆就求你一件事。”

“夫人请说。但凡我能办到，一定义不容辞。”郗宁扶着邢夫人登上第一辆马车，而潘释之子潘伯武也打扮成车夫，爬上了车座。

“万一我们路上遇见追兵，求姑娘别管我这个快入土的老太婆，只救一个人逃走。”邢夫人说着，一指驾车的孙子潘伯武，“他是我潘家唯一的根苗，求姑娘一定要救他。姑娘你能答应吗？”

郗宁咬了咬嘴唇。虽说她武艺高强，但若是真的面对追兵，也不可能保护得了潘岳全家，但是救一个人逃走，还是有把握的。

“不，姑娘，到时候你不要救我，要救就救祖母，或者爹爹！”十八岁的潘伯武听到了邢夫人的话，顿时红了眼圈。

“伯武，不用争了。”潘释严肃地打断了儿子的话，随后也要一同上车。

“大哥！”潘岳忽地叫了一声，“大哥，我还有几句话和你说。”

潘释停下动作，转头看了潘岳一眼。随后他跟随潘岳走到了墙角僻静处，有些不耐地催促了一声：“有话就快说吧。赵王的追兵，说不定已经出发了。”

“大哥，现在可以告诉我实情了吗？”潘岳终于朝潘释开口。他知道，这也许是自己和潘释最后一次见面，若不追问，以后就再也没有机会了。

“你想问我害死弟妹的真凶？其实我并不知道。”潘释身影僵直，直直地盯住墙缝里几棵新冒出来的小草，“我告诉你说是贾皇后害死了她，所以若是你要死，我也会陪你去死。”

“害死阿容的人，是齐王母子。”想起贾荃和司马冏步步为营，借自己之手打破了太子和皇后微妙的平衡，最终推翻了整个朝廷的格局，潘岳就难过得几乎喘不过气来，“可我还是不知道，大哥你为什么要帮他们来骗我？”

“这是洛阳通往南方的官道。正元年间我和你从老家荥阳第一次来洛阳时，就是走的这条路。”潘释没有回答潘岳的问题，反倒举目望向了前方。

“我记得。”潘岳点了点头。第一次跟随父母进洛阳时，他八岁，潘释十岁。那时候对洛阳满怀憧憬的两个孩子，万万想不到有一天他们会逃离洛阳，亡命天涯。

“那你还记不记得，我们在这条路上认识的第一个人是谁？”潘释问。

在洛阳城外认识的第一个人？潘岳愣了愣，脑子里陡然现出了一个孩子温文有礼的身影：“桃符。”

“你记得的，自然是齐献王。可我记得的，却是另一个人。”潘释伸出手，将墙缝里那几株小草连根拔起，“她穿着一身绿色的襦裙，颈间戴着一串指肚大小的明珠，虽然脸上蒙了沙尘，双目却依然如明珠一样闪亮……一直亮在我的心里。檀奴，我们的命运，其实在来到洛阳的第一天就已注定了。”

“我竟不知……”潘岳才说出几个字，潘释已经恼怒地打断了他：“你当然不知！这些年你才名远播，结交的都是达官贵人，何曾对我这个没出息的大哥上过心？哪怕我多年来与齐王府私下往来，你都根本不曾在意过！我既受过她那么多恩惠，又怎么可能忍心拒绝她的求助？”

潘岳张了张口，却说不出更多的话。他万万没有料到，从那个时候起，潘释就对贾荃生出了别样的情意。至于贾荃这些年究竟给过潘释什么恩惠，潘岳已经无心去询问。他只知道，精明的贾荃早已察觉了潘释的情愫，终于在最关键的时候利用他做了帮凶。

“所以说，把这个家害成这样，我也是元凶之一。”潘释仍然一副淡淡的模样，“就算你要我为弟妹偿命，我也认了。”

“为阿容偿命，你偿得起吗？”潘释最后一句话陡然激怒了潘岳，“何况，若不是阿容的死，我后面怎么会做出那些追悔莫及的事情？朝廷又怎么会变成如今这个模样？太子、皇后、张华、裴頠，还有淮南王，他们或许都不会死了！你说，你偿得起吗？”

“其实我至今也不确定是不是她害死了弟妹，我不过是帮她传递了一句话而已。至于后面的事情，谁都无法预料，你没必要怪自己，更不能怪到我头上。”小草已经被揉烂了，潘释只能把指甲握进自己掌心的血肉里去，语气却依旧死气沉沉，“我不像你有那么多经世济民的理想，我只是个普通人，我想做的，只是给自己恋慕了一辈子的女子帮一个忙。”

潘岳咬住了自己的嘴唇，没有再开口。饶是他自负才智，却始终无法算透人心。就像多年来一直跟随在他身边的司马蕤，为什么会在最后关头反戈相向？这一点，潘岳百思不得其解，却没有机会再当面质问司马蕤。

潘释回到了车上，潘岳知道，分别的时候到了。

他跪在了地上，向母亲磕头告别。按照计划，母亲和兄长的马车出城之后，会故意绕道避开追兵，然后跟随郗宁一路南下，去江东投靠卫瑾。而他自己，则单独驾车去金谷园找石崇，由石崇安排他乔装改扮，到江东与家人会合。

“檀奴叔叔，你一定要来啊，我在江东等你！”车轮扬起的尘沙中，郗宁抹着眼泪，隔着车窗使劲朝潘岳挥手。

“别丢了我的文集，我到时候可要找你讨要的！”潘岳站起身，朝郗宁露出了一个微笑。

“你放心，我就是丢了性命也不会丢了它们！”郗宁望了一眼车厢角落里码放得整整齐齐的潘岳文稿，眼泪再一次扑簌簌地掉了下来。

等到母亲乘坐的马车已经去远了，潘岳终于登上了第二辆马车。

“郎君，我给你驾车吧。”老仆李伯赶上来道。

“不用了。我一个人，行事更方便些。”潘岳知道此去九死一生，不愿再拖累忠心的老仆，“若是我们回不来，这洛阳城里的两套宅子，就留给你养老吧。”说完，他故意忽略李伯老泪纵横的脸，一扬马鞭，向着前方的清明门疾驰而去。

此时,相国府外的战斗尚未完全结束,洛阳城的城门也还没有来得及关闭。潘岳一路驰出了清明门,跑进了洛阳城外空旷无人的原野之中,终于再也忍耐不住,泪水从眼眶中滚滚而落,让他前方的道路一片迷茫。

相比起眼前的迷茫,脑海里翻涌的画面却一幕比一幕清晰:淮南王司马允被一刀砍下头颅的惨相;司马蕤在漫天飞溅的血花中志得意满的笑容;司马冏在他的床边用匕首慢慢划开手腕;棺木中杨容姬唇边尚未拭净的血痕;孙秀坐在马车中逼迫自己脱衣受辱;还有司马伦看见自己朝他射箭时,眼神中骤然爆发的绝望和愤恨……潘岳蓦地呻吟了一声,放开马缰绳,重重地倒在了马车上。

马儿还在漫无目的地奔跑,潘岳用双臂紧紧抱住自己,却抑制不住四肢百骸中蹿起的剧痛。仿佛他是一副在风雨中侵蚀太久的青铜车轮,僵直不动的时候岿然如故,一旦被道路颠簸,铜锈就会簌簌而落,剥落出千疮百孔血肉模糊的内心。

潘岳知道,是余毒又发作了。这是孙秀特有的提醒他的方式——提醒他逃不出他的掌心,提醒他不要做无谓的对抗,却也提醒他无法一走了之。他的仇敌,他的使命,还在洛阳城中。

眼前一阵阵发黑,潘岳拼命把牙齿咬得咯咯作响,才抑制住了想要脱口而出的惨叫。他知道马儿已经跑错了道路,前方不再是石崇的金谷园。可是他已经没有力气再拉一下马缰绳,只能浑身冷汗地躺在马车上,昏厥了过去。

醒过来的时候,虽然全身如同被马车碾轧过一样疼痛无力,潘岳却知道,自己已经不在马车上了。

“醒了?”一个声音冷冷地道,“那就起来说话吧。”

这是一个女子的声音,隐约有些熟悉,却又无比陌生。潘岳默默凝聚了一会儿力气,终于睁开眼,用手臂将自己支撑着坐了起来。

这是一个简朴的房间，除了身下细密的竹席，几乎没有任何家具。而在他的不远处,端正地坐着一个女子。她穿着一身素白的衣裙,裁剪简单,衣料却都是上乘。就如同她本人不施脂粉,年纪也不再年轻,却依然掩不住天生的丽色。

女子眼睁睁地看着潘岳艰难坐起,却没有一丝帮忙的意思,也没有主动开口。而潘岳,却在看清女子的面容之后,心头恍然一滞,不确定地唤了一声:“胡……贵嫔?”

他没有认错,整个洛阳,只有武帝的贵嫔胡芳能拥有如此夺目的美色。可是他又不敢相信自己的判断,因为在他的记忆中,胡芳从没有对自己如此冷言疾色的时候。

“居然还认得出我。”胡芳看着潘岳明显苍老的面容和花白的头发,心中恍惚了一下，口气却满是讥诮,“听说这些年潘侍郎巴结贾家春风得意,想不到也老了这么多。看来伺候贾南风和贾谧,也不是那么容易。”

潘岳抿了抿干裂的嘴唇,没有说话,甚至没有开口向胡芳讨一碗水。他们已经二十年不曾见面了,跨越了那么多的变迁,现在的胡芳,早不是当年那个古道热肠的少女，而自己，则更是不堪到无法用语言来分辩。

“这是哪里?”等了一会儿,潘岳问道。

“灵台。”胡芳简短地回答,末了却又补充,“我长年无事,就在这里研习天文。”

潘岳了然。灵台在洛阳城南,始建于东汉时期,乃是太史令用于观测天象的所在。他昏迷之后马匹乱跑,居然将他带到了这里,才偶然遇见了胡芳。听胡芳的语气,她对今日洛阳城内淮南王和赵王喋血相国府的事还不清楚,那么自己也没有必要连累她。

想到这里，潘岳站起身朝胡芳行了一个礼："多谢贵嫔相救。在下这就告辞了。"

"你这就想走？"胡芳料不到潘岳初一见面就要离开，不由心中怨恨更深，厉声道，"你给我站住，我有几句话要问你！"

"贵嫔请说。"潘岳停下脚步，脸上却渐渐浮现一丝苦笑，"若是贵嫔想问胡大将军的死因，在下无可辩驳，唯有俯首领罪。"当初因为给温裕收尸之事，潘岳与胡芳之父胡奋产生口角，致使胡奋病发而死。这其中虽有误会，但胡奋之死，潘岳确实脱不了干系。

"我父亲本就重病在身，他的死我可以不怪你。"胡芳压抑着胸腔里的悲愤，努力克制着问，"可你当年为讨好杨骏，罗织罪名陷害卫瓘家公子卫宣，害卫宣死于廷尉狱中。是也不是？"

"是。"潘岳僵硬地点了点头。

"可杨骏死后，你不仅拒绝为他送葬，还写下'无危明以安位，只居逼以示专'嘲讽故主。是也不是？"胡芳又问。

"是。"

"杨家倒台后，你投靠了新贵贾家。为了讨好贾谧，甚至在他坐车出行时望尘而拜，毫无廉耻。是也不是？"

"是。"

"贾南风设计陷害太子，你不仅知情还参与其中。是也不是？"说到这里，胡芳已经两眼含泪，嘴唇颤抖，声音越发尖锐起来。

"是。"潘岳的回答，一如既往地短促。

"为了讨好贾南风，你不仅在政事上用心，还亲身侍奉于她……"

"不是！"这一次，还不待胡芳说完，潘岳终于亢声否认。

胡芳被他骤然拔高的声音惊得愣了愣，眼眶中蓄满的泪水终于滴落下来。她看着面前的潘岳，忽然苦笑了一下："就算没有最后一个，你也已经让我失望了。"

“对不起。”潘岳想要开口，却觉得胸中气血翻腾，只怕一开口就会有一口血直喷出来。于是他紧紧地抿住嘴，将那口血硬生生吞了下去，转身就往外走。

“站住！”胡芳厉声问，“你要去哪里？”

“与贵嫔无关。”潘岳哑声回答。胡芳对他误会已深，他已经没有时间和精力去跟她解释了。何况，哪怕胡芳最终像郗宁一样对他消除了误解，可那又怎么样呢？天下如此讥诮他的人千千万万，他难道能一个个地去解释吗？

唯一的希望，是用胜利的血迹来洗刷耻辱。可是淮南王司马允一死，他的前方，已是一片黑暗。

“你的朋友已经来接你了。”胡芳软下声气，难免有些不甘，“人马早已等在灵台外，是我存了私心，想和你说上两句话。”

“我的朋友？是谁？”潘岳惊问。石崇一直被自己蒙在鼓里，就算他得知消息，也断不会找得到这里来。

“是我。”门外忽然响起一个声音，接着，有人在门口向胡芳躬身行礼，“臣相国府参军陆机，见过贵嫔。”

“陆机，陆参军。”潘岳看着刚从相国府死里逃生的陆机，不由冷笑起来，“你先前对贵嫔说，是我的朋友？”

“昔日我与足下共为‘金谷二十四友’之一，说是朋友，也不为错吧。”陆机笑道，“如今各为其主，潘郎要与我割席断交，也还来得及。”

话说到这里，连胡芳也听出了不对。她来不及询问原委，只端起贵嫔的架子，朝陆机斥道：“大胆陆机，未得宣召擅自闯入贵嫔居所，你不要命了吗？”

“臣奉旨捉拿人犯，若有冒犯贵嫔之处，还请恕罪。”陆机口中请罪，眼中却有几分戏谑，“潘岳为人狡诈，臣唯恐他巧言令色欺骗贵嫔，因此匆匆赶来，防患于未然。”

“你怕我放他跑了？”胡芳此刻终于恍然大悟，“潘岳犯了什么罪，要你来捉拿他？”

“潘岳伙同淮南王司马允谋反，阴谋杀害赵王，臣奉赵王之命前来捉拿！”陆机说完，看向潘岳，“看在同僚一场的分儿上，我为足下留一点颜面，就不必捆绑了。请吧。”

“站住！”胡芳没有料到自己泄露了潘岳行踪，竟给他惹来如此大祸，不禁怒道，“陆机，你先前说奉旨，后来又说是奉赵王之命，究竟旨意在哪里，你拿来我看！”

“贵嫔若要看，圣旨后面随时会补上。”陆机正色道，“请贵嫔让开，切莫耽误了公事。”

“原来赵王的意思就是圣旨。那究竟是潘岳和淮南王谋反，还是赵王谋反？”胡芳不仅不退，反倒拦在了潘岳身前，朝陆机斥道，“我好歹也是先帝嫔妃，想从我这里把人带走，你的资格还不够！”

“多谢贵嫔好意，不过到此为止吧。”潘岳从胡芳身后绕了出来，走到陆机的身边，“其实贵嫔刚才也说了，我的罪过，百死莫赎。”

“我方才都是气话，说那些，都是想听你解释……”胡芳知道自己救不下潘岳，却仍是不甘地问，“我不明白，你原先那么好的人，突然做出这些事情，难道是疯了吗？”

“那贵嫔就当我疯了吧。自从阿容死后，我就已经彻底地疯了。”潘岳呵呵笑了两声，随着陆机往外走去。身后，是胡芳压抑不住的失态痛哭：“杨姐姐曾经说过，若是她不在了就托我照顾你。可我，却亲手把你送进了死地……”

“檀郎不愧是檀郎，到了这个时候，贵嫔还想护着你。”陆机摇了摇头，轻笑，“早知今日，何必当初？”

“陆参军如今也算是赵王眼中的红人了。只不知我那份《禅位诏书》作废之后，赵王会不会让你来重新撰写？”见陆机脸上变了颜色，潘岳哈哈一笑，"我这个覆辙在此，陆参军可要借鉴，小心我的'今日'，变成你的'当初'。"

"你犯上作乱，罪在不赦，就让你逞逞口舌之快也没什么。"陆机口舌上一向斗不过潘岳，只好故作大度，"到了洛阳狱中，我看你还能嚣张到几时？"

"天日昭昭，究竟是谁犯上作乱，日后自有公论。"潘岳走出灵台，一眼看见上百个全副武装的禁军士兵，不由一笑，"好大的架势。走吧。"

淮南王率军攻打司马伦的相国府时，孙秀就躲在宫内，除了祈祷伏胤和司马蕤能斩杀司马允成功，其余的心思都用来盘算如何借此机会清洗朝中对司马伦不满的力量。

孙秀要杀的人里，首当其冲的便是潘岳。以前的孙秀，还期待着能像猫抓老鼠一样尽情地戏弄报复潘岳，然后让他死前痛哭流涕跪地求饶。可是现在，他唯一的目标就是尽快让他死。因为他已经不能确定，若是潘岳再活下去，会不会再做出什么预料之外的事情。

特别是潘岳为赵王司马伦撰写禅位诏书之后，司马伦对潘岳的态度更是让孙秀担忧。司马伦不仅一意孤行撤除了对潘岳的禁锢，放了潘岳的家人，还喜滋滋地琢磨着将来提拔他做哪个官职。孙秀担心，若是再任凭赵王被潘岳蛊惑下去，只怕将来危险的人会变成自己。

只有在对潘岳有关的事情上，司马伦才不会对孙秀言听计从。

因此，当孙秀听说潘岳在相国府外箭射司马伦时，不禁高兴得拊掌大笑——这一次，饶是司马伦再偏袒潘岳，也绝不会再容忍一个当众射杀他的人活下去。司马伦的性格，平素颟顸散漫，可一旦触及了他的根本，立刻就会变得残忍无情。这一点，司马伦倒是继承到了司马氏的家传特质。

听说陆机已经在洛阳城外灵台搜捕到潘岳的消息后，孙秀顾不得手头还要收拾这场兵变的残局，立刻对侍从下令："告诉陆机，把潘岳径直押入我府中，我要亲自审问。"

然而就在孙秀肆无忌惮地琢磨怎么折磨潘岳的时候，侍从前来回禀："回中书令，陆参军已经将人犯押到廷尉狱，交付给廷尉顾荣了。"

"什么？"孙秀一脚将侍从踢了个跟头，"你没有把我的命令传给陆机？"

"传了，可是陆参军说……说……"侍从对上孙秀阴鸷的面容，体若筛糠，"他说按朝廷律法，人犯都应交由廷尉审理，断无……断无直接押送中书令的道理。他还说……"侍从咽了一口唾沫，"说若是孙令要亲审人犯，可以去跟顾廷尉商量。"

"好你个陆机！"孙秀从牙缝里蹦出这几个字。他原本以为以陆机以往与潘岳的龃龉，让他去抓潘岳必定能大大羞辱潘岳一番。却不料这个家伙此刻竟来显摆他的名士风度，竟不顾私怨一心为公，这不是打他孙秀的脸吗？只可惜现在赵王大事在即，陆机还有可用之处，孙秀只能咬牙先把这笔账记在了心里。

刚记下了陆机这笔账，孙秀很快又记下了一笔——他派去廷尉府索要潘岳的侍从回禀，廷尉正顾荣不肯将潘岳交给他们，说是兹事体大，所有相关人犯需要共同审理。另外顾荣还带话规劝孙秀，不能按照他的授意将淮南王府的属官和故旧一并问斩，否则株连过大，上干天和，只怕对赵王和孙秀的名声不利。

顾荣和陆机一样出身东吴世家，算是难得的投靠赵王的世家子弟之一。因此孙秀就算再恨，此刻也绝不能拿顾荣开刀，免得兔死狐悲，寒了洛阳那些作壁上观的世家大族的心，将他们推到赵王的对立面去。因此他横下一条心，推开书案长身而起："那我们就到廷尉狱去走一趟！"

孙秀当上中书令之后，耳畔听到的都是溜须拍马的声音，眼中看到的都是谄媚讨好的笑容，早已飘飘然起来。却不料今日连遭陆机、顾荣不咸不淡的打击之后，在廷尉狱外又碰上了生平劲敌之一——刘琨。

孙秀这辈子仇人众多：潘岳、欧阳建、马敦……不过这些人不是已经被他弄死了，就是离死不远。可是偏偏有几个人，哪怕他恨得牙根痒痒，暂时却无法撼动他们。这几个人，就是赵王世子司马荂和他的两个小舅子——刘舆、刘琨兄弟。当初他们趁司马伦外出时差点将孙秀打死抛尸，孙秀死里逃生之后却也拿他们无可奈何。

此刻见刘琨带人牢牢地守在廷尉狱门口，孙秀纳罕之际，不满地问："刘郎君没事守着监狱做什么？顾廷尉也不嫌你挡了他的道吗？"

"是顾廷尉允许我待在这里的。"刘琨看着身着中书令服色的孙秀，眼神却仿佛在看一只戴着衣冠的猴子，"廷尉狱是朝廷重地，既不能放不三不四的人出来，也不能放不三不四的人进去。你说是不是啊，孙令？"见孙秀蓦地变了脸色，却又只能按捺住不敢发泄，刘琨大笑，"怎么，孙令是想进廷尉狱吗？不着急不着急，你迟早有进去的一天。"

"本官要去见赵王，只是路过这里而已。"孙秀听到自己的牙齿咬得咯咯作响，"进去廷尉狱倒未必是最坏，你看淮南王司马允，还等不到进廷尉狱就身死街头。刘郎君也小心些才好。"说完，吩咐车夫往赵王司马伦的相国府驶去。

相国府经过大半天的激战，此刻还是一片狼藉。孙秀看见府内每根树干上都插着的几百支箭，不禁心中庆幸：关键时刻，还是躲在宫中比较安全。毕竟司马衷虽然是个白痴，却头顶着天子的冠冕。投鼠忌器，他就是最好的挡箭牌。

孙秀原本以为司马伦好不容易死里逃生，看见自己时必定会大悲大喜，却不料司马伦只是站在后宅内，正直勾勾地打量着摆满了整个院子的箱子——那些箱子里，满是金银珠宝、绫罗绸缎。看样子，虽然买不下整个洛阳，可随便买个其他城池不在话下。

"臣孙秀见过赵王殿下。"孙秀见司马伦还在发怔，连忙高声见礼。

“哦。”司马伦转头看了一眼孙秀，眼神还有些恍惚。

“这些东西是哪里来的？”孙秀在司马伦面前从不拘谨，一边浏览那些金光灿烂的箱子，一边好奇地问。

“石崇刚派人送来的。”司马伦回答，“他想用这些换潘岳的命。”

“那王爷答应他了吗？”孙秀着急地问。

司马伦摇了摇头：“还没有。我不知道该不该答应他。”他呆滞的眼眸映照着那些珠宝，凭空增添了一点亮色，“让我好好想想，好好想想。”

“这有什么好想的？”孙秀见司马伦到这个时候还面带犹豫，不禁大怒，“潘岳非杀不可。不仅要杀，还要灭他三族，好震慑那些胆敢冒犯王爷的乱臣贼子！若是王爷连当众想射杀你的潘岳都能赦免，那以后还怎么可能树立威严，实现王爷的宏大抱负？这一次他没能伤着王爷实属侥幸，那下一次呢？下下次呢？不杀潘岳，以后死的就是你和我！”

“我知道，我知道。你别说了，别说了……”司马伦蓦地伸手堵住了耳朵，慢慢蹲下身去，眼中慢慢有了泪光，“我也恨他啊！恨这几十年来，我再怎么对他好，也焐不暖他的心。只有他死了，我才会真正平静下来……可是，有些东西我念叨了一辈子，我舍不得……”

“这些东西算什么，石崇的九牛一毛而已！”孙秀故意曲解了司马伦的意思，一脚踹向一只装满了珠宝的箱子，“石崇也不是好东西。只要王爷愿意，我就把石崇所有的财宝都送到你面前！”

见司马伦只是呆呆地盯着自己，孙秀生怕自己还说得不够明白，一字一句地重复道：“天上地下，只要王爷想要的，我都会奉送给你。而我的条件只有一个——杀掉潘岳！若是王爷同意，就点点头吧。”

一滴眼泪从司马伦的眼中滚了出来，是他长着一颗肉瘤的那只右眼，这让他的悲伤都显得古怪而狰狞。终于，他点了点头：“杀吧，杀了省心。”

“好，那臣这就去草拟诏书。”孙秀按捺住内心的狂喜，又向司马伦道,“对了,臣还想讨要王爷一封手书,好到廷尉狱去最后审问一次潘岳,说不定能从他口中掏出一些同党的名字。”

“你去看看他吧,本王就不去了。去了,我又会不舍得……”司马伦似乎没有听见孙秀的话,神色恍惚地笑了起来,“当年,我是为了让他臣服才生出夺权之心。如今我真的夺取了权力,却不得不杀了他……”

“王爷,麻烦赐臣一封手书。”孙秀不愿听司马伦这些婆婆妈妈的感慨,迫不及待地催促。

孙秀这么一催,倒是把司马伦从迷茫中唤醒过来。他忽然狠狠地盯住孙秀,难得地露出一分上位者的强势,“要杀檀郎可以,但不准像以前那样对他用刑。本王虽然注定要当一个坏人,可这最后一点仁慈,我还是要留给檀郎。”

潘岳醒来的时候,天已经亮了。他从草铺上撑起酸痛的身子,走到紧紧锁住的牢门口,看到琅琊王司马睿靠坐在外面,额头抵着墙正在打盹儿。

“睿儿。”见司马睿的姿势十分不舒服,潘岳忍不住叫了他一声,“小心着凉,快回去睡吧。”

“老师!”司马睿原本就睡得很浅,此刻立时清醒过来。他迅捷地站起身,隔着廷尉狱的木栏抓住了潘岳的手,“老师,你昨晚睡得很不安稳,是不是身子不舒服?我一会儿去找大夫来给你看看。”

“没什么,不用看了。”潘岳笑着拍了拍他的手背,“倒是你,在这里守了一夜了,快回去吧。有顾廷尉在,你还有什么不放心的?”

“我和刘琨他们说好了,在这里轮班值守。”司马睿拉着潘岳坐下,神色愤愤,“孙秀那个小人,不得不防。顾廷尉虽然照顾老师,但孙秀若是硬闯,顾廷尉也不能和他硬来。”

“难道你就可以硬来了?”潘岳有些愠怒地道,“我早就叮嘱过你,‘尺蠖之屈，以求信也。龙蛇之蛰，以存身也’。如今形势复杂，你又势单力薄，就应该闭门读书，修身养德，不要掺和到这些乱七八糟的事情里来。”

“我想救老师，怎么乱七八糟了？”司马睿急道，“我昨日还和石崇、刘琨他们商议，要怎么救老师出狱呢。石崇打算先去贿赂赵王。就算赵王不同意，我们还可以联系江湖上的剑客来劫狱！”

“胡说！”潘岳立刻截住了司马睿的话头，“这里是廷尉狱，哪里是说劫就劫的？一旦消息泄露，你和刘琨他们都是担当不起的罪过！”

“可是，可是老师会、会死的……”司马睿说到急处，儿时口吃的毛病又犯了起来，憋得满脸通红，“听说孙秀已、已经拟旨要处斩老师，我不能眼睁睁地、眼睁睁地看着老师去死……”

“我犯了罪过，确实该当一死。没能和淮南王一起死在相国府的战场上，是上天对我的惩罚。”潘岳从木栏的空隙里摸了摸司马睿的头，制止住他急切的反驳，“参与陷害太子，是我一生抹不去的污点，现在回想起来，那时候的我真的是疯了。所以我必须一死，作为赎罪。”他仰起头，将即将掉落的眼泪又吞了回去，“当初隐士孙登就说过，只要阿容活着，我就不会死。果然阿容一死，我就失了神智，自蹈死地，怨不得旁人。”

“可是老师若死了，这个朝廷怎么办？”司马睿绝望地道，“还记得我以前给老师提过的六凶星吗？传言六凶星轮番侵犯紫微，带来天下大乱。老师不在的话，其他人都事不关己明哲保身，谁又肯挺身而出拯救危局？”

“你太高估我了。”潘岳苦笑，“何况六凶星的说法只是谣言，你怎么还在念念不忘？”

“不，不是谣言，我发现这是有根据的！”司马睿连忙道，“以前我和老师分析过，六凶星中的火星是杨骏，铃星是贾皇后，地劫星是贾谧。现在我终于知道六凶星为首的擎羊和陀罗是谁了！”

“是谁？”潘岳好奇地问。

“擎羊是刑克之星，专主凶煞破坏，命主必有刑伤破相，一意孤行，机谋狡诈，为人勇敢而残忍。我听人说孙秀胸前有三道极深的鞭伤，那这个擎羊星就是孙秀无疑了！”司马睿见潘岳沉吟不语，又接着道，“至于陀罗，自然是赵王了。陀罗入命者，身形雄壮，脸呈方圆形，若是做官的人，便会显得肥胖。他心术不正，东奔西走，喜欢行奸弄巧，言语浮夸，岂不正是赵王的写照？”

听司马睿说得头头是道，潘岳忍不住敲了敲他的头：“怎么成天研究这些。那我问你，你算得出六凶星最后一个地空星是谁吗？”

“这个，我还没看出来……”司马睿摸了摸头，感觉老师有些不满，有些不好意思地笑道，“其实我也就是偶尔看看这类闲书。大多数时候，我还是喜欢钻研律法和法家学说。”

“哦，那你说说，你最近领悟了什么？”潘岳似乎忘了自己身在牢狱，随时有性命之忧，反倒有兴致问起了司马睿的课业。这种态度，让司马睿甚为奇怪。直到若干年后，他才体会到了老师临死之际对自己的一片苦心。

“我觉得如今朝政的弊端，在于法律太过宽松，特别是世家大族，不仅明目张胆触犯法律，就算偶尔被司法官员逮住，也可以通过六议或赎金逃罪。这样的结果，就是世家大族大肆鲸吞土地山川，荫蔽流民逃避税收，以至于国家一日日贫穷，而他们却一日日壮大。”司马睿开了头，就越说越是兴起，“所以我主张用申不害和韩非的理论来救世，任法裁物，绳御四海，从而约束世家权贵。这首先要做的，就是世家大族和平民百姓一样纳税，还要清查他们荫蔽的人口，核实他们侵占的土地，从而增加朝廷的税收和兵源，加大朝廷的权威。”

潘岳静静地听司马睿说着，不时轻轻点头。司马睿的这个观点，其实和当初的贾南风不谋而合。只是贾南风更知道施行的苦楚——若没有强大的皇权，想要约束当今愈演愈烈的世家门阀势力，无异于以卵击石。

“老师，我说得对吗？”司马睿说完，满怀期待地看着潘岳。

“说得对。这些年朝廷的乱象，根源就在于皇权羸弱，法治不张。所以世家和宗室心中毫无敬畏，想要凭借军权和诡计攫取权力。”潘岳叹息了一声，又欣慰地看着司马睿，“睿儿有这种想法很好，就是将来若有机会实施，一定要记得戒急用忍，还要取得世家杰出子弟的支持。”

“我知道的。我现在与琅琊王氏的王导私交甚好，还有他的从兄王敦，也是不世出的英雄。”司马睿略有些兴奋地道，“老师记得吧，王导还是你引荐给我为友的。”

“那就好。”潘岳点了点头，语重心长地道，“现在你年纪还小，资历不够，一定要韬光养晦，保全自己。若是洛阳日后大乱，你也可以暂且回归封国，再不济还可以南渡江东，至少可以保住一缕文脉不息……”

两人正说话，忽然有相熟的狱卒急匆匆地跑了过来：“琅琊王殿下，中书令来了，还请殿下回避。”

“孙秀来了？”司马睿一听，勃然起身，用手按住了腰侧的剑柄，“我正要好好会一会他！”

“睿儿！”潘岳怒喝一声，“我刚刚才说的话，你转眼就忘了吗？”

“老师！”司马睿转过头，眼中已担忧得发红，“孙秀恨老师入骨。此番老师身陷囹圄，若是我不在，只怕孙秀会……会对老师……”他嘴唇抖了几下，终于没有把可怕的猜想说出来。

“该来的总会来。”潘岳催促道，“我有准备，你快走吧。”

“那我就躲在附近。若是孙秀胆敢对老师无礼，我就……我就和他……”司马睿想起潘岳方才的警告，嗫嚅着没有把“拼命”二字说出来。

“孙秀掌握了起草诏书的权力，就等于掌控了天子，任何人都救不了我的！”潘岳急得隔着木栏推了司马睿一把，“这一次，我必须死。只有我死，才能刺激洛阳城内外麻木的人心，才能将刘琨他们与孙秀的矛盾挑到极致。到时候孙秀和司马伦在洛阳城内斗不止、人心尽失，齐王从外面带兵前来勤王护驾，才有胜利的把握……”

“老师，原来你最后的希望，还是在齐王身上。可是你知不知道，齐王为了取得赵王和孙秀的信任，竟然亲手杀死了拥戴他的义士王处穆，并将首级送给了赵王。这样的人，真的能够信任吗？”司马睿见潘岳声色俱厉，不敢再做无谓的耽搁。然而当他转身离开的时候，心中依然忍不住黯然神伤——老师最看重的人，原来一直都是齐王司马冏。他甚至不惜牺牲自己的性命，只是为了给齐王铺路。齐王啊齐王，你何其有幸，竟能得老师这样的人物倾力倾命相助！若你日后辜负老师的期望，我司马睿第一个就不会放过你！

司马睿刚刚离开，孙秀便前呼后拥地走进了廷尉狱，来到潘岳的牢门外。见潘岳只是坐在草铺上，正眼也不望向外面，立刻有孙秀的手下狐假虎威地喝道：“中书令驾到，人犯还不见礼，想吃板子吗？”

“赵王怎么没来？”潘岳慢吞吞地看了一眼孙秀，终于开口。

“你还想再度迷惑赵王吗？想不到一向矜持的檀郎，也有想凭借美貌活命的时候。可惜啊，你现在年老色衰，赵王再也看不上你了。”孙秀促狭地冷笑了一声，见潘岳并不言语，也不着急。毕竟他这次前来，虽然得了司马伦的严令不能用刑，但他早已准备好了几个消息，不信潘岳不崩溃求饶。

心理上的打击，往往比肉体的折磨更痛苦。这一点，孙秀熟谙于心。现在，他就要细细品味这最终胜利的滋味了。

“大概你也知道了，石崇拿出一半家财，想要赎你一条命。”孙秀背着手，好整以暇地笑道，“不过你大概还不知道，石崇和他外甥欧阳建如今也是淮南王乱党，明早就要和你一起上东市刑场了。”

不出孙秀所料，这个消息如同晴天霹雳，顿时震慑住了潘岳。他难以置信地盯住孙秀,颤声道:“石崇什么都不知道,为什么要杀他?你们这样任意株连,不怕失去人心吗?”

“人心?人心就是嫉妒石崇,凭什么他就那么有钱?若是他早把家财散尽,哪里会有杀身之祸?”孙秀笑了笑,又表情夸张地叹了一口气,“就是可惜了绿珠,那样绝色的美女,死得竟是那么难看。”

“绿珠怎么了?”潘岳想起金谷园中那个才貌双全的女主人,虽然接触不多,却早有惺惺相惜之感。如今听说她惨死,饶是潘岳不愿在孙秀面前示弱,依然忍不住红了眼眶。

“看看,看看,我就知道檀郎是个温柔多情的种子,否则怎么能写得出那么多缠绵悱恻的诗文来。”孙秀细细品味着潘岳的脆弱,嘻嘻笑道,“绿珠的事你可别冤枉我,是石崇逼死她的。我原本有怜香惜玉之心,想向石崇把绿珠讨要过来。谁知石崇愿意给我十几个美女,也不肯让出绿珠,彻底把我惹火了。我派人抓捕石崇的时候,石崇故意对绿珠说:‘我就是为了你家破人亡。’绿珠一听,便从金谷园最高的那座楼上跳了下来。可怜花容月貌,竟摔得血肉模糊……唉,你若是不信,明日到刑场的时候,你可以亲自问问石崇。”

“也好,大家一起走也好。”潘岳怔了一会儿,忽然露出了一丝苦笑,“‘投分寄石友,白首同所归。’当日我写给石崇的诗,想不到会一语成谶。”

“对了,还有一个消息要告诉你。”见潘岳的神色渐渐平复下去,孙秀适时地抛出了第二个撒手锏,“你的家人没能跑得太远,就被抓住了。你想不想见见他们呢?”

“你会让我见吗?”潘岳狠狠咬了咬自己的舌头,努力平静地问。

“见,当然可以见。”孙秀哈哈笑道,“诏书马上就下来,将你和石崇、欧阳建这些淮南王乱党一起夷三族。明天刑场上,你就可以见到你母亲和大哥了。哈哈哈!”

“夷三族”是当时最重的刑罚，就是要将人犯的父族、母族和妻族一起处死。因此这个消息无异于将一柄利剑刺入潘岳的心口，痛得他脸色惨白，半天说不出话来。他脑子里已混乱一片，到最后只有一个念头是清晰的——幸亏阿容不在了，否则她也会被自己连累……

“唉，真是可惜啊。”孙秀欣赏着潘岳的脸色，适时地补刀，“我记得檀郎以前辞官奉母被传为佳话，与王祥卧冰求鲤一起要流芳百世的。可惜现在害得老母亲临死挨上一刀，这孝子之名就变成一个笑话了。”

潘岳没有回答，只是紧紧攥住了身下铺的稻草。此时此刻，唯有母亲邢夫人临行前的一句话还可以支撑着他：“如今知道你想为国除贼，娘也懂得大义，怎么还会苛责你？”随着思路渐渐清明，潘岳记起孙秀方才只提到了母亲和大哥潘释，那么看来侄儿潘伯武已在女侠郗宁的帮助下逃出生天。潘家有后，无论如何也算是不幸中的万幸了。

“我知道你在想什么。”孙秀见潘岳久久不语，冷笑道，“你这种人，从来不肯承认自己做错了事，死到临头只会念叨一句‘知我罪我，其惟春秋’。你唯一的期望，是岁月流逝，如今的是是非非都成为传说，无人可以勘察真伪，唯有你写下的那些文字，可以流传百世，让人们记得你的才情却忘却你的罪过——我说得对不对？”

“对。”潘岳终于笑了，“千百年后，我还是后人眼中才情绝代的檀郎，而你呢？始终不过是个跳梁小丑。你明知会这样，又能怎么办？”

“你的所谓才情，不过就是寄托在这些东西上吧？”孙秀早有准备，拍了拍手，顿时有几个人抱着厚厚几摞文卷走了过来，一股脑儿抛在牢门外的青石地面上。

“这些是我从各个地方搜罗的你的文字，有存放在朝廷府库内的奏表，有石崇帮你出资编纂抄录的诗稿，有各类借古讽今的辞赋，有为各色人等写的哀诔文，还有为杨容姬写的情诗和悼亡诗。”孙秀口中如数家珍，穿着厚厚官靴的脚却使劲踩踏着地上的文稿，恨不得磨平上面的每一个字，"等你死后，能够代表你一生存在过的就是这些文字。可是如果我一把火将它们都烧了，你的一生还有什么能够证明？千百年后，人们读到的只会是我为你涂抹过的丑态——以色侍人、趋炎附势、望拜路尘、陷害太子、汲汲钻营。连你的母亲都看不下去，说不定就连你'掷果盈车'的美名，也会被说成是你被押赴东市行刑时，人们往你的囚车投掷水果……"想着史书就攥在自己手中可以随意篡改，孙秀越说越得意，终于忍不住哈哈大笑起来，"来人，把这些东西都烧了！"

火苗蹿了起来，越烧越旺，将一旁孙秀恣肆的嘴脸映照得诡异而扭曲。

"可惜，很多东西是记在人们脑子里的，你想烧也烧不干净。"看着自己一生的心血化为一团火焰，潘岳闭上眼睛，喃喃地道。

"光记在脑子里有什么用？"孙秀狂妄地笑道，"有我当政一天，我就下令天下封禁你的文字。最多一代人以后，他们就会彻底忘记你的本来面目，只记得一个美貌却无耻的妖孽！哈哈哈，我早就说过，让你死太容易。我要做的，就是要让你死无全尸，身败名裂，遗臭万年！"

"既然已生背骂名，又何惧死无全尸。"潘岳微微一笑，"不过有句话你说对了，'知我罪我，其惟春秋'。我们俩的胜负，其实还未可知。"

"胡说，我明明已经胜利了，你为什么还不承认？"孙秀大怒，抓住牢门的栏杆咆哮道，"你死到临头，我却位极人臣，掌握天下大权。这样明显的胜负，天下人都看得出来！"

"那就让天下人继续看下去吧。"潘岳的眼中倒映着木栏外跳动的火焰。随着他的著述一点点变成灰烬，火焰也越来越低、越来越暗，最终，完全熄灭了。

尾声

徒怀越鸟志，眷念想南枝。

——潘岳

晋永康元年八月，潘岳、石崇、欧阳建等人，以勾结淮南王司马允谋逆之罪，被斩于洛阳东市，夷三族。囚车过处，洛阳城一片诡异的寂静，谁也不知道这片寂静中蕴含的究竟是什么。

潘岳死后次日，前武帝贵嫔胡芳薨逝，死因不明。

潘岳死后两个月，司马伦命陆机重新草拟《禅位诏书》，逼天子司马衷退位，自己登基称帝，改年号为建始，囚太上皇司马衷于金墉城。赵王世子司马荂立为太子，并加封孙秀为侍中、中书监、骠骑将军、开府仪同三司。

潘岳死后三个月，刘琨说服太子司马荂，联合卫将军张林想要谋杀孙秀。事败之后，张林被夷三族，刘琨兄弟在司马荂力保之下侥幸逃生。

潘岳死后四个月，齐王司马冏联合成都王司马颖、河间王司马颙起兵，传檄天下，讨伐篡位的司马伦。孙秀在宣帝司马懿庙前作法祈福，却抵不住军队节节败退。

潘岳死后八个月，孙秀被群情激奋的官员堵在中书省内，趁火势出逃时被左卫将军赵泉斩首。同月，洛阳城破，齐王司马冏率军从金墉城迎回昔日的天子司马衷，并将司马伦父子送入金墉城。司马伦被赐下金屑酒之际，不断高呼："孙秀误我，孙秀误我！"最终惭愧地用手巾蒙住脸而死。

司马冏复立司马衷为天子，改元永宁。司马衷封司马冏为大司马，加九锡，为辅政大臣。至此，齐王司马冏权倾天下。平原王司马干得知此事，大喜过望，亲自拿了一百个铜钱到司马冏府上祝贺，老泪纵横道：“盼了这么多年，终于盼来了一个有出息的。你一定要好好干，不要学司马伦那个家伙。”

司马冏当权之后所做的第一件事，是将母亲齐王太妃贾荃迎回了昔日的齐王府，名正言顺地收回了少年时被武帝司马炎剥夺的府邸。潘岳当年那句“无平不陂，无往不复；艰贞无咎，勿悔恤其孚，于食有福”的卜辞，终于应验。

司马冏所做的第二件事，是借司马衷之名下诏，平反淮南王司马允一案，追赠司马允为司徒，谥号忠壮王。但凡牵涉罹难的官员，如潘岳、石崇、欧阳建等，恢复生前官职，重新以礼安葬。

接下来的，便是清算。

司马冏以为司马伦撰写禅位诏书为名，逮捕中书郎陆机，意欲置于死地。后得知陆机曾经拒绝将潘岳交付孙秀手中，司马冏赦免陆机死罪，改为免官流放。陆机改投成都王司马颖，后兵败被司马颖所杀，夷三族，其弟陆云也受牵连遇难。

真正让司马冏难以处置的人，是东莱王司马蕤。斩杀淮南王后，司马蕤并未与司马伦相认，反倒默默退回府中，不邀功，不领赏，仿佛什么事情都不曾发生。从淮南王死到司马冏掌权，其间司马蕤只出府做过一件事——收敛潘岳一家的尸骨，安葬于邙山，后依礼改葬在荥阳潘氏的墓地之中。

司马冏当上大司马后，权倾一时，日益骄纵。他沉迷酒色，不入朝觐见，把政事都委派给亲信董艾等人。所有人都对他毕恭毕敬，唯有司马蕤每次见到他都横眉冷对，甚至联合左卫将军王舆，想要废黜司马冏。司马冏得到这个借口，终于派人抓捕了司马蕤。

“我不会问你为什么要反对我，反正从小到大，你我之间就从未有过兄弟之情。”面对成为阶下囚的司马蕤，司马冏压抑着自己的怒火，“我想问的是，你当初为什么要临阵反戈帮助司马伦，从而害死了檀奴叔叔？”

“没错，我害死了檀奴叔叔。”司马蕤被五花大绑，却依然狂笑道，“可是若不是你，檀奴叔叔就不会死！你也是害死他的凶手！”

“此话怎讲？”司马冏一把揪住司马蕤的衣领，恶狠狠地盯着他。

“你别忘了，当初是你诱骗檀奴叔叔进入东宫，眼睁睁看他喝下了孙秀的毒药！”司马蕤毫不畏惧地盯着司马冏，两兄弟的眼神中都燃烧着仇恨的火苗，“淮南王死后，檀奴叔叔原本可以逃走，不料走到半途余毒发作，这才被陆机抓获。何况他余毒未清，就算孙秀不杀他，他也活不了多久了！你说，是我害死他多一些，还是你害死他多一些？”

“不，你胡说！”司马冏一把将司马蕤推倒在地，难以置信地道，“我给他事先服过解药，后来又从孙秀那里换来了解药，他早就该好了，怎么还会发作？”

“你在这里惺惺作态，以为我就会相信吗？”司马蕤狂笑道，“你若是真的那么在乎他，为什么连石崇都可以按照九卿之礼安葬，他却得不到任何追赠？”

“追赠？追赠是需要众臣公议的。他后期的名声并不怎么好，我怎么敢让大家议论？”司马冏烦躁地道，“若是别的倒也罢了，可他趋附贾家是真，陷害太子是真，叫我怎么给他洗白？”

“是，他名声不好，许多人都说他性轻躁，趋势利，贪名逐利，为虎作伥。”司马蕤的眼睛眨也不眨地盯着司马冏，似乎想在他身上烫出两个洞来，“别人都可以议论他，唯有你，不可以！你别忘了，是他用自己的血肉铺地，才把你送到了今天的高位！”

“你以为他全是为了我，可你怎么看不到他自己的野心？以他那样的才能，他怎么可能甘心庸庸碌碌地过一辈子！”见司马蕤只是冷笑不语，司马冏摔杯怒道，“就算他都是为了我，你还想要我怎么做？哪怕掌控天下，也并不代表能掌控一切！你是我的亲哥哥，不也阴谋反对我？你说,我该怎么处置你?”

“你杀了我吧,就当是为檀奴叔叔报仇。”司马蕤仰起脖子,闭目一笑,“只要你不怕承担杀兄的恶名。”

“你以为这样就可以威胁我?我如今什么都不怕,又怎么会害怕杀了你!”看着司马蕤肆无忌惮的笑容,司马冏怒火上涌,“来人,将他拖下去!”

“齐王三思!”门口忽然传来一个按捺不住的声音,却是琅琊王司马睿。他站在廊下,已不知方才将兄弟两人的对话听去了多少。

司马冏冷笑了一下。此时此刻,他一人之下万人之上,根本不用在乎一个小小的琅琊王的眼光。于是他偏了偏头,侍从顿时将司马蕤拖了下去。

“齐王,你真的要杀东莱王吗?”司马睿急道,“他可是你的亲哥哥啊!”

“亲哥哥又怎样?他害死了淮南王和檀奴叔叔,如今又想害我,难道不该杀吗?”司马冏嗤之以鼻。

“我明白了。”司马睿定定地看了一阵司马冏,忽然后退了一步,“我明白了。”

“你明白什么了?”司马睿的表情,忽然让司马冏有些不舒服。不是害怕,而是一种被窥破的恼羞成怒。

“以前洛阳传言说,有六凶星会侵犯紫微,引发天下大乱。那六凶星里,我勘破了火星是杨骏,铃星是贾南风,地劫是贾谧,擎羊是孙秀,陀罗是赵王,却迟迟不知道,最后一颗凶星地空是谁。”司马睿依然直勾勾地盯着司马冏,“现在我终于明白了。”

“你想说,我就是地空?六凶星之一?”司马冏毫不在乎地笑道。

“对,就是你。地空星入命之人性格孤僻,六亲不认,一生漂泊劳心,谋求之事却诸多不顺。哪怕暂时成功,心中依然孤独空虚——齐王,地空星,就是一颗孤星啊!”司马睿一字一句地道。

“孤星又如何？”司马冏毫不示弱，“上位者，谁不是孤家寡人？”

“可地空又是凶星，是六凶星的最后一颗。”司马睿淡淡道，“我记得老师对我说过，当初管辂预言，只有六凶星尽皆覆灭，天下才有太平的希望。”

“大胆，你这是在诅咒本王吗？”司马冏勃然大怒，“就凭你这种疏族血脉，哪怕本王死一百次，天下也轮不到你来坐！”

“齐王误会了。凶星覆灭，未必是指一死。若是齐王能改过自新，勤勉政事，说不定就像周处除三害一样，改变天命，为天下造福。”司马睿说到这里，拱手施礼，洒然而去。转身之际，他的脸上露出几分隐秘的冷笑——司马冏，你将老师视为弃子，那就请收下我对你的报复。

“滚！若不是看在檀奴叔叔分儿上，我今日就要治你的罪！”司马冏冲着司马睿的背影怒骂了几句，只觉胸中憋闷，向四周喝道，“酒呢？快给本王拿酒来！”

当齐王太妃贾荃听到禀告匆匆赶来的时候，司马冏已经大醉三日不省人事，就连手下想向他报告司马蕤已死的消息，都找不到机会。

见司马冏一直烂醉不醒，贾荃命人打来一盆冰冷的井水，直接倒在了司马冏脸上，这才勉强唤回了他的神志。贾荃又命人将司马冏身边的酒具全部抛出去摔碎，恨铁不成钢地骂道：“你好不容易当上了辅政大司马，就连平原王都欢欣鼓舞。可你现在这个样子，对得起谁？”

“至少我对得起母妃了。”司马冏懒洋洋地躺在满地冷水里，满不在乎地道，“我已经下令刨开郭槐的坟墓，将外祖母与外祖父一起合葬。如今母妃想要的全都有了，还想逼我做什么？”

“我是为了我自己吗？我所做的一切，还不都是为了你！”贾荃见儿子一副毫无生气的样子，气得踢了他一脚。

“可我做这一切，却全都是为了你。”司马冏就着贾荃那一脚翻了个身，依旧一副有气无力的惫懒模样，“小时候你逼我要事事超过大哥，长大以后你逼我的事情就更多了——逼我发誓将外祖母和外祖父合葬，逼我将来一定要搬回齐王府，逼我让温裕吃下砒霜装神弄鬼，逼我一次又一次利用檀奴叔叔，还逼我害死了一向疼爱我的杨婶婶……”他蓦地伸手捂住了脸，哽咽起来，“如今你想要的都有了，能不能放过我，我累了，真的很累……”

“我逼你这些，是为了我自己吗？”贾荃怒极反笑，“难道你自己不享受如今高高在上的地位？难道你愿意回到过去朝不保夕的日子，哪怕你已经装病示弱，还是会被人像狗一样赶出家门？”

“过去我以为，能走到权力巅峰就会快乐。可是现在我才发现，我宁可用现在的一切，换当初在檀奴叔叔家院子里听他讲书，再吃一碗杨婶婶做的汤饼……”

“啪”的一声脆响，却是贾荃一耳光扇在司马冏的脸上。她指着儿子通红的脸，恶狠狠地骂道：“醒醒吧！潘岳和杨容姬他们早就死了。他们若是不死，你怎么能坐到今天的位子上？别忘了，你现在也并不是高枕无忧。掌控天子虽然就像守住一块禁脔，但洛阳城内外还有无数双眼睛盯着这块肥肉，他们贪婪的口水都足以把你淹死！看看你前面的杨骏、司马亮、贾南风和司马伦，哪一个不是其兴也勃，其亡也忽！你再不振作，就等着外面的豺狼们把你撕成碎片吧！”

“那就让他们撕吧！”司马冏躺在满地水渍里，哈哈大笑起来，“反正我是地空星。只有我死了，六凶星的混乱才会结束……”

“你在说什么？”贾荃一时间听不懂司马冏的意思，皱眉打断了他，“说清楚！”

“还记得管辂对父亲的预言吗？他说父亲身负六凶星象，将来必定‘殒身、灭家、亡国、乱天下’。现在我终于明白这个预言的意思了。”司马冏笑着抹去眼角的水渍，无视贾荃铁青的脸色，继续狂笑道，“武帝以为父亲死了，这个预言就会破除，却料不到正是父亲的死，引发了六凶星相继作乱，祸国殃民。杨骏、贾南风、贾谧、孙秀、司马伦……最后一个地空星就是我，父亲嫡亲的儿子！这个预言自父亲开始，自我结束，也算是圆圆满满。所以我只要等在这里，等有人拿刀砍下我的头，天下就太平了，哈哈哈！”

“你……”贾荃怔怔地看着疯狂的司马冏，心中愤恨交集，只恨不得扯碎这天，踏平这地，把这个荒谬的预言挫骨扬灰。然而她却是连声音都发不出来了，刚伸手想要攥住胸口的衣襟，整个人就直挺挺地倒了下去。

潘岳死后两年，齐国太妃贾荃薨逝。她很幸运，没有看到三个月后，长沙王司马乂围攻洛阳，仅仅三日就将醉生梦死的司马冏擒拿、处斩、暴尸。平原王司马干听说司马冏的死讯，悲伤地大哭说：“宗室日益衰微，只有这个孩子最优秀。如今他一死，晋室就算是完了。”

潘岳死后四年，匈奴王子刘渊逃回故地，自称大单于，随后自称汉王，正式与晋室分庭抗礼。

潘岳死后十一年，刘渊之子刘聪攻破洛阳。

潘岳死后十六年，西晋最后一任皇帝司马邺被刘渊养子刘曜俘虏，西晋灭亡。

潘岳死后十七年，由于司马氏近支宗室死亡殆尽，早已渡江至建邺的琅琊王司马睿接受刘琨等人的劝进，正式登基称帝，史称东晋。昔日中原士族纷纷衣冠南渡，终于在长江南岸延续了晋祚，开创出一个相对平稳和统一的新政权。那与尧天舜日、秦砖汉瓦一脉相承的中原文明，也终于在血与火的洗礼之后，重新焕发出生机，绵延不绝。

帝位稳固之后，司马睿开始命人搜集在洛阳战火中散佚的各类诗赋典籍，编纂成册。然而当他一一浏览过搜集来的篇目后，却遗憾地发现，潘岳的文章诗赋有太多不全。当初孙秀在洛阳城的一通搜检和焚烧，果然起到了极大的破坏作用。

于是，司马睿颁下诏书，开始征集民间所传抄的潘岳著作，无论体裁，一经证实便有重赏。果然没过多久，便有潘岳的侄子潘伯武携妻子郗宁献上潘岳手稿若干，他们不求赏赐，只求将仅存的潘岳的著作编纂成集，刊行天下。

司马睿慨然允准。不久，《潘黄门集》编成，由潘伯武与郗宁抄录一份，带回故乡荥阳潘岳墓烧化。司马睿无法亲自前往，只能在宫中私设祭坛。焚香祝祷之际，司马睿忍不住念诵起潘岳昔日为好友夏侯湛所写的诔文："为仁由己，匪我求蒙。谁毁谁誉，何去何从。莫涅匪缁，莫磨匪磷。子独正色，居屈志伸。虽不尔以，犹致其身……"此时此刻，司马睿才深深地感觉到，潘岳的哀诔文之所以独步天下，因为他真正哀悼的，都是他自己内心深处那个敏感、纠结却又不甘的灵魂。

"老师，这一世，你爱的人都爱你，你恨的人都恨你。快意恩仇至此，你也算无憾了。你放心，所有关于你和贾皇后的流言蜚语我都清理干净了，绝不会在史书中留下一点痕迹。潘杨之好，注定不会有一点瑕疵。至于其他的，只能留给岁月去评判。相信你也可以坦然面对后人的评说。"看着香炉中最后一点亮光熄灭，司马睿站直了身体。守候在一旁的内侍则小心翼翼地提醒着："陛下，该更衣上朝了。"

"好，上朝。"司马睿点了点头，迎着东方的曙光闭了闭酸涩的眼睛。当他重新睁开眼时，一切，都迎来了新的一天。那些散落在夜风中的悲欢与挣扎，都逐渐蜕变成史书上吝啬的寥寥数语，等待着后人去探究，去体会。

—完—

全书总年表

247	（魏齐王正始八年）	· 潘岳出生
248	（魏齐王正始九年）	· 司马攸出生(一说为246年)
254	（魏高贵乡公正元元年）	· 司马师废皇帝曹芳,立曹髦为帝 · 李丰被杀,李婉流徙,贾充另娶郭槐 · 潘岳一家入洛阳 · 司马攸出继为嗣子
255	（魏高贵乡公正元二年）	· 司马师逝世
258	（魏高贵乡公甘露三年）	· 潘岳与杨容姬定亲
260	（魏高贵乡公甘露五年）	· 贾充杀曹髦
263	（魏元帝景元四年）	· 嵇康被杀 · 蜀国灭
264	（咸熙元年）	· 司马昭为晋王
265	（晋武帝泰始元年）	· 本年八月司马昭逝世 · 晋武帝司马炎建立晋朝,封司马攸为齐王,司马伦为琅琊王,李婉遇赦回京
266	（晋武帝泰始二年）	· 年初潘父出任琅琊内史,潘岳随行前往琅琊,与孙秀结怨 · 潘岳回到洛阳,司马伦偷买御裘,被遣往琅琊封国

267	（晋武帝泰始三年）	·潘岳举秀才，为贾充掾属 ·司马衷为皇太子，时年九岁
268	（晋武帝泰始四年）	·石苞被疑谋反，免官 ·《泰始律》颁布 ·太后王元姬薨
271	（晋武帝泰始七年）	·拟贾充出镇关中，为太子司马衷选妃
272	（晋武帝泰始八年）	·杨肇兵败罢官 ·贾南风为太子妃
273	（晋武帝泰始九年）	·七月晋武帝广充后宫，禁天下婚娶
274	（晋武帝泰始十年）	·皇后杨艳薨逝 ·潘岳与杨容姬成婚
275	（晋武帝咸宁元年）	·司马攸与其他功臣十二人配飨太庙，任东宫太傅 ·洛阳大瘟疫
276	（晋武帝咸宁二年）	·司马炎病愈，立杨芷为皇后，重用三杨 ·正式设立国子学，与太学并立 ·司马攸为司空，贾充为太尉，潘岳改称太尉掾 ·司马睿出生
277	（晋武帝咸宁三年）	·大规模册封皇子为王。
278	（晋武帝咸宁四年）	·本年夏景献皇后羊徽瑜薨 ·司马遹出生 ·本年冬潘岳离开洛阳，为河阳令，结识公孙宏

279	（晋武帝咸宁五年）	· 刘渊为匈奴左部帅
280	（晋武帝太康元年）	· 晋国平吴，天下一统
282	（晋武帝太康三年）	· 晋武帝罢州郡兵 · 四月贾充薨 · 十二月下达齐王司马攸都督青州即刻赴任诏书 · 潘岳回京述职，被任命为怀县令 · 夏侯湛被贬为野王令
283	（晋武帝太康四年）	· 三月司马攸出京，半途吐血逝世
286	（晋武帝太康七年）	· 潘岳回洛阳，任尚书度支郎
287	（晋武帝太康八年）	· 夏侯湛回京为中书侍郎
288	（晋武帝太康九年）	· 潘岳任廷尉平 · 胡奋去世
289	（晋武帝太康十年）	· 潘岳免官 · 杨骏取代杨珧，大权独揽 · 刘渊为北部都尉 · 陆机兄弟入洛阳 · 晋武帝封所有皇子为王
290	（晋惠帝永熙元年）	· 本年四月司马炎驾崩，司马衷继位 · 五月潘岳任杨骏太傅府主簿 · 刘渊为五部大都督 · 司马睿袭爵琅琊王
291	（晋惠帝元康元年）	· 三月杨骏被楚王司马玮所杀 · 夏侯湛逝世

		· 潘岳被除名为民 · 司马玮杀卫瓘、汝南王司马亮,旋被斩 · 秦王司马柬逝世 · 司马伦率孙秀出镇关中
292	(晋惠帝元康二年)	· 杨芷被杀 · 潘岳被征为长安令,儿子夭亡
296	(晋惠帝元康六年)	· 潘岳长安令任满,辞去博士任命,闲居洛阳,受石崇邀约结识贾谧
297	(晋惠帝元康七年)	· 潘岳为著作郎,周处、马敦卒,潘岳作《马汧督诔》《关中诗》 · 关中大乱兼饥馑,惠帝问“百姓不食粥,何不食肉糜”
298	(晋惠帝元康八年)	· 潘岳为散骑侍郎,为晋书断限 · 五月杨容姬逝世
299	(晋惠帝元康九年)	· 潘岳为给事黄门侍郎,十二月为太子司马遹作祷神文 · 太子被废 · 女儿金鹿夭折 · 淮南王司马允带淮南剑客入京
300	(晋惠帝永康元年)	· 司马遹被杀,四月贾后灭 · 八月司马允反司马伦被杀,潘岳、石崇同期遇害
301	(晋惠帝永宁元年)	· 司马伦篡位称帝 · 齐王司马冏率三王攻杀司马伦 · 司马冏杀司马蕤

302	（晋惠帝永宁二年）	· 十二月长沙王司马乂斩杀司马冏
307	（晋怀帝永嘉元年）	· 司马睿偕王导渡江至建邺
316	（晋愍帝建兴四年）	· 西晋灭亡
317	（晋元帝建武元年）	· 司马睿建立东晋

人物介绍

（本卷）

潘岳	· 即潘安，著名文学家和美男子，官至给事黄门侍郎。
杨容姬	· 潘岳之妻，擅长医术，潘岳一生的爱人和知己。
贾南风	· 晋惠帝司马衷皇后，专擅朝政，后被废而死。
司马冏	· 司马攸嫡子，继任齐王，潘岳与晋朝宗室希望所在。
司马蕤	· 司马攸庶长子，东莱王，一生郁郁不得志。
孙秀	· 五斗米道天师，潘岳死敌，赵王司马伦麾下谋士，一度权倾朝野。
司马伦	· 赵王，晋惠帝司马衷叔祖，篡位失败，被逼自杀。
司马睿	· 琅琊王，后东渡成为东晋第一任皇帝。
石崇	· 天下第一富豪，潘岳好友，与潘岳同生共死。
贾荃	· 齐献王司马攸遗孀，司马冏之母，贾南风同父异母长姐。
贾谧	· 贾南风之甥，贾家势力在朝堂的代表。
韩寿	· 贾谧之父，曾为潘岳之友。

人物关系图（本卷）

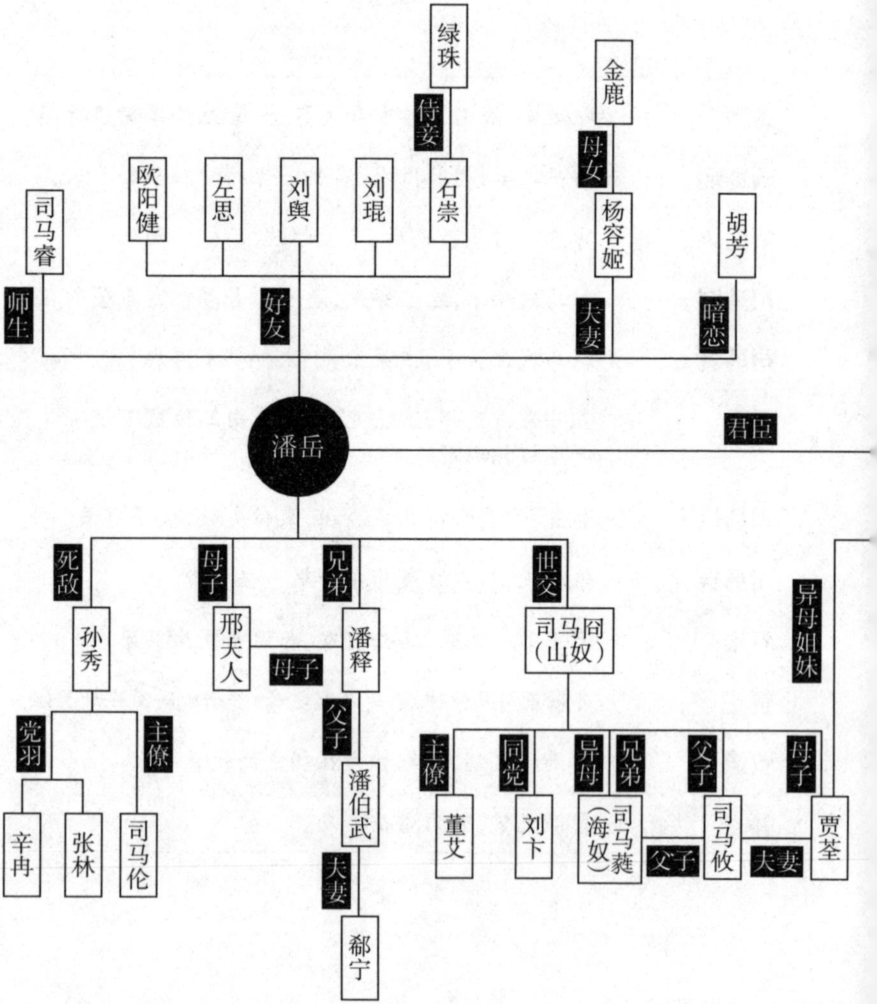
绿珠
侍妾
金鹿
母女
欧阳健
左思
刘舆
刘琨
石崇
杨容姬
胡芳
司马睿
师生
好友
夫妻
暗恋
潘岳
君臣
死敌
母子
兄弟
世交
孙秀
邢夫人
母子
潘释
司马冏（山奴）
异母姐妹
党羽
主僚
父子
主僚
同党
异母
兄弟
父子
母子
潘伯武
辛冉
张林
司马伦
董艾
刘卞
司马蕤（海奴）
父子
司马攸
夫妻
贾荃
夫妻
郗宁

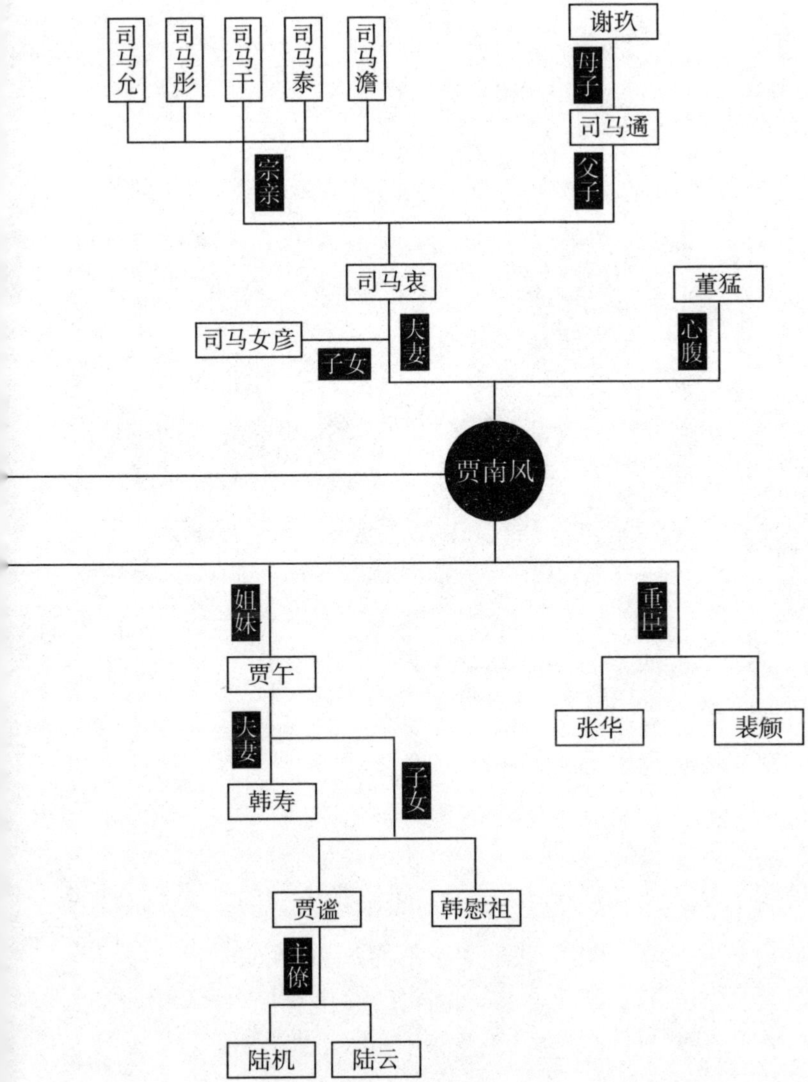
司马允
司马彤
司马干
司马泰
司马澹
谢玖
母子
司马遹
父子
宗亲
司马衷
董猛
司马女彦
子女
夫妻
心腹
贾南风
姐妹
重臣
贾午
夫妻
韩寿
子女
张华
裴頠
贾谧
韩慰祖
主僚
陆机
陆云